主　　编：颜炳罡

责任编辑：徐庆文　陈晨捷　李　琳　李承律　西山尚志　法帅

颜炳罡 主编

荀子研究

【第一辑】

社会科学文献出版社
SOCIAL SCIENCES ACADEMIC PRESS (CHINA)

《荀子研究》 创刊词

荀子者，中国文化之巨擘也。他集先秦诸子之大成，开两汉经学之端绪，对政治、经济、礼义规范、制度建设乃至人们日常生活产生了既深且远的影响。近世有人惊呼："两千年之学，荀学也。"此论虽为愤激之辞，但多少也衬托出荀子在中国文化史上的地位。

荀子作为先秦时代最后一位大儒，与孟子沿孔子的仁义之学继续深化不同，他承续了孔子乃至前孔子时代中国文化的礼义之统。荀子三为稷下学宫祭酒，两度出任兰陵令，其思想以儒为主，出入百家，既有内圣的功夫，也有外王的实践。既要捍卫孔门之学在中华文化中的主体地位，又要克服"儒分为八"造成的偏差，荀子努力彰显自己学说与孟子的不同。孟子道性善，荀子言性恶；孟子强调"尽心尽性"，荀子突出"尽伦尽制"；孟子主张扩充、涵养人的"良知良能"，荀子主张"化性起伪"；孟子以"不忍人心"推行"仁政"，荀子主张"隆礼重法"作为强国之策；孟子主张"存心养性事天"，荀子主张"制天命而用之"；等等。荀子与孟子看似相反，实乃相成。

两千年来，荀子命运多舛，几经沉浮，其学说因与孟子不同，往往不得善解。两汉以下，尤其是宋明理学兴起，整个社会基本倾向尊孟抑荀，荀子及其学说备受贬抑。至清代尤其是随着西学东渐，荀学复活了，汪中、章太炎、刘师培、胡适等国学巨匠公然倡导荀学，尤其是章太炎认为荀子为"后圣"，而郝懿行、俞樾、王先谦等整理、校勘、注释《荀子》一书，成效显著。20世纪50年代以后，荀子一度因在儒法斗争的框架下被视为法家代表而受到尊崇。

俱往矣，尊孟抑荀的时代已经走进了历史，而尊荀抑孟也成为昨天的故事，现在是真正进入实事求是地研究荀子与孟子的时代了，这是一个孟荀双剑合璧、相得益彰，共同应对时代挑战的时代。在这样的时代里，荀子不因与孟子不同而受到冷落，孟子也不因与荀子有异而遭受排斥，荀子思想与孟子思想一样会大放异彩。

进入 21 世纪，我们对荀子思想的现代阐释、挖掘、利用远远不够，荀子的许多思想在当今世界依然熠熠生辉，其"天下无二道，圣人不两心"的普遍主义价值趋向、"明分使群""群分和一"的群体主义观念、"仁眇天下，义眇天下"的王道思想、"四海之内若一家"的天下主义、"斩伐养长不失其时"的生态观念等思想，对于我们今天探求现代性问题与人类命运走向，对于处理国与国、人与社会、人与自然的关系依然具有重要价值。

本刊是自荀学诞生以来第一份以《荀子研究》命名的学术期刊。我们将本着荀子"以仁心说，以学心听，以公心辩"的精神，以严肃、严谨的学术态度，坚持古为今用、推陈出新的原则，在深化荀学思想研究的同时注重其现实运用，努力实现荀学在 21 世纪的创造性转化与创新性发展。

目录

文本考证与释读

003 | 《荀子·解蔽》篇"周而成"章新释　　廖名春

014 | 《荀子》中的"幸"与"数"　　菅本大二

024 | 《荀子》"虚壹而静"考论　　陈晨捷

荀子的思想内涵及其当代意义

039 | 仁义·礼乐·忠信：荀子求实的价值观　　舒大刚

050 | 道德自觉与荀子"隆礼重法"思想的价值内涵　　吴树勤

064 | 《荀子》的经济哲学　刘示范

088 | 废疾兼养：荀子社会救助思想探微　周海生

099 | 荀子论礼的起源　高海波

111 | 荀子论"群"　张少恩　龚红旗

121 | 从"恭""俭"二字看荀子对周公的评价及其大儒理想　　牛嗣修

荀子思想比较研究

133 | 荀子性论等同于告子？

　　　——以朱子诠释为核心的反省　　蔡家和

142 | 在荀子与张载之间：礼学的不同倾向

　　 及其现代价值　　魏　冬　刘学智

荀子的历史地位与荀学研究

157　｜　荀子的孔庙从祀、罢祀经历与荀学的地位变迁　　董喜宁

168　｜　二十一世纪的《荀子》思想研究：现况、课题以及
　　　　未来展望　　佐藤将之

荀子与兰陵文化专题

201　｜　荀子与兰陵文化之兴衰　　颜炳罡

海外荀子研究

213　｜　"波士顿儒家"南乐山论荀子　　李　琳

文本考证与释读

《荀子·解蔽》篇"周而成"章新释

廖名春[*]

[摘　要]《荀子·解蔽》篇最后一段的"周而成，泄而败"当训为"周之成，泄之败"，指的是赞成堵塞言路，反对开通言路；"宣而成，隐而败"当释为"宣之成，堰之败"，指的是赞成开通言路，反对堵塞言路。逸《诗》"狐狸而苍"之"苍"当读为"跄"，是起舞的样子。说《荀子·解蔽》篇最后一段为《君道》篇或《正论》篇的错简都不可信。

[关键词]　荀子　解蔽篇　隐而败　逸诗　错简

　　《荀子·解蔽》篇是研究荀子认识论思想最为重要的一篇论文。但此篇文辞深奥，许多词句传统的训诂似是而非，导致对一些重要的命题理解有误，严重影响我们对荀子学术思想的认识。笔者以前曾撰文探讨过《解蔽》篇"虚壹而静"段文字的释读和文义理解的问题，[①] 今再就《解蔽》篇最后一段的释读和诠释作一讨论。

　　《解蔽》篇最后一段的文字是：

　　　　周而成，泄而败，明君无之有也；宣而成，隐而败，暗君无之有也。故君人者周则谗言至矣，直言反矣，小人迩而君子远矣。《诗》云："墨以为明，狐狸而苍。"此言上幽而下险也。君人者宣则直言至矣，而谗言反矣，君子迩而小人远矣。《诗》曰："明明在下，赫赫在上。"此

---

* ［作者简介］廖名春，清华大学历史系暨思想文化研究所教授。
① 廖名春：《荀子"虚壹而静"说新释》，《孔子研究》2009 年第 1 期。

言上明而下化也。①

先看"周而成，泄而败，明君无之有也"一句。杨倞注："以周密为成，以漏泄为败，明君无此事也。明君，日月之照临，安用周密也?"② 是训"周"为"周密"，"泄"为"漏泄"，认为"明君无之有也"，就是"明君无此事"，明君"安用"，不用"周密"。后来的注家基本上承袭了杨倞注的精神，比如北京大学《荀子》注释组的《荀子新注》就说："周：周密，指隐蔽真情。泄：泄漏，指公开真情。这句意思是：隐瞒真情就会成功，公开真情就会失败，明智的君主不会有这样的事。"③ 蒋南华等也将此句翻译为："隐瞒真情而获得成功，泄露真情而遭到失败，圣明的君主是不会有这种事的。"④

再来看与此相对的"宣而成，隐而败，暗君无之有也"一句。杨倞注："以宣露为成，以隐蔽为败，暗君亦无此事也。暗君务在隐蔽而不知昭明之功也。"⑤ 是将"宣"训为"宣露"，将"隐"训为"隐蔽"，认为暗君追求的是隐蔽行事而不懂得光明正大的好处，所以暗君不会有"以宣露为成、以隐蔽为败"之事。北京大学《荀子》注释组的《荀子新注》本之，也说："宣：指公开真情。这句意思是：公开真情就会成功，隐蔽真情就会失败，昏君不会有这样的事。"⑥ 蒋南华等的《荀子全译》近同。⑦ 其他的译注，莫不如此，恕不烦举。

将"周而成，泄而败，明君无之有也；宣而成，隐而败，暗君无之有也"理解成"隐瞒真情就会成功，公开真情就会失败，明智的君主不会有这样的事；公开真情就会成功，隐蔽真情就会失败，昏君不会有这样的事"，表面上两两对举，对文现义，应该是文从字顺了，但逻辑上却存在严重的问题。

---

① 王天海：《荀子校释》，上海古籍出版社，2005，第 873 页。下引《荀子》原文，皆见此书。
② 王天海：《荀子校释》，第 880 页。
③ 北京大学《荀子》注释组：《荀子新注》，中华书局，1979，第 365 页。
④ 蒋南华、罗书勤、杨寒清：《荀子全译》，贵州人民出版社，1995，第 463 页。
⑤ 王天海：《荀子校释》，第 880 页。
⑥ 北京大学《荀子》注释组：《荀子新注》，第 365 页。
⑦ 蒋南华、罗书勤、杨寒清：《荀子全译》，第 463 页。

将"周而成，泄而败，明君无之有也"理解成"隐瞒真情就会成功，公开真情就会失败，明智的君主不会有这样的事"，就是说明君无"周而成，泄而败"之事，明智的君主不会有隐瞒真情而成功、公开真情而失败这样的事。这实质是否定保密的重要性和必要性，无论在事实上还是在理论上都是不能成立的。只要有一点基本常识的人，就知道其之荒谬。

"宣而成，隐而败，暗君无之有也"，即暗君无"宣而成，隐而败"之事，将其理解成"昏君不会有公开真情而成功、隐瞒真情而失败这样的事"更是不靠谱。历史上的昏君因"隐瞒真情而失败这样的事"，比比皆是，数不胜数；现实中因"隐瞒真情而失败"的昏官也不鲜见。怎么能说是"无之有也"？这样的释读用《荀子·解蔽》篇的话来说，只能说是"蔽于一曲而暗于大理"。因此，当另求别解。

其实，明末清初的著名思想家傅山（1607~1684）早就发现了此间的问题，他认为杨倞注"暗君务在隐蔽而不知昭明之功也"说："此诚大昧。既云务在隐闭，如何又说无之有？周与隐一义，本义谓用宣泄，不用周隐。"①这是说杨倞注大有问题、矛盾明显，暗君追求的是"隐闭"，事实上暗君大多是"隐而败"的，又怎能说是因"隐瞒真情而失败"的"暗君无之有"呢？傅山认为《荀子·解蔽》篇此段论"周""隐"，荀子的本意是要"用宣泄，不用周隐"，即主张"宣泄"，反对"周隐"。

傅山的《荀子评注》面世很晚，学人们看到了引起注意的也不多，即使注意到了也只是误解。比如近年来重要的荀学著作王天海的《荀子校释》就认为："宣，公开也。隐，隐瞒也。此言明君开明则成功，隐密则失败，暗君反此，故曰'无之有也'。"批评"傅氏未谙此，其说非也"。②其实，傅山看到了问题的关键，其思路完全正确，只是训诂上还没有落实，文义上还须深究。

《荀子·解蔽》篇此段文字训诂上有几个关键。一是"隐"字，从杨倞以来，人们都是将"隐"训为隐瞒、隐闭、隐密，以为是"隐瞒真情"。这虽然是通训，但用在此处却很不确切。

---

① （明）傅山：《荀子评注下》，《傅山全集》第2册，山西人民出版社，第1292页。
② 王天海：《荀子校释》，第880页。

这里的"隐"其实当读为"堰"，是塞，也就是堵塞的意思。《管子·轻重甲》："越人果至，隐曲薔以水齐。"王念孙（1744～1832）《读书杂志》云："薔，亦当为菌。曲菌，菌水之曲处也。……隐，塞也，谓塞曲菌以灌齐都也。"其自注曰："上文云'请以令隐三川'，谓塞三川也。《小雅·鱼丽》传：'士不隐塞。'正义曰：'为梁止可为防于两边，不得当中皆隐塞。'是隐与塞同义。"① 是训"隐"为"塞"。《管子·轻重甲》："请以令隐三川，立员都，立大舟之都。"马非百（1896～1984）《新诠》："孙诒让云：'隐读为匽。《毛诗·小雅·鱼丽传》"士不隐塞"，《释文》云："隐本作偃。"匽、偃字同。《荀子·非相》篇杨注云："梁匽所以制水。"《周礼·薓人》郑众注云："'梁，水偃也。'元材案：……隐即《汉书·贾山传》'隐以金椎'之隐。服虔云：'隐，筑也'。此当读'请以令隐三川'为句，谓下令筑堤壅三川之水而立为员都也。"② 《诗·小雅·鱼丽》"鱼丽于罶，鲿鲨。"毛亨传："士不隐塞。"陆德明（约550～630）释文："隐，如字。本又作偃，亦如字。"孔颖达（574～648）疏："'士不隐塞'者，为梁止可为防于两边，不得当中皆隐塞。"阮元（1764～1849）校勘记："其'本又作偃'者，即今之堰字。"③ 由此可见，"隐"可读为"匽"，"匽"又作"偃"，也就是今天常见的"堰"字，其义为塞，可训为堰塞、堵塞。此当指堵塞言路、闭塞言路。

与"隐"同义的是"周"。"周"杨倞训为"周密"，后来的注家皆本之，并不很确切。"周"应训为闭、固。《荀子·王制》："凡听：威严猛厉，而不好假道人，则下畏恐而不亲，周闭而不竭。"④ "周闭"连言，说明"周"义与"闭"同。《左传·哀公十二年》："盟，所以周信也。"杜预注："周，固。"⑤ 此也当指闭塞言路。

与"隐"义为反对的是"泄"与"宣"。杨倞训"泄"为"漏泄"，后来的注家皆理解为"泄露真情""公开真情"，皆未中的。"泄"当训为通、

① （清）王念孙：《读书杂志·管子第六》，江苏古籍出版社，1985，第461页。
② 马非百：《管子轻重篇新诠》，中华书局，1979，第524页。
③ （清）阮元：《十三经注疏》，中华书局，1980年9月，第417～418页。
④ 王天海：《荀子校释》，第338页。
⑤ （清）阮元：《十三经注疏》，第2170页。

达。《淮南子·本经》："精泄于目，则其视明；在于耳，则其听聪；留于口，则其言当；集于心，则其虑通。"高诱注："泄犹通也。"① 此当指开通言路。

"宣"杨倞训为"宣露"，后来的注家本之，皆理解为"公开真情"。其实当训为通，即疏通。《广韵·仙韵》："宣，通也。"②《左传·昭公元年》："宣汾、洮，障大泽。"杜预注："宣，犹通也。"③《国语·周语上》："川壅而溃，伤人必多，民亦如之。是故为川者决之使导，为民者宣之使言。"④ 此也当指疏通言路，开放言路。

"成"，注家皆理解为"成功"；"败"，皆理解为"失败"。其实没这么简单。这里的两个"成"，都当训为成全。《论语·颜渊》："子曰：'君子成人之美，不成人之恶。小人反是。'"⑤ 这里是赞成、主张的意思。"败"，可训为废弃。《韩非子·定法》："及孝公、商君死，惠王即位，秦法未败也。"⑥ 这里是反对的意思。

"周而成，泄而败""宣而成，隐而败"中的"而"字如何解释？这又是《荀子·解蔽》篇此段文字训诂上的一大问题。从杨倞到今天众多的注家，没有不将这四句的"而"训为顺承连词的。其实，这是一大错误。这四个"而"字都是助词，作为宾语前置的标志，作用与"之""是"同。

"而"与"之"上古音同属之部，可以通用。《诗·小雅·角弓》："民之无良。"《说苑·建本》就引作"人而无良"。⑦ 这是"之""而"互用。《礼记·祭义》："不亏其体，不辱其身，可谓全矣。故君子顷步而弗敢忘孝也。"⑧ 最后一句《大戴礼记·曾子大孝》篇作："故君子顷步之不敢忘也。"⑨ "而"就写作"之"。《韩诗外传》卷五："用万乘之国则举错而定，

① 何宁：《淮南子集释》，中华书局，1998，第 588 页。
② （宋）陈彭年：《重修广韵》卷二，《四部丛刊》景宋本。
③ （清）阮元：《十三经注疏》，第 2024 页。
④ 徐元诰：《国语集解》，中华书局，2002，第 11 页。
⑤ 杨伯峻：《论语译注》，中华书局，1980，第 129 页。
⑥ 陈奇猷：《韩非子新校注》，上海古籍出版社，2000，第 959 页。
⑦ 高亨：《古书通假会典》，齐鲁书社，1989，第 397 页。
⑧ （汉）郑玄注、（唐）孔颖达正义、吕友仁整理《礼记正义》，上海古籍出版社，2008，第 1848 页。
⑨ （清）王聘珍：《大戴礼记解诂》，中华书局，1983，第 85 页。

一朝而白。"许维遹《韩诗外传集释》："钟本、黄本、杨本、程本作'则举错而定一朝之白'。……赵本作'则举错而定一朝之伯'。校云：'旧本作"则举错定一朝之白"。今据《荀子·儒效》篇改正。'周本作'则举错而定，一朝而白'。校云：'而伯'旧作'之白'，今从《荀子》校作'而伯'。"①"一朝而白"之"而"，许多本子都作"之"。

"之"与"是"作为助词，都可表示宾语前置。如《左传·定公十三年》："富而不骄者鲜，吾唯子之见。"②《韩诗外传》卷十："使吾君固寿，金玉之贱，人民是宝。"③而此处的"周而成"犹"周之成""周是成"，也就是"唯周之成""唯周是成"，指的是赞成闭塞言路。"泄而败"犹"泄之败""泄是败"，也就是"唯泄之败""唯泄是败"，指的是反对开通言路。"宣而成"犹"宣之成""宣是成"，也就是"唯宣之成""唯宣是成"，指的是赞成开通言路。"隐而败"犹"堰之败""堰是败"，也就是"唯堰之败""唯堰是败"，指的是反对堵塞言路。

所以，"周而成，泄而败，明君无之有也"，不是说"隐瞒真情就会成功，公开真情就会失败，明智的君主不会有这样的事"，而是"唯周之成，唯泄之败，明君无之有也"，是说"赞成闭塞言路，反对开通言路，明君没有这种事"。"宣而成，隐而败，暗君无之有也"，不是说"公开真情就会成功，隐蔽真情就会失败，昏君不会有这样的事"，而是"唯宣之成，唯堰之败，暗君无之有也"，是说"赞成开通言路，反对堵塞言路，昏君没有这种事"。正如傅山所言，这一段文字"本义谓用宣泄，不用周隐"，主旨是讲要广开言路，不要闭塞言路。

"君人者周则谗言至矣，直言反矣，小人迩而君子远矣"，这是"暗君""唯周之成，唯泄之败"，堵塞言路造成恶劣后果。"君人者宣则直言至矣，而谗言反矣，君子迩而小人远矣"，这是"明君""唯宣之成，唯堰之败"，开通言路导致的大好局面。"明君"之所以"明"，"明君"之所以能做到"直言至矣，而谗言反矣，君子迩而小人远矣"，就在于"明君""宣而成，隐而败"，能做到"唯宣之成，唯堰之败"，敢于坚持广开言路，敢于反对

---

① 许维遹：《韩诗外传集释》，中华书局，1980，第 173 页。

② （清）阮元：《十三经注疏》，第 2150 页。

③ 许维遹：《韩诗外传集释》，第 335 页。

闭塞言路。"暗君"之所以"暗","暗君"之所以能造成"谗言至矣，直言反矣，小人迩而君子远矣"的恶果，就在于"暗君""周而成，泄而败"，"唯周之成，唯泄之败"，坚持闭塞言路，反对广开言路。这种一正一反的对比论证，鲜明地表达了其主题是要"泄"、要"宣"，不要"周"、不要"隐（堰）"。

《荀子·解蔽》篇此段训诂上的第三大问题就是其引逸《诗》"墨以为明，狐狸而苍"的释读。

"墨"，杨倞训为"蔽塞"，"墨以为明"，即"以蔽塞为明"①。日本学者久保爱（1759～1832）《荀子增注》以为"墨"与"嘿、默同"②，是读"墨"为"沉默""默然"之"默"。郝懿行（1757～1825）则认为"墨者，幽暗之意。《诗》言以暗为明"③。北京大学《荀子》注释组《荀子新注》将"墨以为明"译为"把黑的说成白的"④，王天海《荀子校释》云："墨者，暗也，正与'明'对，言其以暗为明。"⑤皆本于郝氏之说，影响最大。

不过，笔者认为，比较起来，杨倞训"墨"为"蔽塞"说最契合所要证明的文义。但"墨"为什么能训为"蔽塞"呢？我想久保爱的意见是正确的。"墨"当读为"嘿"或"默"。《说文·黑部》："默，犬暂（潜）逐人也。从犬，黑声，读若墨。"⑥"默"从"黑声。读若墨"，自然"墨"也可读为"默"。《左传·昭公十四年》："贪以败官为墨。"⑦《孔子家语·正论解》作："贪以败官为默。"⑧"墨"就写作"默"。"默"之本义为"犬暂（潜）逐人也"，即"犬默无声逐人"。⑨所以"默"有寂静、不语义。《正字通·黑部》："默，不语也。"⑩《广韵·德韵》："默，静也，或作嘿。"⑪

① 王天海：《荀子校释》，第 880 页。
② 王天海：《荀子校释》，第 880 页。
③ 王天海：《荀子校释》，第 880 页。
④ 北京大学《荀子》注释组：《荀子新注》，第 365 页。
⑤ 王天海：《荀子校释》，第 880 页。
⑥（汉）许慎：《说文解字》卷十上，清《文渊阁四库全书》本。
⑦（清）阮元：《十三经注疏》，第 2076 页。
⑧（三国）王肃：《孔子家语》卷九，《四部丛刊》景明翻宋本。
⑨（五代）徐锴：《说文解字系传》通释卷十九，《四部丛刊》景述古堂景宋钞本。
⑩（明）张自烈：《正字通》卷十二，清康熙二十四年清畏堂刻本。
⑪（宋）陈彭年：《重修广韵》卷五，《四部丛刊》景宋本。

《玉篇·口部》："嘿，与默同。"① 《集韵·德韵》："嘿，静也。通作默。"②
《墨子·贵义》："嘿则思，言则诲，动则事。"毕沅（1730～1797）校注：
"默字俗写从口。"③ 所以，"墨以为明"当读作"默以为明"或"嘿以为
明"。为什么"沉默不语"、万马齐喑？就是因为"暗君"闭塞言路，还自
以为贤明。所以，杨倞训"墨"为"蔽塞"，还是有道理的。

"狐狸而苍"之"苍"字很不好解。杨倞注以为"苍，言狐狸之色"④。
郝懿行认为："以黄为苍，所谓'玄黄改色，马鹿易形'也。赵高欲为乱，
以青为黑，以黑为黄，民言从之，此正上幽下险之事。"⑤ 北京大学《荀子》
注释组《荀子新注》以为"苍"是"青黑色"，"狐狸而苍"是"把黄色的
狐狸说成青黑色的"⑥。王天海《荀子校释》以为："狐狸之色黄，反以为
苍。故下文曰'此言上幽而下险也'。"⑦ 他们的意思都差不多。一般而言
"狐狸之色黄"，但"青黑色的"也并非没有，比如"黑狐"之称就并不罕
见。因此，说"狐狸而苍"是"玄黄改色，马鹿易形"并不贴切。

笔者疑"苍"当读为"跄"，是起舞的样子。《尚书·皋陶谟》："笙镛
以间，鸟兽跄跄。"孔传："鸟兽化德，相率而舞跄跄然。"陆德明释文：
"跄，舞貌。"⑧ 《法言·问明》："凤鸟跄跄，匪尧之庭。"李轨（？～619）
注："跄跄者，步趾之威仪也。言其降步于尧之庭，非尧之庭则不降步
也。"⑨ 单用义同。鲍照（约415～470）《舞鹤赋》："始连轩以凤跄，终宛
转而龙跃。"⑩ 所以，"狐狸而苍"当读作"狐狸而跄"，意为狐狸舞蹁跹，
是说"暗君""墨以为明"，闭塞言路，还自以为贤明，"上幽而下险"，所
以，"小人迩"矣。"狐狸而跄"，正是形容小人得志、豺狼当道的样子。

依据上述的考释，《解蔽》篇这最后一段文字可译作：

---

① （宋）陈彭年：《重修玉篇》卷五，清《文渊阁四库全书》本。
② （宋）丁度：《集韵》卷十，清《文渊阁四库全书》本。
③ （清）孙诒让：《墨子闲诂》卷十二，清光绪三十三年刻本。
④ 王天海：《荀子校释》，第880页。
⑤ 王天海：《荀子校释》，第880页。
⑥ 北京大学《荀子》注释组：《荀子新注》，第365页。
⑦ 王天海：《荀子校释》，第880页。
⑧ （汉）孔安国：《尚书》卷二，《四部丛刊》景宋本。
⑨ （汉）扬雄：《扬子法言》问明卷第六，《四部丛刊》景宋本。
⑩ （南北朝）鲍照：《鲍明远集》鲍氏集卷第一，《四部丛刊》景宋本。

主张闭塞言路，反对开通言路，明君没有这种事。主张开通言路，反对堵塞言路，昏君没有这种事。所以统治人民的君主如果闭塞言路，那么挑拨离间的话就来了，正直的话就缩回去了，小人接近而君子就远离了。《诗》云："把闭塞言路当作圣明，狐狸舞蹁跹。"这是说君主昏庸愚昧，那么下面就会险恶。统治人民的君主如果开通言路，那么正直的话就来了，而挑拨离间的话就缩回去了，君子接近而小人就远离了。《诗》云："在下皎洁明亮，是因为在上光辉灿烂。"这是说君主光明正大，那么臣民就会被感化。

最后还有一个颇有意思的问题，就是《解蔽》篇这最后一段文章的归属。日本学者荻生徂徕（即物双松，1768～1830）《读荀子》首先提出："'周而成'以下，不与一篇之旨相蒙也。"① 冢田虎《荀子断》也说："'周而成'以下，似《正论》篇首章错简。"② 为什么？久保爱《荀子增注》交代了原因："韩子曰：'事以密成，语以泄败。'盖当时法家之言适足以害，故析之。"③ 中国也有学者赞成这样的说法，比如梁启雄（1900～1965）《荀子简释》就说："此一段与本篇之旨不相蒙，疑是《君道》篇的错简。"④ 王天海《校释》也说："《正论》篇首章即斥'主道利周'之说，引诗'明明在下'亦同，冢之说或是也。"⑤ 他们的意见相同的一面是认为这最后一段非《解蔽》篇所有，为别篇文字窜入。不同的是一认为是"《正论》篇首章错简"，一认为是"《君道》篇的错简"。从上文的释读看，这些推测都是不能成立的。

首先，《解蔽》篇此段的"周而成，泄而败"与《韩非子·说难》篇"事以密成，语以泄败"看起来文句相似，但实质上内涵完全不同。《韩非子·说难》篇"事以密成，语以泄败"译成现代汉语，意思是"事情因为保密而成功，讲话由于泄密而失败"⑥，强调的是保密的重要。而《解蔽》

① 王天海：《荀子校释》，第880页。
② 王天海：《荀子校释》，第880页。
③ 王天海：《荀子校释》，第880页。
④ 王天海：《荀子校释》，第880页。
⑤ 王天海：《荀子校释》，第880页。
⑥ 《韩非子》校注组：《韩非子校注》，江苏人民出版社，第113页。

篇此段的"周而成，泄而败"，"明君无之有也"，则是"明君"否定的对象，"明君"不干"周而成，泄而败"之类的事。所以"周而成，泄而败"当作"周之成，泄之败"解，也就是坚持闭塞，反对开通言路。所以，以《韩非子·说难》篇"事以密成，语以泄败"来解《解蔽》篇"周而成，泄而败"一段的文义，是牛头不对马嘴，纯属误读。

其次，《荀子·君道》篇虽然也多有"明主""暗主"之论，如说"明主急得其人，而暗主急得其势""故伯乐不可欺以马，而君子不可欺以人，此明王之道也""明主有私人以金石珠玉，无私人以官职事业""唯明主为能爱其所爱，暗主则必危其所爱"① 之类，但主旨并非讲闭塞言路的危害、开放言路的重要，与《解蔽》篇此段的内容基本无涉，怎能说是"《君道》篇的错简"？可见梁启雄的怀疑是没有什么道理的。

再次，《荀子·正论》篇首章批驳"主道利周"之说，主张"主道利明不利幽，利宣不利周"，其说确实与《解蔽》篇此段内容相近。但《荀子·正论》篇批评社会上流行着诸多谬论也有其鲜明的特点。其中批"世俗之为说者曰"共七条，如：

> 世俗之为说者曰："主道利周。"
> 世俗之为说者曰："桀、纣有天下，汤、武篡而夺之。"
> 世俗之为说者曰："治古无肉刑，而有象刑。墨黥；慅婴；共，艾毕；菲，对屦；杀，赭衣而不纯。治古如是。"
> 世俗之为说者曰："汤、武不能禁令。"
> 世俗之为说者曰："尧、舜擅让。"
> 世俗之为说者曰："尧、舜不能教化。"
> 世俗之为说者曰："太古薄葬，棺厚三寸，衣衾三领，葬田不妨田，故不掘也。乱今厚葬，饰棺，故抇也。"②

每条内容基本独立，都是不重复的。即使是同为指责"尧、舜"之说，内容也各自有别，没有相同的。如果《解蔽》篇此段属于《荀子·正论》

---

① 王天海：《荀子校释》，第526、551、555、556页。
② 王天海：《荀子校释》，第702～734页。

篇首章，内容就过于重复了。而且《荀子·正论》篇首章，结构严谨，层次分明，如插入《解蔽》篇此段，不但逻辑混乱，文句也不好衔接，放到哪里都不合适。而在《解蔽》篇里，此段讲要广开言路，讲"兼听则明，偏信则暗"之理，完全符合"解蔽"的主旨，正是"虚壹而静"理论的具体化。"暗君""周而成，泄而败"，不正是"蔽于一曲，而暗于大理"？其导致"谗言至矣，直言反矣，小人迩而君子远矣"的恶果，不正是"蔽塞之祸"吗？"明君""宣而成，隐而败"，以至"直言至矣，而谗言反矣，君子迩而小人远矣"，不正是"不蔽之福"吗？所以，读懂了《解蔽》篇此段，就明白其文字与上文首尾相接，内容相互呼应，逻辑浑然一体。因此，说其是《荀子·正论》篇首章的错简，是不可信的。

（责任编辑：西山尚志）

《荀子》中的"幸"与"数"*

菅本大二 著　深川真树 译**

[摘　要] 在《荀子》一书中，有三个地方围绕"幸"（偶然的侥幸）与
"数"（必然的结果）展开论述，本文以此为出发点来讨论荀子思
想的特质。荀子肯定"数"的同时，认为"数"需要以儒家价值
观为基础，其实这种思维本身即追求着"幸"，故包含内在矛盾。
本文认为荀子本人知道此情形而进行论述的可能性很高。

[关键词] 荀子　幸　数

当我们研究《荀子》一书，其中有些内容让人感受到这个思想家的
"风格"，笔者尚且不知是否该称为"荀子风格"。荀子稍微跳脱自孔子以来
的传统儒家思想，例如重视刑罚或法、主张性恶论，还有提出"天人之分"
等，而那让人感受到"荀子风格"的立场，仅能称为荀子思想的特征，而非
"荀子风格"。① 有人以"合理的"此一词语解释其风格，但笔者所思考的
"荀子风格"反而在于距离"合理的"这个词甚远的态度，即坦然折服对方
去相信不合理的内容这种"恬不知耻"的态度。有人会问：那么，"荀子风
格"究竟是何种"恬不知耻"？笔者却很难寻到简洁的表现方法。既然如

---

* 本文在初译阶段得到台湾大学哲学系硕士生杨凡烟、龙崎两位同学的协助，特此感谢。译文
　的全部内容由译者本人负责。

** [作者简介] 菅本大二（Sugmoto, Hirotsugu），日本梅花女子大学食文化学部教授。译者深
　川真树，中山大学哲学系特聘副研究员。

① 关于荀子思想的特征，请参照菅本大二《荀子における法家思想の受容 - "礼"の构造
　に即して -》，《日本中国学会报》第四十三集，1991；《"分"の思想 - 初期法家を中心
　に -》，《中国文化》第五十集，1992；《〈荀子〉の"无法者以类举" - "礼"を支え
　た"类" -》，收入大久保隆郎教授退官纪念论集刊行会编《汉意とは何か》，东方书
　店，2001。

此，便不得不提出展现荀子风格的"恬不知耻"之具体面向的部分。笔者认为在本文中提及的"幸"与"数"的问题，是至此为止为了说明笔者所思考的"荀子风格"的"恬不知耻"最合适的话题。

再者，此一论题其实也非常适合用以论述韩非与荀子的分界线。设法表示这条分界线便是本论文的目标。

一 "非幸也，数也"

关于《荀子》中的"幸"与"数"，可明显地看到其用法的论述有三个例子。每一例子均将"非幸也，数也"的文句用在论述的总结。虽然只有三个例子，但到其总结之前的话题，皆是对期望中国依照王道统一的荀子而言不可或缺的，在《荀子》书中尤其引人注目。以下将从《荀子》的篇章中逐一分析。第一个例子是《仲尼》篇中关于齐国称霸的内容：

> 夫齐桓公有天下之大节焉，夫孰能亡之！倓然见管仲之能足以托国也，是天下之大知也。安忘其怒，出忘其仇，遂立以为仲父，是天下之大决也。立以为仲父，而贵戚莫之敢妒也；与之国高之位，而本朝之臣莫之敢恶也；与之书社三百，而富人莫之敢距也；贵贱长少，秩秩焉，莫不从桓公而贵敬之，是天下之大节也。诸侯有一节如是，则莫之能亡也；桓公兼此数节者而尽有之，夫又何可亡也！其霸也宜哉！非幸也，数也。（《荀子·仲尼》）

包括接下来的两例，"幸"与"数"都被用来对比，并且在对统治状况下判断时被使用。这段论证齐桓公的霸业不是"幸"的结果，而是"数"的结果。思考"幸"与"数"的含义，首先需要把握证明的内容。

由"诸侯有一节如是，则莫之能亡也"这一段话可知，荀子说统治者有若能满足其中一点则不被灭国的一些条件，而齐桓公满足几点，因此不会被其他诸侯国所灭，进而达成霸业。从此论述来看，"幸"所指的似乎便是侥幸，也就是偶然得到的幸运之义。而若考虑"数"所呈现的含义应是与"幸"相对的，则可将其解释为必然得到的结果之义。也就是说，荀子即认为齐桓公的霸业并非侥幸，而是应当如此落局的必然结果。

杨倞注："其术数可霸非为幸遇也。"将"数"解释为"术数"。因为"数"也有技术之义，故若以齐桓公的措施，具体而言，未导致其他家臣混乱而重用管仲这件事可当作政治上的技术，则这种措施可以说是带来必然结果的"术数"。这在之后的例子中可明显地看出，将有更详细的说明。总而言之，从关于齐桓公霸业的论述中可确认，"幸"所指的是偶然得到的侥幸之义，"数"则是必然得到的结果之义。

接下来谈论"幸"与"数"的是《议兵》篇，其中荀子针对当时在诸侯国之中最强盛的秦国下评价：

> 秦人其生民也狭阸，其使民也酷烈；劫之以势，隐之以阸；忸之以庆赏，鰌之以刑罚；使天下之民所以要利于上者，非斗无由也。阸而用之，得而后功之，功赏相长也；五甲首而隶五家，是最为众强长久，多地以正，故四世有胜，非幸也，数也。（《荀子·议兵》）

此处"幸"和"数"的意义，与上述齐桓公的用例相同。亦即，秦之所以可以连续强盛逾四代之久，绝非偶然的侥幸，而是必然的结果。这段原文说秦国之"胜"延续四代，那么究竟以谁为其起点呢？我们阅读荀子的评论便一目了然。造成"使天下之民所以要利于上者，非斗无由也""功赏相长也；五甲首而隶五家"之状况的，便是商鞅变法。关于荀子作出此评论的时期，从荀子活跃的期间来看，大概是在位达五十六年（前306～前251）的秦昭王时期。重用商鞅的秦孝公是从秦昭王追溯四代之前的君王，因此荀子的评论不妨直接视为对秦孝公所实行之商鞅变法的评价。

在上述齐桓公的例子中，笔者根据杨倞注所解释之"数"的含义，指出"数"可能包含必然带来某种结果的技术之义，此处的"数"显然包含技术、术数的含义。若考虑到商鞅变法，则应可称之为"法术"。也就是说，荀子认为秦国能继续强盛的理由在于"法术"，即遵照实行便绝对能使国力强大化的技术所带来的必然结果。

最后让我们看第三个例子。其与第二个例子相同，亦为对秦国的评价，而且似乎是荀子实际拜访秦国时所谈的内容。《荀子》文本篇次的关系在顺序上颠倒，但第二个例子中对秦国的评价应是荀子拜访秦国时所得的真实感想。

应侯问孙卿子曰：入秦何见？孙卿子曰：其固塞险，形势便，山林川谷美，天材之利多，是形胜也。入境，观其风俗，其百姓朴，其声乐不流污，其服不佻，甚畏有司而顺，古之民也。及督邑官府，其百吏肃然，莫不恭俭敦敬忠信而不楛，古之吏也。入其国，观其士大夫，出于其门，入于公门；出于公门，归于其家，无有私事也；不比周，不朋党，偶然莫不明通而公也，古之士大夫也。观其朝廷，其间，听决百事不留，恬然如无治者，古之朝也。故四世有胜，非幸也，数也。是所见也。(《荀子·强国》)

应侯为当时秦国宰相范雎。范雎是秦昭王时期的宰相，秦国君王系谱为孝公、惠王、武王、昭王，因此可确凿地证明，上述针对四代起点的推定是正确的。

相对于上一个例子为对历史的评价，这段对秦国的评价是荀子对亲眼看见的状况所下的。根据荀子的评价，首先从国外看秦国的地理条件，有天然的要塞在守护，也有丰富的天然资源；接着再从秦国国内看国民的情况，百姓、官吏或士大夫均犹如古代圣王统治下的生活样貌，朝廷的统治状况也是"恬然如无治者"，令人想起古代圣王的朝廷如此整齐的状态。因为在秦国内外有如上情况，荀子认为秦国连续四代之强盛并非偶然的侥幸，而是必然的结果。

以上我们探讨出现"非幸也，数也"之评语的三个例子，从中可看出荀子否定"幸"这个偶然的侥幸，而对带来必然结果的技术给予较高的评价。关于"幸"，在其他部分也有否定的说法，例如：

王者之论，无德不贵，无能不官，无功不赏，无罪不罚。朝无幸位，民无幸生。(《荀子·王制》)

"幸位"即为侥幸得到的官位，"幸生"则是指侥幸得到的安乐生活，这些对荀子而言似乎皆是不能容许的。那么，官位或安定的生活要如何得到？荀子似乎认为，应当确立只有经过一定的程序才能得到的原则。除去"无德不贵"，荀子即设想商鞅式"信赏必罚"体制的确立为"王者"所带来的秩序。虽然他在此并无谈到"数"，但意识到"无德不贵……无罪不罚"的体制本身为带来必然之结果的"数"，这点极为明确。

也就是说，荀子设想商鞅式的法术为"数"，即带来必然结果的技术。然而，"数"是在统治上最好的方法吗？荀子并没有这样想。这点将在下一节探讨。

二 "数"的上位者

本章将对荀子的"数"进一步加以考察。如前章所述，"幸"似乎是被全盘否定的，相对而言，对"数"的评价是较高的。然而，其评价并非绝对。这点很明确，因为荀子对于在上一节中所论及的齐桓公与秦国的统治状况，个别进行批判。

首先，对齐桓公给予评价那一段，原在从"仲尼之门人，五尺之竖子，言羞称乎五伯，是何也？"这句开始的《仲尼》篇开头，而且其评价是在分析五霸中最有势力的齐桓公时所下的。因此，虽然荀子确实说"夫齐桓公有天下之大节焉，夫孰能亡之"，而将其霸业评价为"非幸也，数也"，但从荀子的立场来看，却仍有可"羞"[①] 之处。

> 彼非本政教也，非致隆高也，非綦文理也，非服人之心也。乡方略，审劳佚，畜积修斗，而能颠倒其敌者也，诈心以胜矣，彼以让饰争，依乎仁而蹈利者也，小人之杰也，彼固曷足称乎大君子之门哉！（《荀子·仲尼》）

"隆高""文理"是《荀子》中用以形容王道时所常用的词语，具体而言应是指"礼"的精彩卓越、"礼"所带来的整齐秩序。[②] 也就是说，齐桓公并非由正确的政治或教化以使人民心服，而是由"方略"即策略以富国强兵，由"诈心"即权谋以取得胜利，只是一个装谦让却一边争夺、装仁义却一边独占利益的"小人之杰"。因此在"大君子之门"（即孔子门下）连谈到齐桓公之事都被视为可耻。

---

① 译者注：作者在此意识到"仲尼之门人，五尺之竖子，言羞称乎五伯"这句。
② 例如，"全道德，致隆高，綦文理，一天下，振毫末，使天下莫不顺比从服，天王之事也。"（《荀子·王制》）

《论语》中仍有触及齐桓公霸业的内容，不过并未认为谈到此事是可耻的，并且其内容也没有讨论齐桓公本身的是非对错，倒是在不少地方言及帮助齐桓公实现霸业的管仲之事。因为对管仲的评价有好有坏，故对齐桓公与管仲达成的齐国霸业并无一定的评价。连谈到也是可耻之言，大概是荀子夸张的说法。荀子应该在此借用"仲尼之门人"的名义，以强调荀子自己最重视"礼"的立场。

接着《议兵》篇中对于秦国的评价，是针对秦国强大的军事力并非"幸"而是"数"这一点给予正评的。而围绕秦国强大的军事实力，荀子与弟子李斯之间有值得注意的讨论，从中也可看出荀子的独特论调：

> 李斯问孙卿子曰：秦四世有胜，兵强海内，威行诸侯，非以仁义为之也，以便从事而已！孙卿子曰：非女所知也，女所谓便者，不便之便也。吾所谓仁义者，大便之便也。彼仁义者，所以修政者也；政修则民亲其上，乐其君，而轻为之死。故曰：凡在于军将率末事也。秦四世有胜，諰諰然常恐天下之一合而轧己也，此所谓末世之兵，未有本统也。（《荀子·议兵》）

李斯的立论是对上文引用"非斗无由也"（《荀子·议兵》）秦国的必胜形态给予正评的，也是对荀子"先生议兵，常以仁义为本"（《荀子·议兵》）之立场的批评。"以便从事而已"即因时制宜之意，这句对秦国不依赖"仁义"这种看不见的、模糊的东西，而冷静采用作为技术、方策提出的法术这一点，给予正面评价。

对于此，荀子强调"仁义"，而彻底否定李斯的说法。然后在其他的部分借着"仁义"主张君主的道义性，此处说明"仁义"在军事上具有实效性，亦即若君主由"仁义"施政则能驯服百姓，进而造成他们为君主"轻为之死"的状况。"仁义"能够产出侠义性质的关系，因此荀子主张"仁义"即为"大便"，也就是真正有益的。

李斯对荀子的反驳有何感受呢？他当然应该理解，荀子"轻为之死"的想法概念性过强，而且也应该识破，荀子说可由君主的仁义实现"民亲其上"的状况，这不外是期望荀子他自己全盘否定之"幸"的态度。虽然李斯的反驳并没有被记录下来，但笔者认为李斯后来的作为本身便雄辩地作出如上的反驳。

作为关于秦国的议论，《强国》篇的记载更值得注意。荀子对秦国的状况下了"古之朝也"如此无上的评价，但其实荀子接着说：

> 故曰：佚而治，约而详，不烦而功，治之至也。秦类之矣。虽然，则有其諰也；兼是数具者而尽有之，然而县之以王者之功名，则偅偅然其不及远矣！是何也？则其殆无儒邪！（《荀子·强国》）

秦国虽然统治得井然有序，似乎符合"治之至也"，但仍有"諰"即可惧之处，尚未达到王者的风度。这是为什么呢？荀子对此问题的回答便甚有其风格。他说"无儒"，也就是秦国无儒者之故。荀子所欲主张者即系这点。他当时实际上是在秦国宰相面前，因而如此称赞秦国不足为奇。那可谓是阿谀奉承，但亦可将其视作为了说明儒者的重要性而作出的长篇导言。而且，他所言的"儒"确实也是指荀子本人。

当然此处亦无记载秦国应侯范雎的反应。但是，商鞅变法的基本内容从否定儒家的价值观开始自不待言，范雎应对四世得胜的秦国统治体制有绝对的自信，而其胜利是运用商鞅变法而获取的。当然荀子也充分地理解这一点，在此前提下特别哀叹秦国"无儒"，亦即在范雎与荀子之间的立场互不兼容。即便如此尚能说出"无儒"，这应该便是荀子的本领。

由此可清楚地得知，在第一节中所检视的对"数"的评价并非绝对，而荀子只是阶段性地承认"数"，以下将把话题换成"法"与"礼"以确认这一点。

荀子比起之前的孔、孟，显然更重视"法"。荀子大量吸收他以前的法家思想，例如在论述"礼"的起源之际呈现如下记述：[①]

> 故古者圣人以人之性恶，以为偏险而不正，悖乱而不治，故为之立君上之势以临之，明礼义以化之，起法正以治之，重刑罚以禁之，使天下皆出于治，合于善也；是圣王之治而礼义之化也。（《荀子·性恶》）

---

① 请参照菅本大二《荀子における法家思想の受容 - "礼"の構造に即して - 》，《国语教育论丛》第 13 号，2003 年 12 月，第 17～27 页。

一面提及孔子所否定的统治之术，如"君上之势""法正""刑罚"等，一面将其断定为"圣王之治而礼义之化"，这便是荀子风格，而由此可知荀子重视"法"与刑罚等。然而，荀子在表示对"法"与刑罚的重视时也说明，"礼"为更上位的规范，要最重视"仁义"以及君子，毫无让步。例如，"由士以上则必以礼乐节之，众庶百姓则必以法数制之"（《荀子·富国》）。这段显现荀子以"礼"为上位、"法"为下位的礼法关系。另，关于君子的重要性，荀子将君子与"法"作一对比：

> 法者治之端也；君子者法之原也。故有君子，则法虽省，足以遍矣；无君子，则法虽具，失先后之施矣，不能应事之变，足以乱矣。不知法之义，而正法之数者，虽博临事必乱。（《荀子·君道》）

荀子用"法之数"一词，因此在他看来，"法"只不过是属于"数"的技术，并不具备"隆高"的性质。"法"是只有由"君子"使用时才能发挥真正价值的道具，这即为"法之义"。在这段之前亦言："有治人无治法。"（《荀子·君道》）这句说明，虽然有任何国家必定均可治理之人——"治人"，却无必定均可治理之法——"治法"。从本论的视角而言，应该注意的是"法数"（《荀子·富国》）或是"法之数"（《荀子·君道》）等论述。在第一节我们已经谈过，"数"被评价为带来必然结果的技术，但至此我们便得知，只有在满足"君子"正确地运用此技术的条件之下，"数"才可带来应有的结果。对荀子而言，"法"正是最具体的"数"。

总之，一方面承认"数"的实效性，同时重视作为"数"的"法"，另一方面仍主张"君子"的必要性，这是荀子身为儒家的矜持。因此在与李斯的议论中所出现的，怎么看都只能说是恬不知耻的论述之展开，对荀子而言是理所当然的结果，而那即为我们所感觉到的"荀子风格"。

三　与韩非子的分界线

荀子史上出名的两位弟子，应该无疑都洞见如上所述的"荀子风格"。其中一位已经登场，也就是以秦国宰相的身份辅助秦始皇统一天下的李斯。从他响应荀子的语气中，可明显地看出他对过于拘泥于"仁义"的荀子感到烦躁。

另一位则是被李斯逼死的韩非，是使秦始皇说出若可见到则"死不恨矣"（《史记·老子韩非列传》）的法家之集大成者。确实在以往的思想史研究中，皆以"法家之集大成者"称呼韩非子，但我们应当认为，他大半的功业其实是由荀子达成的，因为荀子的政治思想如此大量地吸收了在他之前的法家思想。尤其关于商鞅的法术论，韩非子应是透过荀子而理解与发展的。

对于韩非与荀子的接近性，笔者将再找别的机会论述，在此先不谈。至于本文所讨论的"幸"与"数"，韩非似乎将荀子欲表达的内容理解为如下：

> 凡奸臣皆欲顺人主之心以取亲幸之势者也。是以主有所善，臣从而誉之；主有所憎，臣因而毁之。……夫奸臣得乘信幸之势以毁誉进退群臣者，人主非有术数以御之也，非参验以审之也，必将以囊之合己信今之言，此幸臣之所以得欺主成私者也。故主必欺于上，而臣必重于下矣，此之谓擅主之臣。（《韩非子·奸劫弑臣》）

"信幸之势"与"幸臣"等词中"幸"的本义应是受君主喜爱，谄媚君主而获得的官位即为荀子所否定的"幸位"（《荀子·王制》）本身，韩非也主张废除那种臣子，而且为了识破这样的臣子，必须借助于"术数"。从以"幸"与"数"对比来立论这一点中，可清楚地确认自荀子至韩非的师承关系。

然而，荀子与韩非之间有着明显的分界线。其实此分界线正是"数"。也就是说，在政治上追求的是到"数"为止，还是位阶更高于"数"者，是荀子与韩非之间的巨大差别。如前所述，荀子从"儒"的立场设想，在"数"的上位有"君子"与"仁义"等，但韩非则认为只要有"数"即"法"，便已足够：

> 故明主之国，无书简之文，以法为教；无先王之语，以吏为师；无私剑之捍，以斩首为勇。是境内之民，其言谈者必轨于法，动作者归之于功，为勇者尽之于军。是故无事则国富，有事则兵强，此之谓王资。既畜王资而承敌国之衅，超五帝侔三王者，必此法也。（《韩非子·五蠹》）

对荀子而言，王道必定是伴随"仁义"或"礼乐"，与此不同的是，韩非主张在统治上彻底施行"法"——对荀子而言是"礼"的下位规范，便为"王资"即为王的基础。他从基础点上就表明与荀子完全不兼容的立场。

因此韩非将"仁义"等视为反而损害"法"治的无用之物，并予以否定：

> 今世儒者之说人主，不言今之所以为治，而语已治之功；不审官法之事，不察奸邪之情，而皆道上古之传，誉先王之成功。儒者饰辞曰："听吾言则可以霸王。"此说者之巫祝，有度之主不受也。故明主举实事，去无用；不道仁义者故，不听学者之言。(《韩非子·显学》)

在此批评宣传"听吾言则可以霸王"的儒者，其儒者应不外是荀子。孟子当然也有同样的面向，但在此所设想的批判对象应是上述荀子访秦之时对范雎所说的言辞。最后"故明主举实事，去无用；不道仁义者故，不听学者之言"这句显示韩非的立场，亦即只有通过"审官法之事"，才可达成韩非所想的王道。韩非想否定的应是，荀子对"儒"毫无批判、毫无自觉的信赖，也就是荀子自身过于不现实的自信。《显学》篇中对儒者的批判甚有现实感，笔者认为是因韩非脑海中有期望"幸"的荀子之形象。

那么，荀子与韩非的立场是否大相径庭？虽然两者看起来似乎互不兼容，但荀子与韩非的主张，实际上可视为几乎相同。若我们这样说，当然荀子便毫无疑问地猛烈反驳：我们对"仁义"的理解不足云云。但韩非应不会如此激烈地反驳，而会回答：确实我只是主张荀子所说的"数"，即作为没有用错便带来必然结果的技术之"法"而已。

结　　语

以上为了说明"荀子风格"花费不少篇幅。笔者认为勉强达成最初设定的目标——以"幸"与"数"为话题，表示韩非与荀子的分界线。至此感觉的是，李斯与韩非于接触荀子之教时，可能每次均感到心烦。既然持有分清"幸"与"数"的实际观点，不是彻底奉行此观点而只谈"法"就好，为何要谈"礼"与"仁义"等理想论？笔者从两人的言论感觉得出如上厌烦，甚至荀子还"恬不知耻"地夸口。李斯与韩非两人应想着：正是主张那种"君子"或"仁义"之重要性的儒者，才是荀子老师所批驳的期望"幸"的存在？

（责任编辑：西山尚志）

《荀子》"虚壹而静"考论*

陈晨捷**

[摘　要] "虚壹而静"因关涉对"道"的认识,在荀子的认识论中意义非
同一般,而传统的解释却难以中其肯綮。结合上下文意及荀子思
想之大体,"虚壹而静"中的"虚"应解释为开放的意愿或态度;
"壹"指兼容而能精,即对"两"的包容与超越并将之推展到极
致;"静"指保持"无为"的状态,从而使"道"自显自现。通
过"虚壹而静",人能"知道",尔后才有可能"可道",即认可
"道"、接受"道"。

[关键词] 荀子　虚　壹　静

"虚壹而静"见于《荀子·解蔽》篇,因其关涉荀子的认识论以及荀子
对"道"的认知与把握,历来备受学界关注。学者们普遍指出,荀子"虚
壹而静"的思想受老、庄或黄老道家"虚静"观念的影响,并将"虚"释
为"虚心",将"壹"释为"专一"①或"专精"②,对于"静",部分学者
将之释为"宁静",更多的则是语焉不详。③ 这些解释从字面上看似乎言之

---

*　[基金项目] 本文为山东省社会科学规划研究项目（项目号：12DZXJ03）、山东大学人文社
会科学青年团队项目（项目号：IFYT12044）以及山东大学儒学高等研究院重点项目"中国
正义论"阶段性成果。

**　[作者简介] 陈晨捷,山东大学儒学高等研究院副教授。

① 梁启雄：《荀子简释》,中华书局,1983,第294页；熊公哲：《荀子今注今译》,台湾商务
印书馆,2010,第430页。
② 吴树勤：《礼学视野中的荀子人学——以"知统通类"为核心》,齐鲁书社,2007,第
140页。
③ 廖名春先生将"壹"解释为"一时的选择",而将"静"解释为"长时间的坚持"。对于廖
先生的看法,本文第二部分有所解析。

有据，然若从前后文义上细加考究，便觉其如圆枘方凿，难中肯綮。笔者不揣鄙陋，试析如下，祈望诸方家批评指正。

一 "虚"

道家分外注重"虚"，老子曰："致虚极，守静笃。万物并作，吾以观复。"（《老子》十六章）高明先生认为，"'虚'者无欲，'静'者无为，此乃道家最基本的修养。'极'与'笃'是指心灵修炼的最高状态，即所谓极度和顶点"①。陈鼓应先生说："'虚''静'形容心境原本是空明宁静的状态，只因私欲的活动与外界的扰动，而使得心灵蔽塞不安，所以必须时时做'致虚''守静'的工夫，以恢复心灵的清明。'虚'，形容心灵空明的境况，喻不带成见。"② 人易受物欲、求知欲等各种欲求的困扰和蔽塞，进而离道越来越远，因此要摒除欲望反复本初，通过"损""忘"等工夫，使心灵无所挂碍。老子曰："为学日益，为道日损。损之又损，以至于无为。"（《老子》48 章）庄子进一步发挥老子的思想，提出"心斋"与"坐忘"："虚者，心斋也。"（《庄子·人间世》）"颜回曰：'堕肢体，黜聪明，离形去知，同于大通，此谓坐忘。'"（《庄子·大宗师》）所谓"损"或"忘"，是要消解或超越善恶、是非、物我和天人，顺物自然，通于大道。不管是老子还是庄子都要求将"虚"发展到极致，"致虚极"即要求绝对的无欲，韩非子云："所以贵无为无思为虚者，谓其意无所制也。"（《韩非子·解老》）一旦有意，便有所制。

荀子固然使用了道家"虚"的概念，其义却有所不同。何谓虚？荀子曰："人生而有知，知而有志。志也者，臧也，然而有所谓虚，不以所已臧害所将受谓之虚。"（《荀子·解蔽》）③ 总的来看，荀子的"虚壹而静"不是讲一般的认识论，而是强调要"解蔽"，即解开人们的成心、偏隘心与固执心，专门针对的是那些"不知道"尤其是已经有了某些"成心""成见"却蔽于"道之一隅"的"曲知之士"："未得到而求道者，谓之虚壹而静"

---

① 高明：《帛书老子校注》，中华书局，1996，第 299 页。
② 陈鼓应：《老子注译及评介》，中华书局，1984，第 124 页。
③ 本文研究对象主要为《荀子》一书，以下引用该书只书篇名。

（《解蔽》）。"臧"者"藏"也，"所以臧"是"成心"，不得以成心抗拒、排斥"所将受"是谓"虚"，因而"虚"是心灵接受其他知识的意愿和心灵的敞开。在荀子看来，"凡人之患，蔽于一曲，而暗于大理"，人们"私其所私，唯恐闻其恶也。倚其所私，以观异术，唯恐闻其美也，是以与治离走而是己不辍也"（《解蔽》）。

　　荀子强调，"道"是一整体而大全者，"万物为道一偏，一物为万物一偏。愚者为一物一偏，而自以为知道，无知也"（《天论》）。荀子认为，墨子、宋子、慎到、申不害、惠子、庄子等诸子固有所长，又有所短，"皆道之一隅也。夫道者体常而尽变，一隅不足以举之。曲知之人，观于道之一隅，而未之能识也。故以为足而饰之，内以自乱，外以惑人，上以蔽下，下以蔽上，此蔽塞之祸也。"（《解蔽》）因而欲求道首先要有求道的意愿，否则即便道在眼前依然视若无见："心不使焉，则白黑在前在目不见，雷鼓在侧而耳不闻，况于使者乎？"（《解蔽》）后一"使"字，梁启雄先生引俞樾云："使字乃'蔽'字之误①。君子与小人的差别就在于其用心如何："故小人可以为君子，而不肯为君子；君子可以为小人，而不肯为小人"（《性恶》）。此处若以"虚心"训"虚"，其义太过含混，且会造成"不以所已臧害所将受"与"不以夫一害此一"产生意义重叠。"虚"对治的是"臧"亦即"志"，针对的是那些"私其所积，唯恐闻其恶"之人。"志"者志意，《说文解字》曰："志，意也。"因而"虚"要求那些有"蔽"的故步自封之士产生对"道"的渴慕，解释为心灵敞开的意愿或态度更为合理。

　　简言之，荀子的"虚"要求保持心灵的开放性，使之不固着于某一既定的"成心"或"成积"，这与老、庄"虚"的观念有根本性的不同。徐复观先生说："虚壹而静的观念，从老庄来。他对老庄的批评，较对子思孟子的批评为恰当，可见他是很了解道家，而且受了道家的影响。……道家讲虚，讲静，是要把心知的活动消纳下去，使其不致影响、扰乱作为人的生命根源的自然。荀子则在于用虚静来保障心知的活动，发挥心知的活动。所以荀子在不承认心是道德（以仁义为内容的道德）之心的这一点上，与道

① 梁启雄：《荀子简释》，第287页。

家相同；但在发挥心的知性活动的这一点上，与道家反知的倾向，是完全相反的。"① 即便是荀子意下之"道"，也并非可以固执之"道"。尽管荀子对"道"有明确的态度，那就是"君道"、"人道"或"礼义之道"，然而"道"却不是一既定的完成的"道"，这从荀子本人兼宗百家的事实中可见一斑，而孔子之道之所以令其倾心也正因为其学说的开放性："孔子仁知且不蔽，故学乱术足以为先王者也。一家得周道，举而用之，不蔽于成积也。故德与周公齐，名与三王并，此不蔽之福也。"（《解蔽》）

荀子的这种观念在孔子处也有其根源。孔子认为有四种态度需要禁绝，其中之一为固执胶滞："子绝四：勿意、勿必、勿固、勿我。"（《论语·子罕》）不仅需要在认识论上破除"固执"，在人生哲学上，我们也应该保持开放性以实现时机化和情境化，这集中体现在孔子对于"学"的态度上。孔子曰："好仁不好学，其蔽也愚；好知不好学，其蔽也荡；好信不好学，其蔽也贼；好直不好学，其蔽也绞；好勇不好学，其蔽也乱；好刚不好学，其蔽也狂。"（《论语·阳货》）"学则不固。"（《论语·学而》）是以《论语》开篇即强调"学"——"学而时习之"（《论语·学而》）。张祥龙先生认为："在这种情况下，孔子关注的是'学'这样一个原发的现象或状态。以否定的方式讲就是：'学则不固'。'固'意味着'固执'于某种现成者，因而'蔽'于斯。它代表着孔子所最反对的一大类人生样式和思想方式。……'学'则恰与之相反，它破除对现成者（不管它们是物质性的还是观念性的）固执，因而能引人入境。"② 对荀子而言也是如此，只有保持开放性，其所持之道才能"体常而尽变"，其人方可"能定能应"，从而谓之"成人"。

二 "壹"

荀子认为，"欲为蔽，恶为蔽，始为蔽，终为蔽，远为蔽，近为蔽，博为蔽，浅为蔽，古为蔽，今为蔽。凡万物异则莫不相为蔽，此心术之公患

① 徐复观：《中国人性论史·先秦篇》，上海三联书店，2001，第218页。
② 张祥龙：《境域中的"无限"——〈论语〉"学而时习之"章析读》，《江苏社会科学》1999年第6期。

也。"而"圣人知心术之患，见蔽塞之祸，故无欲、无恶、无始、无终、无近、无远、无博、无浅、无古、无今，兼陈万物而中悬衡焉，是故众异不得相蔽以乱其伦也"（《解蔽》）。圣人有感于心术之患，故使心能包容、兼知，"博而能容浅，粹而能容杂，夫是之谓兼术"（《非相》）。心必须"兼陈万物"，开放并包容众多"一隅之道"，然后才能"知道"。"不以夫一害此一谓之壹"明确地表明了心的兼容性，而以"专一"或"专精"释"壹"就会模糊甚至抹杀其多样性特征，从而极可能导致新的"蔽"而非"解蔽"。然而心所"臧"或所"受"的诸多相异之物却不能并列杂陈："贰则疑惑""类不可两，故知者择一而壹焉"。所谓"择一而壹"并非意味着"精于一道而专一焉"①，"道"应是最高的完满的"道"，并无"此道""彼道"之分，只有"此一隅""彼一隅"之别，也并不表示要从表示"杂多"的"两"中作出抉择。廖名春先生认为："在'兼知'中，在'两'中，选择而专于正确的认识。在'兼知'中，不因非正确的认识而妨碍对正确认识的接受，也就是说，在'兼知'中，要有选择，要鉴别出真知，要善于选择真理。这才是荀子'壹'的真意。"②"虚壹而静"固然包含着对真知的追求与认知，然而将"一"训为"真知"未免太过牵强，而且在"知道"之前显然无法正确地进行"选择"。

荀子曰："心不知道，则不可道，而可非道"，"心知道，然后可道。可道，然后能守道以禁非道"。可者，意为认可、肯定，即对道的选择。心不知道便不会选择道，知道以后才能选择，李涤生先生认为此处乃荀子"论'道'与'心'的关系。'知道'是'可道'的前提；'可道'是正确认识的前提"③，可见心"知道"并不是得到正确认识，其过程并不包含任何的价值判断和选择在内，而应该是对"道"的纯粹客观的认知。然而荀子又言："圣人知心术之患，见蔽塞之祸，故无欲、无恶、无始、无终、无近、无远、无博、无浅、无古、无今，兼陈万物而中悬衡焉，是故众异不得相蔽以乱其伦也。何谓衡？曰：道。"（《解蔽》）心若能"中悬道"则其已然知道，又何须强调知道？进一步言之，心若已知"道"，则其对"道"

---

① 王先谦：《荀子集解》，中华书局，2011，第399页。
② 廖名春：《荀子"虚壹而静"说新释》，《孔子研究》1999年第1期。
③ 李涤生：《荀子集释》，学生书局，1979，第486页。

已有一明确的认知与主张，又如何能够"兼陈万物"，使"众异不得相蔽"？此外，"择一"若译为"选择其中之一"或"选择真知"，那么"择一而壹"就会与"壹"的定义"不以夫一害此一"相违背。因而"择一"显然不能表示从众多"一"中进行选择，而应解释为"择于一"，即对诸多异知进行处理（包容或超越，而非选择），如此才能避免"一"对"两"的遮蔽。

荀子说："今诸侯异政，百家异说，则必或是或非，或治或乱。"然而若因其异而相为蔽便会"蔽于一曲"，产生"心术之公患"。既然一隅不足以尽道，心"欲知道"的前提就是要兼"两"，即"不以夫一害此一"，尔后必须超越一隅之道，形成对于整全的"道"的把握："同时兼知之，两也，然而有所谓壹。"对于求道者而言，"一"而不"两"，则心不能包容而有公患，"两"而不"一"则疑惑而不能精。综言之，"壹"非"一"，亦非"两"，而是"一"与"两"的统一，"一"之中要容"两"，"两"要被超越而形成某种一致性。荀子曰："农精于田，而不可以为田师；贾精于市，而不可以为市师；工精于器，而不可以为器师。有人也，不能此三技，而可使治三官。曰：精于道者也。精于物者也。精于物者以物物，精于道者兼物物。"王先谦引俞樾云："'精于物'上，疑当有'非'字。"[1]应是。故精于道并非专心一物、一事，如农事或工事等，而应超越这些个别性的技能。荀子又曰："故好书者众矣，而仓颉独传者，壹也；好稼者众矣，而后稷独传者，壹也。好乐者众矣，而夔独传者，壹也；好义者众矣，而舜独传者，壹也。倕作弓，浮游作矢，而羿精于射；奚仲作车，乘杜作乘马，而造父精于御：自古及今，未尝有两而能精者也。"（《解蔽》）"倕作弓，浮游作矢"是"羿精于射"的前提，而"羿精于射"则是对"倕作弓"与"浮游作矢"的包容与超越并将之发挥到极致，而非在两者之中"择一"，这也是"精于道"与"精于物"的区别所在。荀子云："百发失一，不足谓善射；千里跬步不至，不足谓善御；伦类不通，仁义不一，不足谓善学。学也者，固学一之也。一出焉，一入焉，涂巷之人也；其善者少，不善者多，桀纣盗跖也；全之尽之，然后学者也。君子知夫不全不粹之不足以为美也……"（《劝

学》) 梁启雄先生认为:"'不一'与下文'固学一'之一均指全、尽、粹,谓全面和深入。"①"一"应为"壹",其内涵包括"全"与"粹",即兼容而能精。

"一"是庄子哲学中非常重要的一个概念。老子曰:"道生一,一生二,二生三,三生万物。"(《老子》四十二章)庄子则曰:"今已为物也,欲复归根,不亦难乎?其易也,其唯大人乎!生也死之徒,死也生之始。孰知其纪?人之生,气之聚也;聚则为生,散则为死。若死生为徒,吾又何患?故万物一也,是其所美者为神奇,其所恶者为臭腐;臭腐复化为神奇,神奇复化为臭腐。故曰:'通天下一气耳。'圣人故贵一。"②(《庄子·知北游》)人既沦于有形之界,难以回复其根,圣人却轻易能之,即进于"一"。"一"是对善恶、是非、死生、物我乃至天人等相对待性的超越,"故为是举莛与楹,厉与西施,恢诡谲怪,道通为一。其分也,成也;其成也,毁也。凡物无成与毁,复通为一。唯达者知通为一,为是不用而寓诸庸"(《庄子·齐物论》)。凡物莫不有善恶、纵横、成毁,然自"道"观之,则一般无二。成玄英疏云:"夫以纵横美恶,物见所以万殊;恢谲奇异,世情用为颠倒。故有是非可不可,迷执其分。今以玄道观之,本来无二,是以妍丑之状万殊,自得之情惟一,故曰道通为一。"③《庄子·齐物论》曰:"唯达者知通为一。……是以圣人和之以是非而休乎天钧,是之谓两行。""两行",成玄英疏云:"不离是非而得无是非,故谓之两行。"④

荀子的"壹"是对庄子"一"的这种特性尤其是其中"一"对"二"的包容与超越性的直接继承。《荀子·荣辱》曰:"故仁人在上,则农以力尽田,贾以察尽财,百工以巧尽械器,士大夫以上至于公侯,莫不以仁厚知能尽官职。夫是之谓至平。……故曰:'斩而齐,枉而顺,不同而一。'""斩而齐",梁启雄先生释曰:"言多儳互不齐,而其所以为齐也。"⑤ 荀子的

---

① 梁启雄:《荀子简释》,第 12 页。
② "通天下一气耳",此处强调的并不是"气"而是"一",否则庄子当云"圣人故贵气"。"通天下一气"意为通天下的之"一"之气,即无相对待的阴阳不分、万物未离的混沌之气。
③ 郭庆藩:《庄子集释》上册,中华书局,2012,第 77 页。
④ 郭庆藩:《庄子集释》上册,第 80 页。
⑤ 梁启雄:《荀子简释》,第 45 页。

"至平"乃不平之平，其"齐"乃不齐之齐，其"一"则为不一之一，与庄子"齐物论"之"齐"有异曲同工之妙。

三 "静"

荀子曰："心卧则梦，偷则自行，使之则谋。故心未尝不动也，然而有所谓静，不以梦剧乱知谓之静。""不以梦剧乱知"，杨倞注："梦，想象也。剧，嚣烦也。言处心有常，不蔽于想象、嚣烦，而介于胸中以乱其知，斯为静也。此皆明不蔽于一端，虚受之义也。"[1] 李涤生先生认为，"'梦剧'，胡思乱想之杂念也。杂念有自起有他起之别。'梦'是自起的杂念，故注释为'想象'。'剧'是他起的杂念，故注释为'嚣烦'。"[2] "心卧则梦，偷则自行，使之则谋"指心向外驰骋、与物接引，"静"乃相对心之"动"即而言，欲令心返身内省。心未尝不动，且易为自起他起的杂念所扰，但这并不妨碍心对道的理解与把握。所谓"静"，即谓心能自现其常而顺之自然，从而明危微之几，通于大道。

在荀子看来，"心者，形之君也，而神明之主也，出令而无所受令。自禁也，自使也，自夺也，自取也，自行也，自止也。故口可劫而使墨云，形可劫而使诎申，心不可劫而使易意，是之则受，非之则辞。故曰：心容，其择也无禁，必自现；其物也杂博，其情（精）之至也不贰。"（《解蔽》）如杨倞所言，虚、壹、静皆欲申不蔽之法，明不蔽之意，故"心容"欲其"虚"，"其择也无禁，必自现"欲其"静"，而"其物也杂博，其精之至也不贰"当欲其"壹"。意为：心能够对诸般"道之一隅"兼容并包，而其最终呈现之状态却并非万物之并列杂陈，必得达成一完整一致之"道"；其之所以能够如此，则有赖于心对"道"的自明自现之觉解。"故人心譬如槃水，正错而勿动，则湛浊在下，而清明在上，则足以见须眉而察理矣。微风过之，湛浊动乎下，清明乱于上，则不可以得大形之正也。心亦如是矣。"（《解蔽》）人心若如槃水般保持"静"的状态，则湛浊清明自分，大道自

---

① 王先谦：《荀子集解》，第396页。
② 李涤生：《荀子集释》，第486页。

明，心遂与道合进而材官万物，制割大理而无不得宜。

荀子"静"的观念无疑受到老庄的影响。前已述及，老子要求"致虚极，守静笃"，高明先生注"静"曰"无为"。《庄子·天道》曰："圣人之静也，非曰静也善，故静也；万物无足以铙心者，故静也。水静则明烛须眉，平中准，大匠取法焉。水静犹明，而况圣人之心静乎？""万物无足以铙心者，故静也"，郭象注："斯乃自得也。"成玄英疏曰："妙体二仪非有，万境皆空，是以参变同尘而无喧扰，非由饬励而得静也。"① 是以"静"者任物自然斯乃自得。而在荀子，"静"乃恬静淡漠无为，任其自然而得心之常。②

问题在于若"心不可劫而使易意，是之则受，非之则辞"，心对"道"的体认只能任其自然——淡漠无为便能自然体道，而不能有任何强加之因素，也就是说心必须具有自明自现"道"之内在基础与逻辑根据，那么一个人是明于大理还是蔽于一曲便完全取决于自身；反过来，一个人一旦暗于大理而有所蔽时别人便束手无策，只能期待他自己一朝幡然醒悟，那么我们该如何"治心"？如何能令未得道者求道？儒家教化之意义又何在？进言之，心"未尝不臧""未尝不两""未尝不动"，"臧""两""动"便是其自然本能，那么"虚""壹""静"是自然本能还是后天修为，换句话说，"虚""壹""静"是"性"还是"伪"？从荀子"人之性恶"却能"化性起伪"的理论来看，人是可学可教的。而根据荀子对"性"与"伪"的定义"不可学，不可事，而在人者，谓之性；可学而能，可事而成之在人者，谓之伪。是性伪之分也"（《性恶》）来看，"臧""两""动"应谓之"性"，而"虚""壹""静"则应谓之"伪"。"性者，本始材朴也；伪者，文理隆盛也。无性则伪之无所加，无伪则性不能自美。性伪合，然后成圣人之名，一天下之功于是就也。"（《礼论》）性、伪相和才能盎然成章，沛然达理。在荀子的认识论中，只有"静"才能知"危微之几"，实现性、伪之合。

荀子所言之道毫无疑问应是"人道""君子之道"甚至是"礼义之道"："道者，非天之道，非地之道，人之所以道，君子之所道也。"（《儒效》）

---

① 郭庆藩：《庄子集释》中册，第464页。
② 荀子的"无为"应是由"有为"而"无为"，而不可能是庄子意下之绝对的"无为"。

"道也者何也？曰：礼让忠信是也。"（《强国》）也就是说，"道"是随着人类历史发展而产生的"历史理性"，具有明确的外在性特征。"道者，古今之正权也。离道而内自择，则不知祸福之所托。"（《正名》）"道"似乎是外在于心的客观对象或客观标准。然而荀子又谓"心不可劫而使易意，是之则受，非之则辞"，则外在的"道"又如何具有影响人心之可能性？故而唐君毅先生认为："吾意是一方固须知荀子之言心与道之关系，固不同于孟子之即心性之流行以言道者，然荀子亦非以道为外在于心之客观对象，由心之知种种人文历史之事实而发现者。此道初在此主客内外之中间，而为人心之循之以通达于外，以使人心免于蔽塞之祸者。故此道在第一义，初当为心之道，在第二义方为心所知之人文历史之道。"① 换言之，"道"固然是人文历史之道，然而人心内却自有认可道、契合道之逻辑基础，② 或者说"道"本来就是人心的产物。荀子在论"圣人"时说："此其道出乎壹。曷谓壹？曰：执神而固。曷谓神？曰：尽善挟（浃）治之谓神，万物莫足以倾之之谓固，神固之谓圣人。圣人也者，道之管也。"（《儒效》）神、固与全、粹同也，能神、固便是圣人，圣人乃道之所以出。如此"心之道"与"心所知之道"便具有内在的一致性，自能内外契合无间。③

"昔者舜之治天下也，不以事诏而万物成。处一危之，其荣满侧；养一之微，荣矣而未知。故道经曰：'人心之危，道心之微。'危微之几，惟明君子而后能知之。""孟子恶败而出妻，可谓能自强矣，未及思也；有子恶卧而

---

① 唐君毅：《中国哲学原论·原道篇》，学生书局，1991，第 446 ~ 447 页。
② 对于荀子之"心"究竟是纯粹的认知心或夹杂有价值判断之心的讨论，可以参见东方朔《心知与心虑——兼论荀子的道德主体与人的概念》，台湾《政治大学哲学学报》2012 年第 27 期。毫无疑问，荀子之"心"既是认知心，又包含价值判断之心（"可道"），然而从他的理论逻辑来看，心的"可道"并不包含在"知道"的过程之中，在"知道"时，心是纯粹的认知心。
③ 道是圣人所创生出来的"伪"，而后天之"伪"的道反过来又可以培塑圣人，如此道与圣人皆从属于一个开放的、活的循环系统，其道理如"蛋生鸡，鸡生蛋"一般。"礼"属于较低级的入门之阶（"中""当"），是方向性的一个保证，更深入的则是要学习"礼"背后的灵活性、创造性运用"礼"的能力（圣人之属），所谓"善学者尽其理"（《荀子·大略》）。这也是"游必就士"的一个重要原因。荀子曰："学恶乎始？恶乎终？曰：其数则始乎诵经，终乎读礼；其义则始乎为士，终乎为圣人。""学之经莫速乎好其人，隆礼次之。"（《荀子·劝学》）"好法而行，士也；笃志而体，君子也；齐明而不竭，圣人也。人无法，则伥伥然；有法而无志其义，则渠渠然；依乎法，而又深其类，然后温温然。"（《荀子·修身》）

焠掌，可谓能自忍矣；未及好也。辟耳目之欲，远蚊虻之声，可谓危矣；未可谓微也。夫微者，至人也。至人也，何忍！何强！何危！故浊明外景，清明内景，圣人纵其欲，兼其情，而制焉者理矣；夫何强！何忍！何危！故仁者之行道也，无为也；圣人之行道也，无强也。仁者之思也恭，圣者之思也乐。此治心之道也。"（《解蔽》）观此，则"强""忍""危"应为因戒慎而自奋自强之意，而"微"则意为顺性情之自然。惟明君子能知"危微之几"，能由"危"而"微"，达到"危""微"之精妙结合。人欲求"道"固应有奋起之意愿、决心与努力，然而这种努力却并非违背心性之本能而强加之者，而是有其内在之根据与先在之本源。如此，仁义礼智等圣人之道才能在每个人内心找到坚实的基础而非无本之木，于是伪起性化，圣人生焉。

四　余论

综而言之，"虚壹而静"意为：对于"未得道而求道者"来说，他们首先应有一开放的求道的意愿与态度，对各种不同的观念、理论能够兼容并包并在此基础上形成一具有超越性的、具有某种一致性的整全的"道"；与此同时，心必须保持"无为"的状态，从而返身内视，使"道"自显自现。荀子曰："作之则：将须道者之虚则入，将事道者之壹则尽，尽将思道者静则察。""须"者待也。后三句对应"虚""壹""静"，而"入""尽""察"则分别表明其结果。"虚壹而静"的整体效果是"大清明"："万物莫形而不见，莫见而不论，莫论而失位。坐于室而见四海，处于今而论久远，疏观万物而知其情，参稽治乱而通其度，经纬天地而材官万物，制割大理而宇宙里矣。"（《解蔽》）

荀子认为"万物为道一偏，一物为万物一偏"，即"道"应具有兼涵万物的本质特征，也只有如此才能去"心术之公患"。从荀子要求"兼陈万物而中悬衡"并以"道"为"衡"来看，荀子之"道"或者是一客观标准，或者是一能够包容超越"十二子"同时并无明确所指的大全之道。但荀子却明确地表示，他的"道"就是儒家之道，而以十二子之学说为"害"："今夫仁人也，将何务哉？上则法舜禹之制，下则法仲尼子弓之义，以务息十二子之说。如是则天下之害除，仁人之事毕，圣王之迹著矣。"（《非十二子》）

如此一来，便使得荀子的学说在陈述中不乏龃龉甚至相互矛盾之处。这也是荀子一边要求"兼陈万物"，另一边却要求"中悬衡"；一边强调"异则莫不相为蔽"为"心术之公患"，另一边却极力确立儒家学说主体性地位的根本原因。尽管从荀子本人学说的构成来看，他的"道"呈现出明显的多样性特点，即主体是儒家之道，同时对十二子之道也有部分的采纳与吸收，然而从某种意义上说，他的强烈的卫道之心却正符合他所批判的"蔽"的特征，而所谓"解蔽"并不适用于他自己的学说，单纯只是针对"十二子"而言，欲解"十二子"之"蔽"而明孔子、子弓之道。由此看来，在荀子本人，要实现对"道"的真正客观的理解与把握便无异于缘木求鱼了。

（责任编辑：西山尚志）

荀子的思想内涵及其当代意义

仁义·礼乐·忠信：荀子求实的价值观

舒大刚 *

[摘　要] 儒家的核心观念，自孔子"仁智勇"，至董仲舒形成"仁义礼智信"五常，其间经历了子思"五行"、孟子"四端"的发展演变，具有广泛的开放性和包容性，对中国士人的修身和治世有非常重大的促进作用。作为战国后期的重要思想家，荀子通过对子思、孟子"五行"说的批判，提出了"仁义""礼乐""忠信"等组合，为董仲舒提升"信"的价值提供了重要论证。

[关键词] 核心价值　荀子　仁义　礼乐　忠信

中华学术素来注重实践性和可行性，自先秦时期已经形成精练可行的核心价值，深深影响着后世学人。这些核心价值结构，没有比"仁义礼智信"影响更大且久的了，自从汉代董仲舒将其奉为"五常"之后，便影响中国社会2000余年。不过"五常"之教的形成也有一个过程，本文所要表彰的荀子就在其中起到过重要作用。

一　上继周孔

荀子生活于战国后期，时值诸侯力政、诸子纵横、强权得势、诡诈公行，周公建立、孔子重申、子思传授、孟子捍卫的礼乐文明，已经消融殆尽。荀子游历诸国，遍览山川，纵观形势，预测走向，面对道德的滑坡、诚信的缺失，不免对人类的前途和未来充满担忧和关怀。以什么样的方式安定

---

　　* [作者简介] 舒大刚，四川大学国际儒学研究院教授。

天下？以什么样的方式塑造人格？以什么样的方式齐家治国？这些问题的答案在当时都显得十分迫切，当时的诸子百家都有思考，荀子也提出自己的设想和建议。其中最为重要的是对人性本质的探讨和对理想人格的重绘。荀子的地位是承上启下，上继周孔、下启汉唐的，他的思想影响也是深远的，其地位自然不可忽视。

杨倞在《注荀子序》中说：

> 昔周公稽古三五之道，损益夏殷之典，制礼作乐，以仁义理天下，其德化刑政存乎《诗》。至于幽厉失道，始变风变雅作矣。平王东迁，诸侯力政，逮五霸之后，则王道不绝如线。故仲尼定《礼》《乐》，作《春秋》，然后三代遗风弛而复张。而无时无位，功烈不得被于天下，但门人传述而已。

> 陵夷至于战国，于是申、商苛虐，孙、吴变诈，以族论罪，杀人盈城。谈说者又以慎、墨、苏、张为宗，则孔氏之道几乎息矣。有志之士所为痛心疾首也！

> 故孟轲阐其前，荀卿振其后，观其立言指事，根极理要，敷陈往古，掎挈当世，拨乱兴理，易于反掌，真名世之士，王者之师！

> 又其书亦所以羽翼"六经"，增光孔氏，非徒诸子之言也。盖周公制作之，仲尼祖述之，荀、孟赞成之，所以胶固王道，至深至备。虽春秋之四夷交侵，战国之三纲弛绝，斯道竟不坠矣。

> （杨）倞以末官之眼，颇窥篇籍，窃感炎黄之风，未洽于圣代，谓荀、孟有功于时政，尤所耽慕。[1]

根据杨氏此论，荀子乃处于孟子既亡，诸子并行，孔氏微绝，纵横蜂起，儒家缺乏大师，理论受到挑战的时段。荀子慨然而起，上继周公之仁义德政，下阐仲尼之《礼》《乐》《春秋》，于是乎著作成"羽翼《六经》，增光孔氏"的《荀子》一书，为儒学的兴亡继绝、转化创新，做出了重大贡献。荀子对于孔子学说的发展，无过于儒家核心观念的重新构建了。

---

[1] （清）王先谦：《荀子集解》，沈啸寰、王星贤点校，中华书局，2013，第63页。

《吕氏春秋·不二》说："老聃贵柔，孔子贵仁，墨翟贵廉（兼），关尹贵清，列子贵虚，陈骈贵齐，阳生贵己，孙膑贵势，王廖贵先，兒良贵后。"[①] 说明先秦诸子都有自己的核心内涵和主体精神，这些核心精神是构成百家学说的重要归趋和实践价值。孔子除了"仁"这一观念外，还在自己的言谈中提出过多种价值观念，如义、礼、乐、忠、恕、孝、悌、恭、宽、信、敏、惠等，这些都成了行仁或辅仁的重要品行。如《论语·宪问》载，子曰："君子道者三，我无能焉：仁者不忧，知者不惑，勇者不惧。"将仁、智、勇搭配，构成孔子早期的核心观念。后世儒家"祖述尧舜，宪章文武，宗师仲尼"（《汉书·艺文志》），其思想渊源上可追溯于尧、舜传统，中则继承于周文、周武和周公，晚则师事乎孔子，因此孔子所构建的核心价值体系，对后世儒家学派的发展演变具有重要的指导作用。

孔子之后，"儒分为八"，"有子思之儒，有孟氏之儒，有孙氏之儒"。（《韩非子·显学》）[②] 子思、孟子、荀子（即孙氏）是孔子之后对儒家学术具有重大推动作用的三大家。子思系孔子之孙，孟子又学于子思之门人，前后相承形成了"思孟学派"。子思《中庸》载："天下之达道五，所以行之者三。曰：君臣也，父子也，夫妇也，昆弟也，朋友之交也；五者，天下之达道也。知、仁、勇三者，天下之达德也，所以行之者一也。……子曰：'好学近乎知，力行近乎仁，知耻近乎勇；知斯三者，则知所以修身；知所以修身，则知所以治人；知所以治人，则知所以治天下、国、家矣。'"《中庸》将仁、智、勇称为"三达德"，与《论语》正好相印证，当得自自家心传。

此外，《中庸》又将仁义礼组合到一起，说："仁者人也，亲亲为大；义者宜也，尊贤为大。亲亲之杀，尊贤之等，礼所生焉。"提示出仁义礼三者的关系，相须而行，互为补充。由此可见，"仁智勇""仁义礼"便是孔子思想的核心内容。

子思祖述其先祖之意，还将仁智勇与仁义礼结合，形成以"四端"（仁义礼智）为核心的"五行"（仁义礼智圣）结构，得到孟子的极大弘扬。

---

① 《吕氏春秋·审分览·不二》，许维遹《吕氏春秋集释》本，中华书局，2009，第467~468页。

② 《韩非子·显学》，（清）王先慎《韩非子集解》本，钟哲点校，中华书局，1998，第456页。

《孟子·尽心下》说："仁之于父子也，义之于君臣也，礼之于宾主也，知之于贤者也，圣人之于天道也，命也，有性焉，君子不谓命也。"① 朱熹注《孟子》"圣人之于天道也"引"或曰"："'人'，衍字。"这个说法已被新出土文献所证实，此处的"圣人"应为"圣"字，即指"圣"者的德行。

孟子将"仁、义、礼、智"称为"四德"或"四端"并加以大力提倡。《孟子·离娄上》也说："仁之实，事亲是也。义之实，从兄是也。智之实，知斯二者弗去是也。礼之实，节文斯二者是也。"《孟子·告子上》云："恻隐之心，仁也；羞恶之心，义也；恭敬之心，礼也；是非之心，智也。仁义礼智，非由外铄我也，我固有之也，弗思耳矣。"可见，"仁义礼智"是孟子强调的核心观念，其最高境界便是成为圣人，于是将"仁、义、礼、智"与"圣"结合形成"五行"。孟子的这套主张，就其学术渊源来讲，应当始于子思。

这个理论，荀子并不认同，对其进行了猛烈批判："略法先王而不知其统，犹然而材剧志大，闻见杂博。案往旧造说，谓之'五行'，甚僻违而无类，幽隐而无说，闭约而无解。案饰其辞而祗敬之，曰'此真先君子之言也'。子思唱之，孟轲和之，世俗之沟犹瞀儒，嚾嚾然不知其所非也，遂受而传之，以为仲尼、子游为兹厚于后世，是则子思、孟轲之罪也。"（《荀子·非十二子》）

照荀子的说法，思、孟曾经"案往旧造说"形成"五行"说，称说是子思的"先君子"（即孔子）的遗说。不过这个"五行"具体指什么，荀子并没有列出，但其为五种可以按行的德目则是可以肯定的。杨倞《荀子注》曰："五行，五常，仁、义、礼、智、信是也。"杨氏说"五行"又称"五常"，即仁义礼智信。杨倞之说殆本于郑玄。郑玄注《乐记》"道五常之行"说："五常，五行也。"郑玄又在注子思《中庸》时，开宗明义便是"木神则仁，金神则义，火神则礼，水神则信，土神则知"，此说暗示了子思"五行"说就是后来的"五常"。但这个说法未必正确。

据现存文献记载，仁义礼智信并称"五常"始于汉代董仲舒。战国时，仁义礼智四德是与"圣"搭配的。② 新出土郭店楚简《五行》篇说："仁形

---

① （汉）赵岐注、（宋）孙奭疏：《孟子注疏》，北京大学出版社，1999，第463～464页。
② 详李耀仙《子思孟子"五行"说考辨》，《先秦儒学新论》，巴蜀书社，1991。

于内谓之德之行，不形于内谓之行；义形于内谓之德之行，不形于内谓之行；礼形于内谓之德之行，不形于内谓之行；智形于内谓之德之行，不形于内谓之行；圣形于内谓之德之行，不形于内谓之（德之）行。德之行五，和谓之德；四行和，谓之善。善，人道也；德，天道也。"① （马王堆帛书《五行》略同，而以"仁知义礼圣"为序）汉贾谊《新书·六术》曰："天地有六合之事，人有仁、义、礼、智、圣之行。"② 仍然沿用了战国时期思、孟学派核心价值观的搭配法。可见仁义礼智圣的配搭渊源有自，自是思孟学派的一个固定结构，只是荀子不予承认而已。荀子以为他们此说是"略法先王而不知其统"，没有历史的继承性；是子思假托其"先君子"之言，其实并不是孔子的思想，没有合法性！于是对思孟"仁义礼智圣"的核心构架进行了颠覆。

二 宗崇仁义

荀子反对思孟"四端""五行"之说，但并不影响他对"仁义"的推崇，也不影响他对"礼乐"路径的遵从。他在《荀子·劝学篇》中告诉士人学习和成德路径时说：

> 将原先王，本仁义，则礼正其经纬蹊径也。若挈裘领，诎五指而顿之，顺者不可胜数也。不道礼宪……不可以得之矣。故隆礼，虽未明，法士也；不隆礼，虽察辩，散儒也。

在荀子看来，"仁义礼"是成其为雅儒的必备条件，否则就是"散儒"。其中"仁义"又是一以贯之的核心精神；"礼"是无施不宜的行为规范："百发一失，不足谓善射；千里跬步不至，不足谓善御；伦类不通，仁义不一，不足谓善学。"（《荀子·劝学》）据杨倞注，"伦类不通"，谓礼法之制不能该遍所有；"仁义不一"，谓仁义精神不能一以贯之。礼法是有形的制度设施，仁义则是无形的精神实质，二者相须而行。

---

① 刘钊校释《郭店楚简校释》，福建人民出版社，2003，第69页。
② （汉）贾谊：《新书·六术》，阎振益、钟夏校注本，中华书局，2000，第316页。

又《荣辱》篇指出："仁义德行，常安之术也。"甚至明确说："今以夫先王之道、仁义之统，以相群居，以相持养，以相藩饰，以相安固邪。"认为先王之道是以"仁义"为统，勿须什么"五行"。他认为有了仁义，就可以维系人们的群居、持养、藩饰、安固了，仁义就是君子的大纲大纪，何须智和圣呢？在他看来，要贯彻好"先王之道，仁义之统"，还要有"诗书礼乐之分"（《荀子·荣辱》），这里提出了"诗书"的作用。不过他在前一篇认为，"诗书故而不切"，凭据诗书而欲究大道，"犹以指测河，以戈舂黍"，是绝对不行的，"诗书"在此仅为虚设，具体所重仍为"仁义礼乐"（《荀子·劝学》）。

《非相》篇称赞以弱小之身"入据楚，诛白公，定楚国，如反手耳"的叶公子高，曰："仁义功名，善于后世。"将忠君爱国、克定叛乱者，视为"仁义"的最高榜样。可见，在荀子思想中，"仁义"仍然是其核心中的核心。

《儒效》篇又说："俄而原仁义，分是非，图回天下于掌上；而辨白黑，岂不愚而知矣哉！"说用仁义来分辨是非，经营天下，可以运诸掌上；用仁义来辨明黑白，虽愚者亦可能矣。又说："圣人也者，本仁义，当是非，齐言行，不失毫厘。无他道焉，已乎行之矣！"圣人并非神迷，他不过是依本于仁义，能够辨明是非，知而能行，不差分毫而已。圣人也是以能行仁义为前提的。

《王制》篇："案平政教，审节奏，砥砺百姓，为是之日而兵刬（专擅）天下劲矣。案修仁义，伉隆高，正法则，选贤良，养百姓，为是之日而名声刬天下之美矣。"认为讲明政教，可以"兵刬天下之劲"（即兵威强于天下），讲明仁义，修隆法则，则可以"名声刬天下之美"（美名独擅天下）。可见"仁义"远在政教之上。

《富国》篇："故知节用裕民，则必有仁义圣良之名，而且有富厚丘山之积矣。"《王霸》篇："故百里之地，足以竭势矣；致忠信，著仁义，足以竭人矣。两者合，而天下取，诸侯后同者先危。《诗》曰：'自西自东，自南自北，无思不服。'一人之谓也。"百里之地，是称王称霸者的物质基础，而忠信仁义才是得人归趋的道德保障。有了物质和道德的"二者合"（双重结合），才能够取天下、合诸侯，而成就其美名。

《议兵》篇提出："故齐之技击，不可以遇魏氏之武卒；魏氏之武卒，不可以遇秦之锐士；秦之锐士，不可以当桓、文之节制；桓文之节制，不可以敌汤、武之仁义。有遇之者，若以焦熬投石焉。"以为仁义是兵家制胜的根本大法，是无敌于天下的根本保证。这与孟子"仁者无敌于天下"并无二致。

同篇又载："陈嚣问于荀卿子曰：'先生议兵，常以仁义为本。仁者爱人，义者循理，然则又何以兵为？'"荀子回答："非女所知也。彼仁者爱人，爱人故恶人之害之也；义者循理，循理故恶人之乱之也。彼兵者，所以禁暴除害也，非争夺也。故仁人之兵，所存者神，所过者化，若时雨之降，莫不说喜。"就像"尧伐驩兜，舜伐有苗，禹伐共工，汤伐有夏，文王伐崇，武王伐纣"一样，"皆以仁义之兵行于天下也，故近者亲其善，远方慕其德，兵不血刃，远迩来服。德盛于此，施及四极。《诗》曰：'淑人君子，其仪不忒。'此之谓也。"① 称兵邀战，如想得必胜之道，亦在乎仁义而已。当然，荀子讲以仁义治兵，不是宋襄公式"不鼓不成列、不擒二毛、不重伤"的小仁小义，甚至不是齐桓、晋文挟天子以令诸侯的假仁假义，而是在内政外交上推行仁政以强其国本的大仁大义："故汤之放桀也，非其逐之鸣条之时也；武王之诛纣也，非以甲子之朝而后胜之也。皆前行素修也。此所谓仁义之兵也。"

《性恶》篇载，有人质疑荀子："涂之人可以为禹，曷谓也？"荀子回答："凡禹之所以为禹者，以其为仁义法正也。然则仁义法正有可知可能之理，然而涂之人也，皆有可以知仁义法正之质，皆有可以能仁义法正之具。然则其可以为禹明矣。"提出禹之所以为禹，因为他能为"仁义法正"，法正即法制政令。仁义是可知的，法正是可行的。禹是人，可以知仁义，可以行法正；涂之人也是人，也可以知也可以行："今涂之人者，皆内可以知父子之义，外可以知君臣之正，然则其可以知之质、可以能之具，其在涂之人明矣。今使涂之人者，以其可以知之质、可以能之具，本夫仁义之可知之理、可能之具。然则其可以为禹明矣。"荀子甚至认为，如果让涂之人也一心一意地学习钻研，日积月累，他也是可以达到圣人境界的："今使涂之人

---

① 《荀子集解》，第330页。

伏术为学，专心一志，思索熟察，加日县久，积善而不息，则通于神明，参于天地矣。故圣人者，人之所积而致也。"（《荀子·性恶》）圣人可作，而其保障首先就是懂得并且力行仁义。又："夫人虽有性质美而心辩知，必将求贤师而事之，择贤友而友之。得贤师而事之，则所闻者尧舜禹汤之道也；得良友而友之，则所见者忠信敬让之行也。身日进于仁义而不自知也者，靡使然也。"（《荀子·性恶》）

三　推尊礼乐

《儒效》篇载，"秦昭王问孙卿曰：'儒无益于人之国。'"孙卿子曰："儒者法先王，隆礼义，谨乎臣子，而致贵其上者也。"儒者是重崇礼义而讲究秩序的。《劝学》亦谓"礼乐法而不说"，"仁义礼乐"是荀子比较固定的核心观念。《大略》说，礼是指导行动的，而其实质就是仁义，此即对《易经》以"履"训礼的翻版。他说："夫行也者，行礼之谓也。礼也者，贵者敬焉，老者孝焉，长者弟焉，幼者慈焉，贱者惠焉。礼以顺人心为本，故亡于礼经，而顺人心者，皆礼也。礼之大凡，事生饰欢也，送死饰哀也，军旅饰威也。"礼是将各种行为做得恰到好处的保证。

同篇又说："亲亲、故故、庸庸、劳劳，仁之杀也；贵贵、尊尊、贤贤、老老、长长，义之伦也。行之得其节，礼之序也。"荀子接着还对这四个概念进行解说："仁，爱也，故亲。义，理也，故行。礼，节也，故成。仁有里，义有门。仁非其里而虚之，非礼也。义非其门而由之，非义也。推恩而不理不成仁，遂理而不敢不成义，审节而不知不成礼，和而不发不成乐。故曰'仁义礼乐'，其致一也。君子处仁以义，然后仁也；行义以礼，然后义也；制礼反本成末，然后礼也。三者皆通，然后道也。"（《荀子·大略》）仁义礼乐相辅相成，只有将仁义礼都做好了，或是只有按照礼乐原则将仁义实质贯彻好了，才能达到"道"的境界。由此可见，荀子的核心价值观是"仁义礼乐"，"道"则是对三者（乐在礼中）的贯通。子思、孟子提出"仁义礼智圣"，将"圣"（通天道）与仁义礼智并列，显然是不伦不类的！所以他斥其"略法先王而不知统"也。

四 美化忠信

自战国以来，随着列国纷争、纵横盛行的局势蔓延，世儒已经重视"忠信"的价值。《荀子·王霸》在强调"仁义"的同时，还特别提升了"忠信"的地位："致忠信，著仁义，足以竭人矣。"

《修身》谓："士君子不为贫穷怠乎道，体恭敬而心忠信，术礼义而情爱人，横行天下，虽困，四夷人莫不贵。"恭敬即礼，爱人即仁，配以忠信与义，即仁义礼忠信，有此五者，可以横行天下，四夷皆贵。此亦孔子："言忠信，行笃敬，虽蛮貊之邦，行矣！"（《论语·卫灵公》）《仲尼》篇亦曰："然后恭敬（礼）以先之，忠信以统之，慎谨以行之，端悫（诚实）以守之，顿穷则疾力（勤勉）以申重之。"也是将忠信与礼诚谨慎勤勉结合。

《儒效》："志意定乎内，礼节修乎朝，法则度量正乎官，忠信爱利形乎下，行一不义，杀一无罪，而得天下，不为也。此君义信乎人矣，通于四海，则天下应之如欢。"《富国》："故先王明礼义以一之，致忠信以爱之。""故厚德音以先之，明礼义以道之，致忠信以爱之。"《臣道》："忠信以为质，端悫以为统，礼义以为文。"《议兵》："为人主上者也，其所以接下之百姓者，无礼义忠信焉，虑率用赏庆刑罚，势诈除阨其下，获其功用而已矣。"《强国》："人之所好者何也？曰礼义辞让忠信是也。""凡得人者必与道也。道也者何也？曰礼让忠信是也。"又称赞入秦所见："其百吏肃然，莫不恭俭、敦敬、忠信，而不楛古之吏也。"提倡："然则凡为天下之要，义为本，而信次之。古者禹汤本义务信而天下治，桀纣弃义倍信而天下乱。故为人上者，必将慎礼义，务忠信，然后可。此君人者之大本也。"都将忠信与礼法仁义结合。

不仅政治领域需要忠信，就是祭祀活动，也是忠信的一种表现形式。《礼论》曰："故曰：祭者，志意思慕之情也。忠信爱敬之至矣，礼节文貌之盛矣。"孝子行孝也无非忠信之为。《子道》："明于从不从之义，而能致恭敬、忠信、端悫以慎行之，则可谓大孝矣。传曰：从道不从君，从义不从父。此之谓也。"君子修行亦须忠信，《哀公》载或问何以谓君子，"孔子对曰：所谓君子者，言忠信而心不德，仁义在身而色不伐，思虑明通而辞不争。"大至平天下，亦无非忠信。《尧曰》："执一无失，行微无怠，忠信无倦，而天下自来。"可见，荀子对忠信的强调，几乎到了无以复加的地步。

余　论

正是由于有荀子对周公、孔子"仁义"学说的坚守，对"礼乐""忠信"的强调，特别是对子思、孟子"仁义礼智圣"的"五行"框架的破除，才使西汉董仲舒有机会顺利建立起"仁义礼智信"的"五常"之教。

董仲舒在《春秋繁露·楚庄王》中说："《春秋》尊礼而重信。"《汉书·董仲舒传》："《春秋》之义，贵信而贱诈。"于是董仲舒毅然抛弃荀子所批判的"五行"，以"信"易"圣"，将思、孟学派"仁义礼智圣"的"五行"观改造成为"仁义礼智信"的"五常之道"。① 伴随着汉武帝"罢黜百家，表章六经"文化政策的推行，"仁、义、礼、智、信"便成为中国价值体系中的核心要素而影响了中国两千余年。为了神化"五常"之教，董仲舒还将"五常"与阴阳五行哲学联系起来，《春秋繁露·五行相生》：

> 东方者木，农之本，司农尚仁，进经术之士，道之以帝王之路，将顺其美，匡救其恶。……南方者火也，本朝司马尚智，进贤圣之士，上知天文，其形兆未见，其萌芽未生，昭然独见存亡之机，得失之要，治乱之源。……中央者土，君官也，司营尚信，卑身贱体，夙兴夜寐，称述往古，以厉主意。……西方者金，大理，司徒也，司徒尚义，臣死君，而众人死父，亲有尊卑，位有上下，各死其事。……北方者水，执法，司寇也，司寇尚礼，君臣有位，长幼有序。

董仲舒以"五行"释"五常"，以"天道"释"人道"，不仅将社会道德规范神秘化，更赋予其绝对权威性，从而完成了思孟学派没有完成的道德

① （汉）班固：《汉书》卷五六《董仲舒传》，中华书局，1962，第2505页。

哲学化、伦理终极化的过程。这里虽然体现了董氏个人的慧眼独识、匠心独运，但是荀子崇仁义、重礼乐、美忠信、破五行的系列工作，对董氏"五常"学说所具有的奠基作用，特别是推动儒家核心价值观念的最后形成，其作用也是不可低估的。

（责任编辑：李承律）

道德自觉与荀子"隆礼重法"
思想的价值内涵

吴树勤*

[摘　要] 荀子思想是针对当时社会发展和道德价值观念改变的新形势提出
　　　　来的，有着强烈的问题批判意识。荀子批判性地继承孔孟儒家思
　　　　想，同时紧密结合当时国家逐渐走向统一的重要社会转型期的新
　　　　形势，强调道德自觉对于维持社会礼法秩序的重要作用，民众生
　　　　活中的道德与价值引导是社会秩序建设的根本。荀子的文化使命
　　　　是打破传统儒学以亲情为根本义的道德观念的局限，创造对时代
　　　　所涌现的新的观念系统有更多包容性和普遍性的新型礼仪道德价
　　　　值观，创造对民众生活更有指导意义且更具可操作性的礼仪化生
　　　　活哲学思想，推动儒学思想和中国文明智慧新发展。

[关键词] 礼法统一　道德自觉　价值引导　荀子

　　荀子思想是针对当时社会发展和道德价值观念改变的新形势提出来的，
有着强烈的问题批判意识。

　　荀子思想和孔子、孟子思想有共同的基本精神。儒学表现了中国文明的
智慧。人生、道德和价值等问题贯穿儒学整个思想体系。作为儒学的代表，
荀子的儒学立场和目标与孔孟是一致的。第一，荀子也推崇王道、推崇孝悌
忠信仁义等伦理道德价值观；第二，荀子也重视价值观生活化的重要性；
第三，荀子也强调礼仪在实现价值观生活化中的基础地位。《荀子·王制》
云："礼义者，治之始也。"《荀子·劝学》亦云："礼者，法之大分，类

---

* [作者简介] 吴树勤，山东工商学院人文与传播学院副教授。

之纲纪也。"

荀子思想有个很典型的特征，即"隆礼重法"，其思想根源在于"天人相分"和"人性恶"思想。荀子关于礼仪道德的思想是在对孔孟思想的反思批判中提出的，天人之分贯穿荀子整个思想体系，礼即人道，其价值本原在于人为后天的创造。而孔孟则认为礼仪作为道德，其价值本原在于天道，人道和天道在本原上是自然合一的。荀子认为，传统儒学强调通过天人合一的环节，直接可以由天道转化为人的内在道德自觉，通过"内求"就可以实现善德，基于此思路而确立的道德观念往往并不能对社会现实产生积极的实践指导意义，而陷入孟子自己所谓"徒法不能以自行"（《孟子·离娄上》）的困境，因而具有很大的历史局限性。荀子讲："凡论者贵其有辨合，有符验。故坐而言之，起而可设，张而可施行。"（《荀子·性恶》）荀子强调只有符合社会现实发展的要求、能够解决现实问题的理论才是合理的。

荀子认为，任何道德内容都不能未经批判性反思就被设定为既定的事实。荀子的文化使命是打破传统儒学以亲情为根本义的道德观念的局限，创造对时代所涌现的新的观念系统有更多包容性和普遍性的新型礼仪道德价值观，创造对民众生活更有指导意义且更具可操作性的礼仪化生活哲学思想，推动儒学思想和中国文明智慧新发展。

著名社会学家费孝通先生于 1997 年在北京大学社会学人类学研究所开办的第二届社会文化人类学高级研讨班上首次提出"文化自觉"的概念。"文化自觉"是指生活在一定文化历史圈子的人对其文化有自知之明，并对其发展历程和未来有充分的认识，这是改善人与人关系的重要方法。费老的这一思路，对于我们思考荀子的礼法思想具有重要的借鉴意义。儒家一贯强调，行为是否能够自觉遵循道德这一价值原则是评判一个人的重要标志，荀子正是在"道德自觉"的层面，结合当时社会形势对礼法思想作了系统反思，其表面看来矛盾的"隆礼"与"重法"思想，其实是内在统一的，个人的"道德自觉"是其统一的基础。与孔孟不同，荀子所说的道德强调的并不是先天的道德良知，而是人们为了实现理想的社会目标而共同追求并遵循的普遍人生原则，它是有具体内容和目标的，那就是通过顺应人情的礼治以达到社会物质需求的满足，个人道德状况是社会秩序建设的根本。

一 荀子"隆礼重法"思想根源及道德自觉的必要性

荀子生活在礼崩乐坏、诸侯争雄、国家逐渐走向统一的战国末年。对于不断涌现的社会新问题，思想家们依据各自的价值观念作出判断，并提出解决问题的方案。荀子立场鲜明，他以继承孔子、子弓之儒家思想为己任，同时广泛吸收了先秦道、法、名、墨等其他诸家的学术思想，自成一新的儒学体系。荀子以隆礼重法等思想著称，其思想根源在于其天人观和人性论预设。

荀子认为，一旦人对自然欲望的追求没有节制，有限的社会财富势必不能满足其要求，人们就会产生纷争，导致社会秩序混乱，这种纷争是产生恶的社会后果的根本原因。荀子从社会治与乱的角度判断善与恶。荀子《性恶》篇云："凡古今天下之所谓善者，正理平治也；所谓恶者，偏险悖乱也；是善恶之分也已。"又云："今人之性，生而有好利焉，顺是，故争夺生而辞让亡焉；生而有疾恶焉，顺是，故残贼生而忠信亡焉；生而有耳目之欲，有好声色焉，顺是，故淫乱生而礼义文理亡焉；然则从人之性，顺人之情，必出于争夺，合于犯分乱理，而归于暴。故必将有师法之化，礼义之道，然后出于辞让，合于文理，而归于治。用此观之，然则人之性恶明矣，其善者伪也。"

荀子充分肯定自然情欲的合理性，他认为，"好利""疾恶""好声色"等都是人生而有之的天然本性，如果顺着人的这种本性，而不加人为的调节，就会发生残贼、淫乱和争夺等恶行，进一步导致的结果就会"偏险悖乱""犯分乱理"，破坏社会秩序，这些都是不道德的行为。按照荀子对于善恶的社会评价标准来衡量，"人性恶"是其思想的必然逻辑，善的行为、道德的行为则是后天礼义教化等人为的结果，其行为所带来的是社会的"正理平治"的良好氛围。

荀子反对孟子的性善论，认为如果主张性善论就会否定礼义、否定圣人存在的必要性。正如《四库全书总目·子部·儒家类》所云："卿恐人恃性善之说，任自然而废学，因言性不可恃，当勉力于先王之教。"[1] 荀子批评

---

[1] 转引自王先谦《荀子集解》，中华书局，1988，第9页。

孟子"性善论"的另外一个重要原因就是认为孟子讲"人之性善","无辨合符验，坐而言之，起而不可设，张而不可施行"（《荀子·性恶》）。注重现实经验，重视"辨合""符验"，重视事行功效确实是荀子的一个很重要的特点，有其可贵之处。尽管荀子对孟子人性论的批评有不恰当之处，但是荀子的目的是很清楚的，是为了论证"性恶"的必然性。

但是，人性恶，并不意味着人就是恶的，并不意味着人没有存在的价值，并不抹杀人类存在的意义和尊严。荀子认为，人性是可以迁化的。礼义道德作为人性中缺失的东西，正是我们作为人所迫切需求的东西。其原因就在于，社会伦理的和谐，与生活在世界上的每一个人息息相关，这种对善的追求，既是每一个人努力实现的目标，也是每一个人的责任，是人之区别于动物的根本所在，是人之所以为人的本质，是人之存在合理性的必然要求。所以，荀子说："今人之性，固无礼义，故强学而求有之也。"（《荀子·性恶》）只有肯定人性有不完善之处，我们才能更加积极地有所作为，重教以化之，隆礼以节之，立法以禁之，以弥补自己的缺憾，而寻求人和社会的完美。

荀子提出的性恶说，反而积极地勉人积善成德、化性起伪，这样相对于孟子性善说，来得更切合人生实相，更有实际的效益了。孟子主张天人合一和人性善，强调人性中天然具有道德规定性。荀子认为，按照孟子的思维逻辑，就无法说明后天学习礼义道德的必要性，也就无法说明圣人先王之教的必要性。张惠言《读荀子》认为，性善、性恶说"其言殊，其所以救世之意一也"，孟子、荀子的人性论都没有离开孔子"仁"的根本，"孔子言仁而孟子益之以义，荀子则约仁义而归之礼。夫义者仁之裁制也，礼者仁义之检绳也。孟子之教反身也切，荀子之教检身也详。韩子曰：求观孔子之道，必自孟子始。后之学者，欲求其途于孟子，自荀子始焉可也"。[1] 徐复观先生进一步说："先秦诸大家所讲的人性论，则是由自己的工夫所把握到的，在自身生命之内的某种最根源的作用。"[2] 台湾学者鲍国顺对此也有比较恰当的评价："荀子主张性恶，是有其惕厉与积极的用心。"[3] 孟子主张性善，荀子

---

[1]　转引自罗检秋《近代诸子学与文化思潮》，中国社会科学出版社，1998，第46页。
[2]　徐复观：《中国人性论史》（先秦篇），上海三联书店，2001，第408页。
[3]　鲍国顺：《荀子学说析论》，华正书局，1984，第16页。

主张性恶，可谓殊途而同归。

荀子认为，社会是安定还是混乱，主要原因不是人们天然具有情欲，而在于人们对于情欲的节制是否合理。情欲的流露由人心支配，《性恶》篇云："性不知礼义，思虑而求知之也。""思虑"是心的功能，它对身体其他行为起到一种主导作用。所以《解蔽》篇云："心者，形之君也，而神明之主也，出令而无所受令。自禁也，自使也，自夺也，自取也，自行也，自止也。"《正名》篇亦云："心也者，道之工宰也。""心"的选择作用是完全自主自觉的行为，无论正确的或者错误的选择，都是人们自主自觉选择的结果。合理的心的思虑应该有明确的向善目标，即追求社会"正理平治"的道德目标，否则，正如《正名》篇所云："离道而内自择，则不知祸福之所托。"心可以选择道德的行为，也可以选择不道德的行为，关键在于人心是否能够对自己的行为有一种合理的主宰，所以，对于人和社会来说，有没有道德自觉至关重要。

荀子进一步认为，正是由于道德自觉的不同，才出现智愚之分、圣凡之别，《富国》篇云："人伦并处，同求而异道，同欲而异知，生也。皆有可也，知愚同；所可异也，知愚分。"梁启雄对此有较好的理解："人无论智或愚，都有他自认为可的（就是意以为善的），可是，各人的认可力的程度有差等，智愚之别便显然呈现了。"[1] 按照荀子的思路，为了培养道德的人格及和谐的伦理社会，心必须做出合理合法的选择，人必须有一种道德自觉以指导自己的行为。所以荀子说："故心不可以不知道；心不知道，则不可道，而可非道"，"治之要在于知道。"（《荀子·解蔽》）

心的行为是能够自觉发出的，然而由于人性中没有道德的内容，所以"心"不能先天地呈现道德，道德行为的选择是人后天培养的结果，道德自觉培养的过程也就是道德人格成就的过程。道德自觉的培养需要在社会中实现，礼仪法度作为人们行为的原则，目的就在于协调人们对欲望的追求和社会财富的分配两者之间的关系，使"欲必不穷于物，物必不屈于欲，两者相持而长"（《荀子·礼论》）。之所以能够做到"物"与"欲"两者"相持而长"，互不冲突，关键在于心能够合理自主选择，有了高度的道德自觉。正

---

[1]　梁启雄：《荀子简释》，中华书局，1983，第118页。

如荀子《正名》篇所说："心之所可中理，则欲虽多，奚伤于治？欲不及而动过之，心使之也。心之所可失理，则欲虽寡，奚止于乱？"基于对传统人性论的深刻反思，荀子强调道德自觉培养的重要性，并进一步把理论的重点落在礼法思想在人伦社会的具体实施上。

二　道德自觉是礼与法统一的基础

荀子强调"隆礼重法"，但是，"法"并不是一个必然的、独立的环节，"法"以"礼"为前提。"礼"的本质就是道德，它是制定具体仪式法度的一般原则。《荀子》中所论及的"法"，含义众多，既指规范，也指法术或法制，与法家所说的"法"不完全相同。① 而且，在《荀子》中，对"法"的理解，有一个重要现象须加以足够重视，"法"与"类"、"法"与"礼"屡次对举：

> 礼者，法之大分，类之纲纪也。（《荀子·劝学》）
>
> 法不能独立，类不能自行。（《荀子·君道》）
>
> 有法者以法行，无法者以类举，听之尽也。（《荀子·王制》）
>
> 以圣王之制为法，法其法，以求其统类，以务象效其人。（《荀子·解蔽》）
>
> 人无法，则伥伥然；有法而无志其义，则渠渠然；依乎法又深其类，然后温温然。（《荀子·修身》）
>
> ……

荀子很强调事物的"类"的区分，《正名》篇说："何缘而以同异？曰：缘天官。凡同类、同情者，其天官之意物也同，故比方之疑似而通，是所以共其约名以相期也。"凡同类的事物，人们会获得相似的感觉经验，通过比较，对其进行归类。无论自然现象，还是社会现象，都需要按照合理的原则对其进行不同的分类，其合理的原则就是"义"，就是"礼"。荀子在《王制》篇中说道："水火有气而无生，草木有生而无知，禽兽有知而无义，人

---

① 杨志刚：《中国礼仪制度研究》，华东师范大学出版社，2001，第130页。

有气、有生、有知，亦且有义，故最为天下贵也……人何以能群？曰：分。分何以能行？曰：义。"《非相》篇说，"人之所以为人者，何已也？曰：以其有辨也……故人道莫不有辨。辨莫大于分，分莫大于礼"。人作为一个普遍性的"类"，和自然物的最大区别，就在于人能够过社会群体生活，并且按照合理的"类"的秩序，进行人为的创造。礼的作用就在于根据事物的"类"的特性对不同事物进行分别。"类"强调的是礼仪规定所依据的原则或内在精神。相对而言，"法"则指的是具体的礼仪法度等形式。《性恶》篇云："故圣人化性而起伪，伪起而生礼义，礼义生而制法度。"作为礼仪具体形式的"法"是从属于"礼"的，它是礼仪的具体表现形式。

作为"法之大分，类之纲纪"的"礼"，与一般所谓礼仪法度不同，它是人们制定社会的礼仪法度的一般原则，也是人所奉行的道德规范的本质。荀子《礼论》篇云："礼者，人道之极也。"《儒效》篇亦云："道者，非天之道，非地之道，人之所以道也，君子之所道也。"礼是人之所以为人、君子之所以为君子的本质所在。礼不仅是人们处理社会事务的基本原则，也是处理自然界事务的普遍法则。《礼论》篇云："天地以合，日月以明，四时以序，星辰以行，江河以流，万物以昌，好恶以节，喜怒以当，以为下则顺，以为上则明，万变不乱，贰之则丧也。礼岂不至矣哉！立隆以为极，而天下莫之能损益也。"按照荀子的话说，作为客观的"人道"的礼，其实就是把握礼仪法度的"统类"。《非十二子》篇云："若夫总方略，齐言行，壹统类，……仲尼子弓是也。一天下，财万物，长养人民，兼利天下，通达之属莫不从服，六说者立息，十二子者迁化，则圣人之得埶者，舜禹是也。"荀子理想的君子圣人如仲尼、子弓、舜、禹这类人，能够把握统类，掌握礼仪的核心精神，也就能够做到《王制》篇所说的"群道当则万物皆得其宜，六畜皆得其长，群生皆得其命。故养长时则六畜育；杀生时则草木殖；政令时则百姓一，贤良服。"真正做到了道德自觉并落实于具体人生社会事务。

荀子认为，春秋战国时期，人们不能把握"统类"，对礼仪法度的道德内涵普遍没有达到一种自觉。荀子在《荣辱》篇和《君道》篇中对"义"和"数"、"法之义"和"法之数"作了区分。荀子评价有的人"循法则、度量、刑辟、图籍，不知其义，谨守其数"；"不知法之义而正法之数者，虽

博，临时必乱。"这里的"法"指的是具体的礼仪法度等形式，礼义的精神
正是通过礼仪形式来体现，但是，假如局限于礼仪形式而不能掌握礼义的精
神原则，那就会导致"乱"的后果。因此，这里的"法之数"强调的是礼
仪形式等技术类知识，而"法之义"则不仅仅流于知识层面，它是统贯礼仪
法度的一般原则。荀子在《大略》篇中还把"类"和"法"、"义"和
"数"的关系视为"本"和"末"之间的关系，他说："有法者以法行，无
法者以类举。以其本，知其末，以其左，知其右。"荀子认为，一般人往往
只局限于礼仪法度的外在条文规定，这其实仅仅把握了"法之数"，而没有
把握礼仪法度的道德本质内涵，没有把握"法之义"，这是没有道德自觉的
典型表现，没有道德自觉，也就不能把握礼义的根本精神，也就不能融会贯
通、合理地处理自然社会等方方面面的人生事务。

　　荀子既强调礼与法的必然联系，也强调礼与法的重要区别。礼与法的区
别不仅是知识上的差异，而是在道德层面上的人格修养的区别。礼与法的区
别与统一须从道德自觉的层面加以分析。《富国》篇云："由士以上，则必
以礼乐节之；众庶百姓，则必以法数制之"。杨倞注曰："君子用德，小人用
刑。"梁启雄先生认为，"这是分配和消费的经济思想。……用礼乐来调节士
以上的'位''禄''用'，使它们都调整得适当。同时，又用法律条文来制
定众庶、百姓们的'事'和'利'的差等，并使他们的衣食用和收入出入
相抵当"。① 杨氏和梁氏所论均着眼于外，仅仅是对外在现象的一种描述，而
没有深入分析其内在原因，当代学者也多沿袭前人的误解，如有学者认为：
这句话"指出礼的运用范围、作用对象是居于社会上层的统治者，法的使用
领域、治理对象是存身于社会底层的被统治者"。② 荀子之所以如此区分礼乐
与法数，不是在描述一种现象，而是在讨论现象背后的原因。

　　荀子认为，礼法制定的根据在于情与文的统一，因此，也只有通过人情
的升华和人心之知才能获得礼与法的内在沟通。礼之义与礼之数、礼之类与
礼之法之所以能够统一或者不能够统一，是针对人的道德智慧而言，而不是
立足于知识论的。假如从知识逻辑的角度而论，礼之类强调的是普遍性原

　　① 梁启雄：《荀子简释》，中华书局，1983，第121页。
　　② 陆建华：《荀子礼学研究》，安徽大学出版社，2004，第124页。

则，礼之法是强调具体性仪式，两者不可能相沟通。按照荀子的说法，士与众庶百姓的道德自觉程度是不同的。荀子在《正论》篇中说："圣王以为法，士大夫以为道，官人以为守，百姓以成俗。"《礼论》篇中荀子以不同人对祭祀的不同态度为例，进一步强调道德自觉："祭者，志意思慕之情也。忠信爱敬之至矣，礼节文貌之盛矣，苟非圣人，莫之能知也。圣人明知之，士君子安行之，官人以为守，百姓以成俗。其在君子，以为人道也；其在百姓，以为鬼事也。"圣人能够自觉意识到制度法令、礼仪规范其实就是人本身的一种合理规定（情文统一），把它看作人之所以为人的前提，把它们看作人行之所应该，看作自己行为的一种责任，并努力把这种道德规范自觉落实于其日常行为中；而普通百姓道德水平相对较低，他们对礼仪规范的道德自觉程度较低，因此往往把礼仪法度看成对自己行为的外在约束。因此，礼仪法度所蕴含的道德本质不能得到彰显，因为他们内心中没有人之所以为人的自觉，也就是人心"不知道"，即没有一种道德的自觉。

因此，个人与社会的目标就是培养人的道德自觉，进而有效地发挥礼仪法度作为社会规范的功能。荀子《劝学》篇说："故学数有终，若其义则不可须臾舍也。为之，人也；舍之，禽兽也。"《君道》篇也说："不知法之义而正法之数者，虽博，临事必乱。"礼仪法度之所以能够产生积极的社会效果，不仅仅在于其制定是符合人情的，也不仅仅在于其条文规范能够为人所表面地遵照执行，更在于其道德内涵是否能够为人所真正领会。正如《王制》篇所云："听政之大分：以善至者待之以礼，以不善至者待之以刑。两者分别则贤不肖不杂，是非不乱。"人之所以为人，就在于人有不同程度的道德自觉，能够自觉选择礼义作为人行的根本原则。

三 道德自觉缺失导致礼法对峙：荀子对法家的批判

荀子所谓"重法"是以"隆礼"为前提的，强调道德自觉意义上的礼与法的统一，没有这一前提，就会混淆作为儒家的荀子与法家的本质区别。

荀子对法家思想有尖锐的批评，认为法家片面强调法令制度条文的重要性，而无视法令制度所以成立的人情的因素，没有根本原则作为其制定的根据，是"尚法而无法"。《荀子·非十二子》说："尚法而无法，下修而好作，上则取听于上，下则取从于俗，终日言，成文典，反纠察之，则倜然无所归宿，不可以经国定分。"法家以崇法著称于世，但是，他们没有把握其根本精神，因此，它不可能真正起到经国定分的作用。荀子强调"称情而立文"，认为礼法制定应当以情文统一为根本原则，以成就道德人格为终极目标，而反对独立于礼的"法"，没有人的因素作为奠基，这样的"法"必然是教条化的形式主义，尽管系统具体，却"无所归宿"，往往给人造成虚幻的假相。所以，《非十二子》篇接着说："然而其持之有故，其言之成理，足以欺惑愚众。是慎到、田骈也。"《天论》篇中，荀子进一步批评法家："慎子有见于后，无见于先。……有后而无先，则群众无门。"法家只注重事物的表面现象，只考虑到法制条文的制定，而不探究其制定的根据，荀子认为，这种舍本逐末的做法对百姓是一种误导。《解蔽》篇中，荀子说法家："慎子蔽于法而不知贤。……由法谓之，道尽数矣。"仅仅注重形式化的制度条文而忽视人的因素，并不能解决社会根本问题，因此，荀子断定，法家思想是偏颇乃至本末倒置的。

荀子强调社会治理必须通过礼法合治才能最终实现，因为礼与法本身即是内在统一的，通过后天的不断修为创造，最终实现礼与法在人们道德自觉层面上的统一，这是社会治理的根本途径。荀子对王道和霸道的分析很明显地体现他的这一思想。荀子认为，王道是治理社会的理想途径，现实社会中，霸道也是一种可行性选择。但是，荀子所说的霸道是以重法爱民为前提的，与法家所称道的权谋诡诈之术不同。《强国》篇云："人君者隆礼尊贤而王，重法爱民而霸，好利多诈而危，权谋、倾覆、幽险而亡。"荀子屡次以齐桓公为例，认为齐桓公的霸道与法家的"法"不同。《仲尼》篇云："夫齐桓公有天下之大节焉，夫孰能亡之？倓然见管仲之能足以托国也，是天下之大知也。安忘其怒，出忘其雠，遂立以为仲父，是天下之大决也。……其霸也宜哉！"《王霸》篇亦云："卑者五伯，齐桓公闺门之内，县乐奢泰游抏之修，于天下不见谓修，然九合诸侯，一匡天下，为五伯长，是亦无他故焉，知一政于管仲也，是君人者之要守也。"称齐桓公之所以能够成就霸业，有"九合诸侯，一匡天下"之功，关键在于其天下之大节大知（智）大决，其行为是以"礼"为原则的，只不过，采取了较为灵活的手段。

与齐桓公相对的是，《荀子》书中特别提到重权谋诈术的齐闵王。据

《王霸》篇载，齐闵王好逞强功战，唯利是图，对内欺诈人民，对外欺骗盟国，结果百姓对其离心离德，盟国怀疑轻视他，最终国破人亡。齐闵王的悲剧，"是无他故焉，唯其不由礼义而由权谋也"，在于他不是用手中的权力去修明礼义，不把政治教化作为立国之本，而是专搞权术阴谋，导致齐国霸业不存。

荀子认为，尽管霸道有一定的合理性，但是，霸道和王道相比，两者仍有很大差异，就像"以焦熬投石"，不堪一击。《议兵》篇论其根本原因在于霸道"未有本统"，故"可以霸而不可以王"。这正是荀子认为秦国尽管法制严明，但是仍须反本节文的原因。所以《王制》篇云："修礼者王，为政者强"，而"管仲为政者也，未及修礼也"。为政而不修礼，这是五霸可以霸而不可以王的原因，所以"桓、文之节制不可以敌汤武之仁义"。荀子认为，作为理想之君，所行的应该是圣王之道，圣王在位，其德其威能播扬并感化天下百姓，并且保证国富民裕，才能够无敌于天下。荀子所说的"本统"就是以道德作为行为的普遍原则，它是礼仪法度的本质内涵，要实现社会治理，必须能够自觉以道德为原则。

四　积善不息与决德定次：荀子"隆礼重法"思想的价值内涵

道德自觉是需要不断修为创造，进而实现道德人格完善的过程。在《君道》篇中，荀子提出"有治人始有治法"的思想："有乱君，无乱国；有治人，无治法。羿之法非亡也，而羿不世中；禹之法犹存，而夏不世王。故法不能独立，类不能自行；得其人则存，失其人则亡。法者，治之端也；君子者，法之原也。故有君子则法虽省，足以遍矣；无君子，则法虽具，失先后之施，不能应事之变，足以乱矣。"礼义原则的制定关键在于圣人。《性恶》篇云："凡礼义者，是生于圣人之伪，非故生于人之性也。……圣人化性而起伪，伪起而生礼义，礼义生而制法度；然则礼义法度者，是圣人之所生也。"而且，礼义原则的执行也需要圣人君子做表率。

荀子以成德成圣为人生最高之理想，《儒效》篇云："圣人也者，道之管也。"《礼论》篇亦云："圣人者，道之极也。"但圣人不是天生的。所有人的天性都是一样的，圣人之所以为圣人，关键在于他们能够充分地认识到性伪之别，从而自觉地化性起伪。圣人乃人类后天积习而成者，《性恶》篇云："今使涂之人伏术为学，专心一志，思索孰察，加日县久，积善而不息，则通于神明，参于天地矣。故圣人者，人之所积而致矣。"《儒效》篇亦云："涂之人百姓积善而全尽谓之圣人。"荀子认为，尧舜之所以能够成为圣人，完全在于后天之坚持不懈的修为。

当然，在知识学习和礼仪修为上只注重数量的积累，还不足以成圣，还需要方法合理和目标正确，能够做到触类旁通。在《儒效》篇中，荀子以是否能够把握"统类"为标准，对"雅儒"和"大儒"作了区别。"雅儒"是"其言行已有大法矣，然而明不能齐法教之所不及、闻见之所未至，则知不能类也"；"大儒"则能够"……以古持今，以一持万，苟仁义之类也，虽在鸟兽之中若别黑白；倚物怪变，所未尝闻也，所未尝见也，卒然起一方，则举统类而应之"。雅儒尽管能够按照法令条文行为处事，但是，并没有明确其中的道理，而仅仅是形式上的遵从，而大儒则能够把握统类原则，能够把握礼仪的核心精神，也就能够做到自然地处理社会人生事务。荀子屡次推崇孔子和子弓为其理想中的圣人大儒，并且认为他们最重要的特征是"知通统类"。《儒效》篇云："……非大儒莫之能立，仲尼、子弓是也。"《非十二子》篇亦云："……是以圣人之不得执者也，仲尼、子弓是也。"《儒效》篇又云："志忍私，然后能公；行忍情性，然后能修；知而好问，然后能才；公修而才，可谓小儒矣。志安公，行安修，知通统类，如是则可谓大儒矣。"礼作为人生行为原则，也是事物运行的条理和规律。把握"统类之道"，把握礼仪法度的根本原则，也就能够触类旁通，能够"以类行杂，以一行万""推类而不悖"。圣人大儒洒扫应对进退能够自然合乎礼义，完全把自然情欲调节到了自由通达的状态，因而，外在行为表现和内心情感获得了自觉的统一。这唯有道德修养至圣人境界才能够做到。

荀子认为，只要人们伏术为学，方法合理，目标正确，并且坚持去做，如此积善不息，道德自觉是任何人都能达到的一种智慧。"法"以"礼"为前提，"礼"的本质就是道德，它是制定具体仪式法度的一般原则。道德是礼与法的共同核心内涵，道德自觉是实现礼法统一的内在基础。荀子强调后天人为和道德自觉的重要性，强调人们具备"群道当"的社会责任，并且把这种社会责任落实于个人的具体行动的重要性。只有经过自身努力的修为和历史文化的积淀，才能实现化性起伪，才能有道德人格的成就，也才能共同营造和谐有序的人伦社会。和谐有序的礼乐文明社会的营造和道德人格的成就实际上是互动的关系，两者密不可分。

荀子推崇的"决德定次"的伦理社会制度，强调基于礼义原则的隆礼重法的社会，既有核心的道德伦理原则，又有具体的社会治理措施，同时尊重贤德的人，任用有才能的人，明确分工职责，赏罚合理，公私分明。《荀子·正论》云："圣王在上，决德而定次，量能而授官，皆使民载其事而各得其宜。""决德定次"的等级制，是荀子最理想的社会制度。荀子构筑的"决德定次"的等级制度，其本质是伦理、道德、社会与政治关系都被伦理化、道德化了。荀子儒学价值观生活化的过程，是个人道德完善与社会和谐发展的过程，它是通过人的自然素质的长期积累、升华转化而达到的。这个过程就是礼仪道德的实践过程，是修养其道德的主体，使其心的潜在道德认识能力自觉并不断现实化的过程。个体的道德实践和创造完善，同时推动了社会的有序和谐发展，这样的社会，也就是荀子所说的"群居和一"的社会。《荀子·荣辱》云："夫贵为天子，富有天下，是人情之所同欲也；然则从人之欲，则势不能容，物不能赡也。故先王案为之制礼义以分之，使有贵贱之等，长幼之差，知愚能不能之分，皆使人载其事，而各得其宜。然后使谷禄多少厚薄之称，是夫群居和一之道也。"

"和"不是千篇一律，而是基于礼义为前提的社会分工基础上的有序协调。荀子不仅强调隆礼重法，还进一步提出礼乐合治的重要意义。《荀子·乐论》云："乐也者，和之不可变者也；礼也者，理之不可易者也。乐合同，礼别异。礼乐之统，管乎人心矣。穷本极变，乐之情也；著诚去伪，礼之经也。""先王之道，礼乐正其盛者也……夫声乐之入人也深，其化人也速，故先王谨为之文。乐中平则民和而不流，乐肃庄则民齐而不乱。民和齐则兵劲城固，敌国不敢婴也。如是，则百姓莫不安其处，乐其乡，以至足其上矣。然后名声于是白，光辉于是大，四海之民莫不愿得以为师。是王者之始也。"在道德教化的过程中，礼和乐发挥着不同的功用，圣王治理社会，不仅仅要重视礼别异的功能，还要充分发挥乐合同的作用。

荀子认为，社会治理的根本在于人心的治理，在于道德的教化，好的音乐可以感染人心，调适性情，沟通社会，有利于社会的有效治理。《荀子·

乐论》又云："乐者，圣人之所乐也，其感人深，其移风易俗，故先王导之以礼乐而民和睦。""夫民有好恶之情而无喜怒之应则乱。先王恶其乱也，故修其行，正其乐，而天下顺焉。"隆礼重法、礼乐合治，所达成的社会治理效果是"和而不流""齐而不乱""兵劲城固"。俞荣根先生认为："荀子把礼与法相会通，……开礼法一体论之先河，为秦汉以后两千年封建政治法律制度提供了理论指导，也设计了基本模式。可以说，孔子之礼是经荀子之手而与封建政制相衔接的。"① 荀子以隆礼重法作为礼仪社会化普及的重要机制，为礼仪道德价值观贯通个人家庭生活领域、群体社会生活领域和政治生活领域提供了理论模式，为儒家哲学进一步拓展开辟了广泛的生活化空间。

（责任编辑：李琳）

---

① 俞荣根：《儒家法思想通论》，广西人民出版社，1992，第402页。

《荀子》的经济哲学

刘示范[*]

[摘　要] 本文着意在于集中厘清荀子和《荀子》的经济哲学思想。《荀子》中的经济哲学，是忠实地沿着尧、舜、禹、周、孔等先哲正统思想，坚持从社会人性、人生与国家整体治理与持续、稳定发展的审视中产生的。这也正是儒家经济哲学区别于一般经济学家和他们的经济思想与学说的根本特点与优点。尤其是两千多年前就阐述的（如关于"万物同宇而异体，无宜而有用为人，数也"）宏观经济哲学思想，发展经济的根本目的是"以政裕民""爱民而安"的"民本"经济思想，荀子经典地捍卫、张扬了尧、舜及孔、孟等先儒的价值观——"好利多诈而危""以义制利"，并且模范地成就了荀子和《荀子》的儒家经济哲学，为后世历代思想家、政治家所学习、运用和发展。

[关键词] 荀子　万物同宇而异体　以政裕民　以义制利

　　《荀子》之书，系战国时期的思想家荀子，即大体可定为孙（荀）卿子的著作。这是我们当今学习和研究荀子的正统权威依据。当然，也就是我们今天探讨荀子和《荀子》的经济哲学及其所谓儒商理论等问题的最权威依据。

　　两千多年历史的沧桑巨变，蒙在荀子和《荀子》身上的诸多厚重的历史尘埃，已经长期使人们不容易辨清荀子和《荀子》的真面貌。在学术派别的归属方面，荀子属于什么学派？既有儒家说者，亦有法家说者。还有学者对于荀子的"性恶"论横加挞伐。现在要研究荀子或《荀子》的经济哲学与

---

　　* [作者简介] 刘示范，原山东师范大学教授。

荀子思想中儒商理论的真实情况，其入手处，自然就是首先了解和尽量厘清荀子其人和《荀子》其书的客观面貌。

一 荀子其人与《荀子》其书

迄今，先秦诸子与诸子著作中，最受误解与诟病的，莫过于荀子与《荀子》。故，今天研究荀子和《荀子》思想，首先必须认识清楚荀子其人与《荀子》其书的真实、客观面孔。

对于荀子其人及《荀子》其书的认识与评判，自荀子谢世之后的两千余年来，在中国各类历史书籍中，不同乃至相互抵触者屡见不鲜。对于历史人物的评价，无论褒贬，对于历史人物本人，既无增益，也无耗损，但是，这里彰显的却是今人评价标准的差异。

对于荀子其人及《荀子》其书的权威解读，我们现在就当选取中华书局1984 年出版的《新编诸子集成》中所遴选的清末学者王先谦（1842～1917）先生的《荀子集解》一书的有关文字。在该书的"点校说明"中，有当代学者关于荀子和《荀子》的评判：

> 荀子名况，又称荀卿或孙卿，战国后期赵人，是我国先秦时期杰出的唯物主义思想家和哲学家。他的生卒年月无考，活动年月约为公元前二九八年至（公元前）二三八年。在这期间，他先后到过齐、秦、赵、楚诸国。齐襄王时，荀子曾在齐国稷下讲学，三为祭酒（学宫之长）。在秦国，曾游说秦召王及秦相应侯范雎；至赵国，曾与临武君议兵于赵孝成王前，但秦、赵二国俱不能用。及游楚国，楚相春申君黄歇任之为兰陵（今山东省枣庄市）（现在已是山东省临沂市的兰陵市）令。春申君死，荀子遂废，因家于兰陵，著书数万言而卒，葬于兰陵……他的著述，后人名为《荀子》。其中有些文字，则是他的弟子所辑录，如《大略篇》，以及《宥坐篇》的一部分。

这里，首先将历史的荀子定位于："是我国先秦时期杰出的唯物主义思想家和哲学家"；虽然"他的生卒年月无考"，但是，他的"活动年月约为公元前二九八年至（公元前）二三八年"。就是说，荀子在公元前 298 年后的大约

60 年间，曾经活跃在中国很大范围的文坛、政坛和思想、教育战线上。

虽然《荀子》中"有些文字，则是他的弟子所辑录，如《大略篇》，以及《宥坐篇》的一部分"，但是，《荀子》仍然是荀子的著述。

关于荀子或《荀子》的学术专长与学术地位，在"点校说明"中指出：

> 荀子善为《易》《诗》《礼》《春秋》。

同时，荀子或《荀子》的学术地位、学派归属及其历史影响，这里也明言道：

> 李斯、韩非、浮丘伯等皆曾受业为弟子，《毛诗·东门之杨》正义亦说："毛公亲事荀卿。"故周、秦之际，荀子名重一时。司马迁作《史记》，对于先秦诸子，独以孟子、荀卿并传，而田骈、慎到、邹衍、公孙龙、尸佼、墨翟之属，则仅分别附列于孟、荀之后。《荀子》书中的某些篇章，颇多被戴德、戴胜录入《大戴礼记》与《小戴礼记》；韩婴说《诗》，也有不少散见于《荀子》书中。荀子论著的流传之广，其为儒者所推崇，于此可见一斑。

这里不仅阐明了"周、秦之际，荀子名重一时"的学术地位和历史影响，同时明确肯定了荀子的学术派别归属：是先秦时期"为儒者所推崇"的"儒者"！

既然，荀子与《荀子》在中国先秦时期有如此显赫的学术地位和广泛而持久的良好学术影响，那么为什么自从汉朝以降，荀子其人和《荀子》其书却长期被置于冷宫？

对于这个问题的最好回答，还是需要就教于上述"点校说明"：

> 荀子批判了在他以前的诸子的学说，特别反对孟子。孟子倡言性善，专法先王，崇尚王道，重义轻利；荀子则倡言性恶，兼法后王，王道与霸道并重，义利兼顾。

正是孟、荀思想理论上这种表面的不同，荀子及《荀子》便遭到历史上浅薄而又近视的统治阶级长期的忌恨：

孔、孟之道，自汉以后，被统治阶级奉为儒家正宗。荀子虽亦信崇孔子，但与孟子的学说却扦格不入。这种思想言论自然要受到统治者的排斥。所以汉代曾将《孟子》列于学官，设博士传授，而《荀子》则否。

正由于此，故《孟子》一书，早在东汉时就有赵岐的《章句》，其他先秦诸子书，如《吕览》有东汉高诱注，《庄子》则在晋代就有向秀、司马彪先后作注，如此等等，而《荀子》书则湮没无闻者垂一千年，直至唐时才有杨倞的注本传世。

唐朝虽有杨倞"注本《荀子》流传下来，辗转传写刊刻"，但是，"宋、明儒者，对《荀书》又颇多诟病，'非十二子'及'性恶'两篇尤受指摘。故杨倞之后，注《荀》者后继无人。降及清中叶以后，《荀书》才又为儒者所重，注《荀》者亦辈出：……光绪年间，王先谦又采集各家之说，编注了这本《荀子集解》。"该书"脉络极为清楚。这是清儒中最精详、完善的一个注本。"

历史上的《荀子》在汉朝刘向关注过后，自此"《荀子》书则湮没无闻者垂一千年，直至唐时才有杨倞的注本传世"。杨倞之后又遭受"宋、明儒者"所"诟病"，"降及清中叶以后，《荀书》才又为儒者所重"。历史上荀子和《荀子》所经历的路途竟是如此曲折与艰辛。

以上所述，是当代学人心目中的荀子和《荀子》。再看，历史上学者们如何认识和评判荀子和《荀子》。

王先谦先生心目中的荀子和《荀子》，与其先的众学者存在种种不同。王先谦先生以"为往圣继绝学"的历史担当，在《荀子集解》"序"与《考证》中，从大量史料中比较客观详细，却又十分明确地既阐述他所认识的历史上对于荀子和《荀子》书的诸多不公道甚至错误的评说与不恰当的对待，又毫不含糊地阐发了他自己对于荀子其人和《荀子》其书的独特主张。在"序"中，他开宗明义，首指遭受"宋、明儒者"所"诟病"的"性恶"论：

昔唐韩愈氏以《荀子书》为"大醇小疵"，逮宋，攻者益众，推其由，以言性恶故。余谓性恶之说，非荀子本意也。其言曰："直木不待檃栝而直者，其性直也；枸木必将待檃栝、烝、矫然后直者，以其性不直也。今人性恶，必待圣王之治、礼义之化，然后皆出于治、合于善也。"夫使荀子而不知人性有善恶，则不知木性有枸直矣。然而其言如此，岂真不知性邪？余因以悲荀子遭世大乱，民胥民券，感激而出此也。

同时，王先谦先生还指出了荀子思想的特点，辛辣地讥讽与尖锐地批判了"后世流俗"者对于荀子和《荀子》的曲解。他说：

> 荀子论学论治，皆以礼为宗，反复推详，务明其指趣，为千古修道立教所莫能外。其曰"伦类不通，不足为善学"，又曰"一物失称，乱之端也"，探圣门一贯之精，洞古今成败之故，论议不越几席，而思虑浃于无垠；身未尝一日加民，而行事可信其放推而皆准。而刻覆之徒，诋諆横生，摈之不得与于斯道。余又以悲荀子术不用于当时，而名灭裂于后世流俗人之口为重屈也！

在此，王先生已经受学者正义感和良心的驱使，明显表现出对历史上荀子和《荀子》非但没有获得正确对待，反而受到不公道的误会，而鸣冤叫屈了！

不仅如此，王先谦先生还引证他以前的权威资料，如《钦定四库全书》有关荀子的文字，以支撑自己对荀子和《荀子》的评价：

> 钦定《四库全书提要》首列荀子儒家，斥好恶之词，通训诂之谊，定论昭然，学者始知崇尚。

王先谦先生在其书的上、下两篇《考证》中，又征引了大量权威史料，以扫除蒙在荀子和《荀子》身上的历史尘埃。在《考证（上）》一文中，引《四库全书总目、子部·儒家类》道：

> 况之著书，主于明周、孔之教，崇礼而劝学其中最为口实者，莫过于"非十二子"及"性恶"两篇。……王应麟《困学纪闻》据《韩诗外传》所引，卿但非十子，而无子思、孟子，以今本为其徒李斯等所增，不知子思、孟子后来论定为圣贤耳。

这里说明荀子著书立论，是忠于周公、孔子思想的。对于后人在其书中提出"非十二子"的变化，这里也做出了正面说明。

关于对《荀子》的"性恶"论的理解问题，在《国朝四库全书总目·子部·儒家类》中讲道：

> 至其以性为恶，以善为伪，诚未免与理未融。然卿恐人恃性善之说，任自然而废学，因言性不可恃，当勉力于先王之教。故其言曰："凡性者，天之所就也，不可学，不可事；礼义者，圣人之所生也，人之所学而能，所事而成者也。不可学，不可事而在人者谓之性，可学而能、可事而成之在人者谓之伪。是性、伪之分也。"其辨白"伪"字甚明。杨倞注亦曰："伪，为也。凡非天性而人作为之者，皆谓之伪。故伪字人旁加为，亦会意字也。"其说亦合卿本意。后人昧于训诂，误以为"真伪"之伪，遂哗然掊击，谓卿蔑视礼义，如老、庄之所言。是非惟未睹其全书，即"性恶"一篇，自篇首二句以外，亦未竟读矣。平心而论，卿之学源出孔门，在诸子之中最为近正，是其所长；主持太甚，词义或至于过当，是其所短。韩愈"大醇小疵"之说，要为定论，余皆好恶之词也。

王先谦先生引证权威著述，有理、有力、有节地批评了后学者对于"性恶"论的片面或错误理解，给出了正确而明晰的回答。

荀子的"性恶"论，是"卿恐人恃性善之说，任自然而废学，因言性不可恃，当勉力于先王之教"！

既然"凡性者，天之所就也，不可学，不可事"，为什么荀子和《荀子》还说人性恶呢？

在《四库全书简明目录·子部·儒家类》中又引证权威经典曰：

> 况亦孔氏之支流，其书大旨在劝学，而其学主于修礼，徒以恐人恃质而废学，故激为性恶之说，受后儒之诟厉。

由以上文字可以看到，中国历史上的荀子，在不同历史时期、不同人的心目中，是不同的两个或更多个荀子！

但是，客观、真实的荀子确实只有一个：他是"约为公元前二九八年至

（公元前）二三八年”、"论著的流传"甚广且尤"为儒者所推崇"的活跃于我国广大地区文坛、政坛和教育战线上"名重一时"的"我国先秦时期杰出的唯物主义思想家和哲学家"。这正是我们所要认识和研究的荀子和《荀子》!

荀子首先是一位著名思想家与哲学家，作为思想家的荀子及其代表著作《荀子》，在其经济哲学中所反映和表现的内容，十分明显的特点就是基于人性与人生、视域宽广而深邃。具体言之，在荀子及《荀子》中的经济哲学，是忠实地沿着尧、舜、禹、周、孔等先哲正统思想坚持从社会人性、人生与国家整体治理与持续、稳定发展的审视中产生的。这也正是儒家经济哲学区别于一般经济学家和他们的经济思想与学说的根本特点与优点。

二 "万物同宇而异体，无宜而有用为人，数也"的宏观经济哲学

《荀子·富国》开宗明义就指出：社会经济的发展，首先遇到不可回避而又必须正确认识和妥善解决的是"人"与"物"这对矛盾，及其在人类及人类社会生存与发展中所占有的地位和所起的作用：

> 万物同宇而异体，无宜而有用为人，数也。人伦并处，同求而异道，同欲而异知，生也。

王先谦先生在"万物同宇而异体，无宜而有用为人，数也"处作注曰：

> 同生宇内，形体有异。虽于人无常定之宜，皆有可用人之理，必在理得其道，使之不争，然后可以富国也。言万物于人虽无一定之宜，而皆有用于人，数也。"数也"云者，犹言道固然也。[1]

今人梁启雄先生在其所著《荀子简释》一书中对此有按语云：

> 启雄按：《管子·法法》注："数、理也。"[2]

---

[1] （清）王先谦：《荀子集解》，中华书局，1988，第175页。
[2] 梁启雄：《荀子简释》，中华书局，1983，第118页。

在讨论关于"富国"的理论时，荀子首先强调的是：要使国家富强，特别是统治者或领导者，必须正确认识和处理好世间万物与人的关系。这种关系就是：世间万物，其形体虽然不同，也不是人们急功近利地就都能够运用这些东西，但是，对于人们和社会的正常生存与合理发展，在不同的时期或阶段，都会表现出它们存在的不可或缺的功用与价值。这是一种不以人们的主观意志而存在的客观必然或客观规律——"数也"，"'数也'云者，犹言道固然也"①。这里非常清楚：荀子已经告诫人们，必须珍惜与合理地利用客观存在的万物，它们的存在与人及人类社会的存在与发展，具有同样的意义与权利；如果人们不正确认识和科学处理人与客观万物的这种相互依存甚至相互依赖的客观关系，就违背"固然"之"道"，也就没有资格讨论国家富强的其他任何问题，甚至连人类自身的生存与可持续发展都不顾、不珍视！荀子似乎已经真切地预见到他身后"同宇而异体"的"万物"，在人类存在和发展的某些时期或阶段必然会遇到的问题和麻烦。此时，又是荀子，善意地给人们指出了产生问题和麻烦的原因，并且教给人们解决这种问题和麻烦的基本的社会方案。

首先，关于产生问题与麻烦的原因：

> 人伦并处，同求而异道，同欲而异知，生也。（《荀子·富国》）

王先谦先生这样解释这句话，他说：

> 伦，类也。并（竝）处，群居也。其在人之法数，则以类群居也。同求异道，谓或求为善，或求为恶。此人之性也。②

人类存在和延续发展，按其需要和本性，必定结为一定的群体，即"人伦并处"。同时，人们要生存和延续与发展，对于宇宙间的万物，不同的人在不同时期和不同阶段，就自然产生各自不同的需求，甚至会根据自己的需求，运用各人所可能采取的各种不同手段而积极甚至贪婪、不择手段地索取各种物质财富。各种不同思想和不同行为所产生的直接或间接的结果，也就

---

① （清）王先谦：《荀子集解》，第175页。
② （清）王先谦：《荀子集解》，第175页。

不同，对于社会经济的正常合理发展产生的影响，必然有积极的（即"善"的），有消极的（即有"恶"的）！这也是人性使然。这就是《荀子》所道"同求而异道，同欲而异知，生也"。

这些问题和矛盾如果不妥善解决，人类与其存在的社会，就陷入无序与混乱，人类和人类社会也就无法存在，更无法正常而合理地发展。作为具有社会良知和社会担当的思想家荀子，对于影响人类与人类社会存在和发展的任何问题与麻烦，自然不会视而不见。

在分析了上述问题和矛盾之后，荀子进而指出若任凭它们自行泛滥，它们的存在所造成的必然的恶果就是：

> 皆有可也，知愚同，所可异也，知愚分。势同而知异，行私而无祸，纵欲而不穷，则民心奋而不可说也。如是，则知者未得治也，知者未得治则功名未成也，功名未成则群众未县也，群众未县则君臣未立也。无君以制臣，无上以制下，天下害生纵欲。欲恶同物，欲多而物寡，寡则必争矣。……争者祸也。（《荀子·富国》）

这里主要是论述人类为什么会产生"必争"，同时指出私欲膨胀而"争"所带给人类社会与国家的祸患。其大意如下。

不同的人，都有自己认为是正确的道理，这是聪明人和迟钝的人相同的情况；但各人所认可的事物与道理又是不同的，这却是聪明人和迟钝的人所区别的。如果人们的社会地位相同而智慧不同，谋取私利又不受约束和惩罚，随心所欲也不会倒霉，那就会出现人们无止境和不择手段地奋起争夺，私欲膨胀，谁都不可说服了。要是这样，那么聪明而有能力的人就不能正常地施展才华进行治理；这样的人不能正常施展才华进行治理，不仅社会不能够从他们的存在中得到益处，他们自己本应有的功业与名望也就无从成就了；这些人的功业名望不能成就，社会上的人们也就不会有等级差别；广大人群没有等级差别，那么君主与臣下的关系就不能恰当地确定。没有君主来管理和制约臣子，没有上级来领导和制约下级，其必然的结果就是人们的私欲膨胀泛滥成灾，社会乱象横生。人们喜爱、需要或厌弃同样的东西，但是具有这种共同需要的人多而东西少，又无人来管理，这就必然发生争夺了。而争夺的结果是为人类社会与国家造成祸患，社会上的人们无法正常生活。

这"必争"的原因，也正如王先谦先生的注所云：

> 同物，谓饮食男女，人之大欲存焉；死亡贫苦，人之大恶存焉；是贤愚同有此情也。无君上之制，各恣其欲，则物不能赡，故必争之也。①

这种局面，就是荀子所说：

> 人不能无群，群而无分则争，争则乱，乱则离，离则弱，弱则不能胜物，故宫室不可得而居也。（《荀子·王制》）

解决这种"必争"乱象的办法，还是来自"先王"：

> 争则必乱，乱则穷矣。先王恶其乱也，故制礼义以分之，使有贫富贵贱之等，足以相兼临者，是养天下之本也。《书》曰："维齐非齐。"此之谓也。（《荀子·王制》）

先王憎恨天下混乱，所以就专门制定"礼义"，以此作为整个人类社会人人必须遵守的规范与标准，依此，将社会上的人群分别为穷富、贵贱等不同的等次，这样就能够逐级进行管理与统治。这就是养育天下人群的根本办法与根本原则。正如《尚书》中所云："言维齐一者乃在不齐，以谕有差等然后可以为治也。"②

先王所立"礼义"规范，在人类社会中具有绝对权威！所以：

> 虽王公士大夫之子孙，不能属于礼义，则归之庶人。虽庶人之子孙也，积文学，正身行，能属于礼义，则归之卿相士大夫。（《荀子·王制》）

虽然是王公士大夫的子孙后代，不符合"礼义"规范的标准，就按照"礼义"规范降格为普通人一等。虽然是普通人的子孙后代，要是学有文化知识，操行端正，能够符合"礼义"规范的标准，就可以按照"礼义"规范晋升为卿相士大夫一等。

---

① （清）王先谦：《荀子集解》，第 177 页。
② （清）王先谦：《荀子集解》，第 152 页。

全社会的人们，在国家制定的"礼义"规范面前，人人享有平等的权利！

按照与社会同步发展的"礼义"原则、规范和标准，根据一定时期社会人群的自身素质，将社会人群区分为不同等次，让人们各得其所，各守其分，各司其责，各尽所能，各得所需。人们不同的欲望在"礼义"这种刚性规范的制约下，与"同宇而异体"的"万物"的矛盾，得到适度合理的解决，这样就保障社会上下、左右井然有序，人群和谐相处，社会宏观经济获得持续、稳步、协调发展。由此，荀子就从理论与实践等方面，为社会科学发展、国家富强、人民康宁，奠定了坚实而牢固的宏观社会政治和经济的基础。

三　"以政裕民"的政治经济哲学思想

荀子为"以政裕民"编织了一张包括社会政治、经济、思想文化等内容的，面面俱到、分兵把守、职责分明的密集社会网络，将社会政治、经济、思想、文化等统统纳入其中，使人尽其才、物尽其用，既是一种理想的社会经济发展模式，也是理想的社会政治发展模式！

何谓"以政裕民"？

荀子在论述使国家富强的基本治国方略时指出："足国之道，节用裕民而善藏其余。节用以礼，裕民以政。彼裕民，故多余。"（《荀子·富国》）

荀子曰："轻田野之税，平关市之征，省商贾之数，罕兴力役，无夺农时，如是，则国富矣。夫是之谓以政裕民。"（《荀子·富国》）

从国家的管理方面或角度来说，节约费用，让人民宽裕，还要将节约出的钱物认真储藏起来。要根据"礼"的有关规定节约费用，用政治手段保障人民富裕。人民群众越是富足，就越有能力创造财富，剩余财物就越多。

国家必须以政治手段和措施，减轻农田的税收，整治关卡集市的赋税，减少商人的数量，少搞劳役，不耽误农时，像这样，那么国家就会富裕了。这就是国家运用政治手段发展经济使人民群众富裕。

荀子所主张的"以政裕民"的"政"，是具有"仁爱""爱人"之德的"王者"坚持"王道"所奉行的"政"，唯有这种"政"才能够"爱人"

"爱民"，才能够以政治的手段保护人民，才能够为人民发展经济，才能够使人民丰衣足食、富裕。

《荀子》全书一以贯之地主张："政"是决定社会治乱的根本保证。统治者行政所坚持的基本理论与推行的基本方针政策是科学的、正确的，其国家的政治就清明，社会就"治"，否则就"乱"，甚至就使统治者丢失政权，直至灭亡；表现在它的经济哲学中，"政"是否清明，不仅是社会经济能否发展的根本保证，也是保证经济发展沿着正确方向前进的指南，还是社会经济发展的特殊杠杆。

任何一个国家，没有清明的政治，就肯定不可能有健康、稳定和持续科学发展的经济。统治者，其行政所坚持的基本理论与推行的基本方针政策是否科学与正确，衡量的唯一标准，就是被统治者——广大人民群众是否拥护和支持：

> 马骇舆则君子不安舆，庶人骇政则君子不安位。马骇舆则莫若静之，庶人骇政则莫若惠之。选贤良，举笃敬，兴孝弟，收孤寡，补贫穷，如是，则庶人安政矣。庶人安政，然后君子安位。《传》曰："君者，舟也；庶人者，水也。水则①载舟，水则覆舟。"此之谓也。故君人者欲安则莫若平政爱民矣，欲荣则莫若隆礼敬士矣，欲立功名则莫若尚贤使能矣，是君人者之大节也。（《荀子·王制》）

荀子在此论述的，是他主张的"以政裕民"思想的一个重要原则：坚持代表人民、受到人民拥护的统治，才能够真正做到"以政裕民"；否则，非但人民不答应，而且会违背统治者的意愿起而造反——"水则覆舟"。

为将"以政裕民"的基本路线、方针政策和法规落到实处，采取的重要步骤，就是根据国家社会经济发展的实际需要，设置若干管理职能不同的部门，并且从实际出发，配备文、武、士、农、工、商等各职能部门的官员，明确各级各类官员的职责。例如：

---

① 当代学者梁启雄先生在此注云："则，能也。《左传·哀公十一年》传载孔子语'鸟则择木，木岂能择鸟'。《史记·孔子世家》作'鸟能择木，木岂能择鸟'是其证。"（见梁启雄《荀子简释》，中华书局，1983，第102页）

宰爵知宾客、祭祀、飨食、牺牲之牢数。司徒知百宗、城郭、立器之数，司马知师旅、甲兵、乘白之数，修宪命，审诗商，禁淫声，以时顺修，使夷俗邪音不敢乱雅，大师之事也。修堤梁，通沟浍，行水潦，安水藏①，以时决塞，岁虽凶败水旱，使民有所耘艾，司空之事也。相高下，视肥，序五种，省农功，谨蓄藏，以时顺修，使农夫朴力而寡能，治田之事也。修火宪，养山林薮泽草木鱼鳖百索，以时禁发，使国家足用而财物不屈，虞师之事也。顺州里，定廛宅，养六畜，闲树艺，劝教化，趋孝弟，以时顺修，使百姓顺命，安乐处乡，乡师之事也。论百工，审时事，辨功苦，尚完利，便备用，使雕琢文采不敢专造于家，工师之事也。相阴阳，占祲兆，钻龟陈卦，主禳择五卜，知其吉凶妖祥，伛巫、跛击之事也。修采清，易道路，谨盗贼，平室律，以时顺修，使宾旅安而货财通，治市之事也。抃急禁悍，防淫除邪，戮之以五刑，使暴悍以变，奸邪不作，司寇之事也。本政教，正法则，兼听而时稽之，度其功劳，论其庆赏，以时慎修，使百吏免尽而众庶不偷，冢宰之事也。论礼乐，正身行，广教化，美风俗，兼覆而调一之，辟公之事也。全道德，致隆高，綦文理，一天下，振毫末，使天下莫不顺比从服，天王之事也。故政事乱则冢宰之罪也；国家失俗则辟公之过也；天下不一，诸侯俗反，则天王非其人也。（《荀子·王制》）

这些职能部门及其官员的分工及其责任，在此罗列得很清楚。大意如下。

（1）宰爵掌管接待宾客、祭祀等所需要供给的酒食、祭品的数量。（2）司徒主管宗族、城郭所陈设器械的数量。（3）司马掌管军队、兵器、作战的车马和士兵的数量。（4）遵循法令，审查诗歌乐章，禁止淫荡的音乐，根据时势去整治，使蛮夷的风俗和邪恶的音乐不敢扰乱正声雅乐，这是太师的职事。（5）修理堤坝、桥梁，疏通沟渠，排除积水，修固水库，根据旱涝情况不失时机地决定水库之水的储藏和排放；即使在饥荒歉收、涝灾、旱灾不断的凶年，也要让民众能够继续耕耘并有所收获，这是司空的职责。（6）观察地势的高低，察看土质的肥沃与贫瘠情况，合理地安排各种农作物

---

① 梁启雄先生在此注曰："水藏，古之水库。"（见梁启雄《荀子简释》，第111页）

种植的地方和季节，根据农民耕作的实际情况，严肃认真地储备粮食，根据实际情况制定或修订有关农事的规章制度，引导农民全身心地质朴地尽力专事农耕，这些就是农官的本职。（7）制定并实施禁止不按时节焚烧山泽的法令，养护山林、湖泊中的资源，如草木、鱼鳖等，对于人们的各种不同的求索，要根据时节来禁止或开放，使国家有足够用的物资而不至于匮乏，这些是虞师的职责。（8）治理和协调乡里各类关系，确定百姓住宅的界线，劝勉百姓学习饲养六畜，熟习种植作物，劝导人们接受教化，促使和教导人们孝顺父母、敬爱兄长，根据实际适时地进行理想的治理，使百姓服从命令听从指挥，住在乡里能够安居乐业，这些就是乡师的责任。（9）考查各类工匠的技术，审察各个不同时节的生产事宜，辨别和评价产品质量的高低，提倡产品的坚固与好用，保护设备和用具便于使用，不许私自制造雕刻、绘画的器具等，这些都是工师的职责。（10）观察阴阳的变化，根据云气来预测吉凶，钻灼龟板，排列卦象，负责驱除不吉利，选择良辰吉日以及分析占卜时所出现的各种征兆，预见吉凶、祸福，这是驼背的巫婆与瘸腿的男巫的职责。（11）修治和管理厕所，修缮并平整道路，预防盗贼盗窃，公正地平抑物价，根据实际情况适时修订事关商旅正常经营的各类规章制度，使商旅安全而货财之路顺畅，这是管理市镇的官员的职责。（12）制裁那些狡猾与奸诈的人，禁止凶狠强暴的人，防止淫乱行为和铲除邪恶之行，使用五种刑罚分别惩治不同的罪犯，使那些强暴凶悍的人因此而改变，使淫乱邪恶的事不能够发生，这些是司寇的职责。（13）让政治教化成为治国的根本措施，同时修正各类法律、准则，广泛听取各方意见并按时对人民群众进行有关考核，真实地衡量他们的实际贡献，根据各人的实际贡献，评定给他们应得的奖赏，根据实际情况适时地修订有关规章制度，使各级各类官吏都必须尽心竭力地工作，而老百姓也都不敢苟且偷生，这是宰相的职责。（14）讲究礼乐，端正言行举止，推广教化，改善风俗，广泛而普遍地庇护百姓并使他们协调一致，这些就是诸侯的职责。（15）道德修养完美无缺，达到崇高的政治境界，并且使礼仪制度也极其完善，天下统一，无论多么微小的善事都必须发现和扶持使之兴旺发展起来，使天下没有谁不依顺亲近、听从归服，这是天子的职责，等等。所以，如果政事混乱，那就是宰相的罪过；要是国家风俗败坏，就是诸侯的过错；如果天下不统一、诸侯谋反，那就是因为天子不是理想的人选。

坚持实行"仁爱"的"王道"，是荀子实现"以政裕民"基本国策的根本保证。何谓"王道"？

> 仁眇天下，义眇天下，威眇天下。仁眇天下，故天下莫不亲也；义眇天下，故天下莫不贵也；威眇天下，故天下莫敢敌也。以不敌之威，辅服人之道，故不战而胜，不攻而得，甲兵不劳而天下服。是知王道者也。（《荀子·王制》）

"王道"的根本特点就是坚持实行"仁道"（即"人道"）的政治。

具体言之：那些自觉奉行"王道"的各级统治者，他们自身必须具备高于天下其他任何国家统治者的"仁爱"的高尚情操，他们的道义也高于天下任何国家，因此，他们的威望也就自然高于天下任何国家。由于奉行"王道"的统治者，具有高尚的仁爱德操，所以天下的人没有不亲近他们的；他们推行的道义高于天下任何国家，所以天下没有任何人不尊重他们；他们的威势高于天下所有的国家，所以天下没有任何势力敢于反对他们，与他们为敌。拿不可抵挡的威势去辅助使人心悦诚服的仁义之道，所以就能够不战而胜、不攻而得，不费一兵一甲，天下就归服了。这就是懂得称王之道的君主呀。

坚持实行"王道"，国家就必当施行"王者之法"以及由此决定的"王者之制"。这种法与制度，具体治理措施与其产生的必然效果是：

> 王者之法等赋、政事，财万物，所以养万民也。田野什一，关市几而不征，山林泽梁以时禁发而不税，相地而衰政，理道之远近而致贡，通流财物粟米，无有滞留，使相归移也。（《荀子·王制》）

这种"王者之法"，其目的是"养万民也"！施行这种王者之法，必然达到：等地赋，正民事，以成万物而养万民也。对于农田，每年按照实际收成的十分之一征收农业税；对于行商与人们往来所经过的关卡以及作为商品交换的集市，政府只进行检查而不征税，以此保障和鼓励商品流通；对于山林、山岭与湖泊，根据其产品生长的规律，区分不同季节，按时封闭和开放，也不收税。根据土地的肥瘠分别征收农业税，按照道路的远近来收取贡品。这样做，就可以使财物、粮米等物资，根据客观实际需要正常良性流通与合理供给，没有滞留和积压损坏，都能够做到各地货畅其流，互通有无。

"王者之法"以及由此决定的"王者之制"，在其实践中，以国家法律形式，十分明确而严格地规定：尊重和敬畏自然法则与自然规律，尊重生态平衡发展，滋养与繁荣万物，增殖资源，发展经济以"养民""裕民"：

> 草木荣华滋硕之时则斧斤不入山林，不夭其生，不绝其长也；鼋鼍、鱼鳖、鳅鳣孕别之时，罔罟毒药不入泽，不夭其生，不绝其长也；春耕、夏耘、秋收、冬藏四者不失时，故五谷不绝而百姓有余食也；污池、渊沼、川泽谨其时禁，故鱼鳖优多而百姓有余用也；斩伐养长不失其时，故山林不童而百姓有余材也。（《荀子·王制》）

王法规定：草木正在开花结果长大的季节，砍伐草木的刀斧不得进入山林，这是为了保护草木生命不使它们的生命正在延续时就被摧残而夭折，保护它们正常不断的生长；鼋、鼍、鱼、鳖、泥鳅、鳝鱼等正处在怀孕产卵的季节，渔网、残害它们的毒药不准投到它们生长的湖泽里，这是为了保护它们的生命不使人为夭折，使它们不断繁衍生长。春天耕耘种植、夏天适时锄草、秋天适时收获、冬天妥善储藏，这四件事都不要错过季节、贻误时机，所以五谷不断地生长增殖丰收，而老百姓就自然有多余的粮食；池塘、水潭、河流、湖泊，依法严格禁止在不许捕捞的时期内擅自捕捞，那样鱼、鳖就自然丰饶繁多，而老百姓就有多余的水产资源；树木的砍伐与培育养护不错过季节，所以山林不会光秃秃的，而老百姓也就有充裕的木材使用了。

为了"养民""裕民"，保证社会经济持续良性发展，保障生态平衡，自然资源正常发育和持续增殖，国家必须将贪婪、横流的自私人性，牢牢地锁进国家法制的笼子里！否则，极少数利欲熏心之人，就会为了一己私利，不顾子孙后代，不择手段，疯狂地将本来美丽富饶的国土，变成寸草不生的荒漠！

任何一个国家，如果没有代表人民的良性政治作保障，所谓的发展经济，将必然是一匹脱缰的发疯野马，抑或是闯入人间的一只草菅人命的恶狼！

践行荀子主张的"王者之法"与"王者之制"的结果，则是：

> 泽人足乎木，山人足乎鱼，农夫不斫削、不陶冶而足械用，工贾
> 不耕田而足菽粟。故虎豹为猛矣，然君子剥而用之。故天之所覆，地
> 之所载，莫不尽其美，致其用，上以饰贤良，下以养百姓而乐安之。
> （《荀子·王制》）

> 四海之内若一家，故近者不隐其能，远者不疾其劳，无幽闲隐僻之国
> 莫不趋使而安乐之。夫是之谓人师，是王者之法也。（《荀子·王制》）

所以湖边打鱼的人会有足够的木材，山上伐木的人会有足够的鲜鱼；农
民不斫削、不烧窑冶炼而有足够的器具，工匠、商人不种地而有足够的粮
食。虎、豹要算是凶猛的了，但是君子能够剥下它们的皮来使用。所以苍天
所覆盖的，大地所承载的，没有什么东西不充分发挥它们的优点、竭尽它们
的效用。上用来装饰贤良的人、下用来养活老百姓使他们都安乐。这叫作
大治。

四海之内就像一家人一样。所以，近处的人不隐蔽自己的才能，而是竭
尽自己的才力效力于国家，远处的人也不厌恶奔波之劳苦，而为国家效力，
即使是幽远偏僻的国家，也无不乐于前来归附而听从役使。这样的君主，是
人民学习仿效的榜样，称为人民的师表。这就是奉行王道、实行王法的君主
所实行的法度，及其所能够获得的必然结果。

正如荀子所设计的：实行"王者之法"与"王者之制"，根本目的与必
然的结果，就是社会秩序井然，社会经济繁荣并持续良性发展，人民丰衣足
食，百姓安乐，社会祥和，充满生机，"四海之内若一家"，整个国家就是一
个和谐幸福理想的家园。

此之谓"以政裕民"！

四 "爱民而安"——荀子和《荀子》儒商理论的核心

"仁"，即"爱人"，是荀子经济哲学的核心，也是所谓儒商理论的基本
内容与核心。

儒家强调，"仁"与"爱人"，要求人们凡举事必须是"顺乎天而应乎人"（《周易·象传》）。这是儒家基本的社会哲学，也是儒家对天、对人的基本处世哲学。人们无论从事什么事，都必须遵守和尊重所谓"天道"，即一切客观规律和客观条件，以及人性本身的基本需要。当然，这也是儒家发展社会经济不可须臾偏离的思想主线。

由"仁""爱人"而"爱民"、"安民"与"君安"，为黎民百姓富足、康宁与平安幸福而谋划经济发展和国家富强，由此又可以收获"君安"的效果。这既是荀子经济哲学的核心，又是贯穿于荀子经济哲学全部内容的基本思想，同时，更是荀子为人处世的基本世界观和价值观，是荀子发展经济使国家富强的基本立足点、出发点，也是中国儒家和荀子经济哲学的归宿。

荀子从人生的基本需求与巩固国家政权、国家的长治久安出发，警告那些统治者：必须推崇与践行"隆礼尊贤"和"重法爱民"，才能够真正做到"爱民而安"。他说：

> 人莫贵乎生，莫乐乎安，所以养生安乐者莫大乎礼义。人知贵生乐安而弃礼义，辟之是犹欲寿而（殉）刎颈也，愚莫大焉。故君人者爱民而安，好士而荣，两者无一焉而亡。（《荀子·强国》）

> 礼者，治辨之极也，强固之本也，威行之道也，功名之总也。王公由之，所以得天下也；不由，所以损社稷也。故坚甲利兵不足以为胜，高城深池不足以为固，严令繁刑不足以为威，由其道则行，不由其道则废。（《荀子·议兵》）

王先谦先生通过"礼者，治辨之极也，强固之本也，威行之道也，功名之总也"解释荀子的意思道：

> "强国"，《史记》作"强固"，《正义》云："固，坚固也。"言国以礼义，四方钦仰，无有攻伐，故为强而且坚固之本也。以礼义导天下，天下服而归之，故为威行之道也。以礼义率天下，天下咸遵之，故为功名之总。[1]

---

① （清）王先谦：《荀子集解》，第281页。

对"由其道则行，不由其道则废"作解曰："由，用也。道，即礼也。用礼即行，不用礼，虽坚甲严刑，皆不做恃也。"

这就是说，对于人来说，没有什么比生命更宝贵的，也没有什么比享受安定、康宁的生活更快乐的，但用来保养生命获得生活安乐、康宁的根本途径，没有比遵行"礼义"更重要的了。人们要是只知道珍重生命、喜欢安定康宁而抛弃了"礼义"，这就好像想长寿而又割断脖子一样，再没有比这更愚蠢的了。所以，那些统治人民的君主，爱护人民就能与黎民百姓共享安宁康乐，喜欢士人就会荣耀，如果这两者一件都没有做到，那就只能灭亡了。

礼，是治理国家、社会的最高准则，是使国家富强坚固的根本措施，是威力与威信得以扩展光大的有效途径，也是成就功业、弘扬美名的全部纲领。天子诸侯遵行了它，就能够取得天下；不遵行它，就会削弱甚至丧失国家政权。所以，仅靠精良的武器装备和精锐的部队还不足以取胜，高耸的城墙、深深的护城河也不足以用来固守，严厉的命令和繁多的刑罚也不足以用来造成威势，（只有）遵行礼义之道才能获得成功，不遵行礼义之道就会失败。

《荀子》还同时强调："人君者隆礼尊贤而王，重法爱民而霸，好利多诈而危，权谋、倾覆、幽险而亡。"（《荀子·强国》）

这里只是论述关于国家性质以及国家前途是"王"，是"霸"，或者是"亡"，关键或者从根本上说，就在于：作为一国之君主是否真正"爱民"，以及由此决定的坚持执行什么样的治国方略，要是尊崇礼义、敬重与发挥贤德之人的聪明才智，就能够称王天下；要是注重法治、爱护人民，就能够称霸天下；要是一味追求个人一己之财利，又经常诡计多端搞欺诈，统治地位就危险；倘若统治者习惯玩弄权术、坑人害人、阴暗险恶，这样的国家及其国家的君主，就一定会灭亡。"爱民"，从人民的利益出发，为"仁爱"人民而发展经济，"民"就会富，国就会强，君主就会安然称王或称霸，国家自然就会存在或者发展，否则，国家就危险甚至会灭亡！在这里，荀子和《荀子》的"爱民而安"就不仅仅是具有道德层面的意义，更是思想家发展经济、治国安邦而实现"国固邦宁"的政治大计和基本国策！

"仁""爱人""爱民"，使国家经济繁荣与政权巩固，必须崇信和践行"礼义"！这既是政治，又是道德，是治国安邦与国固邦宁的普遍至道！

"爱民"，从国家人民的长期、根本利益出发，为国计民生的长治久安、经济发展与国家富足强大，均应从长计议，而不得急功近利，即，国家经济发展必须可持续而稳定。为此，指导和统领国家经济发展必须具有博大襟怀与宽广视域。

儒家主张："天地养万物，圣人养贤以及万民。"① 这是孟子所主张的"仁民而爱物"思想的另一表述。

荀子和儒家学者一样，是从人民的根本利益出发思考国家经济发展，从国家发展富强的长期、宏观计议，必然坚持"天生吾材必有其用"的大视野孕育出的科学的、可持续的发展观。儒家的宏阔担当情怀与抱负，在经济观方面，使他们与那种"既吃老祖宗的饭，又绝子孙的路""只要我能捞一把，哪怕它寸草不生"的狭隘、自私、近视、急功近利、野蛮、掠夺性的经济观水火不相容。

发展经济、治理国家，使国家强盛，必须在政治上坚持"爱民""明分使群""节用裕民而藏其余""裕民以政""隆礼尊贤""重法爱民"。这是儒家一贯强调与重视的以"仁政""王道"为社会经济发展开辟道路并保驾护航的金科玉律，"仁政""王道"是发展社会经济、强国富民的统帅！

发展社会经济，在道德方面，统治者必须重视和发挥"道德之威"与恪守"以义制利"的价值观等等。

> 威有三：有道德之威者，有暴察之威者，有狂妄之威者。此三威者，不可不孰察也。礼乐则修，分义则明，举错则时，爱利则形。如是，百姓贵之如帝，高之如天，亲之如父母，畏之如神明，故赏不用而民劝，罚不用而威行。夫是之谓道德之威。（《荀子·强国》）

威严或威势有三种：有道德的威严或威势，有严酷督察的威严或威势，还有放肆妄为的威严或威势。对于这三种威严或威势的实行效果，君主是不可不仔细考察和分析的。礼乐制度臻于完善，根据礼义制度区分的社会上下层次清晰明确，各得其所，采取与实行的国家治理措施切合时宜，爱人、利人皆有合理而明确的章法，不为私恩、不施小惠，爱护体恤人民与造福人民

---

① 《周易·象上传》，见朱熹《周易本义》释"颐卦辞"。朱杰人、严佐之、刘永翔主编《朱子全书》第一册，上海古籍出版社，安徽教育出版社，2002，第96页。

的举措和效果能具体彰显。这样做，百姓就会像对待上帝那样敬重和尊崇君主，像对待上天那样景仰他，像对待父母那样亲近与爱戴他，像对待神灵那样敬畏他。所以不用奖赏，人民群众就能为国家卖力，不用刑罚的强制手段，威力就能扩展开来。这就叫作道德的威严。

三种威严或威势对于国家治理与国家前途有三种截然不同的效果：

> 此三威者，不可不孰察也。道德之威成乎安强，暴察之威成乎危弱，狂妄之威成乎灭亡也。（《荀子·强国》）

道德的威严或威势，能够导致国家安定强盛，严酷督察的威严或威势使国家陷于危险与衰弱，肆意妄为的威严或威势将国家推向灭亡。

两千多年前荀子讲的这三种"威"，不仅在今天领导和管理国家的经济、政治等方面仍然具有重要的现实指导意义，即使运用到任何形式与规模的企业管理中，也仍然和必然显示出它鲜活而强大的生命力。

社会经济问题最能够牵涉与彰显人们的价值观中的义利观，人们如何认识和处理"义"和"利"的关系，是为公还是为私？实际上，人们在认识和处理经济关系的任何一个具体环节时，不同程度地从不同层面和不同侧面，或隐或显地表现出人们的价值观。荀子非常重视人们所持的价值观。他在论述尧舜的英明政治制度时，特别指出，尧舜待人一视同仁，对于"不能以义制利"的社会成员，一定不可重用：

> 圣王在上，决德而定次，量能而授官，皆使民载其事而各得其宜，不能以义制利，不能以伪饰性，则兼以为民。（《荀子·天论》）

圣明的帝王处在君位上，根据人们的道德情操与能力来确定其在社会中的位次，衡量人们的道德情操与才能来授予他们相应的官职，使人们能够全部担负起自己的职事，社会成员都能得到各得其所的合理安排；如果有成员不能用德操来制约其私利，不能通过人为的自觉来努力改造自己的不良本性，那就统统让他们当普通老百姓。（这里，也可以泛指：凡是社会上的那些管理者，无论其权力大小，凡是"不能以义制利，不能以伪饰性"的，就一律"兼以为民"。）

荀子承认人有私念与合理的私利，但是，对于那些身居社会管理岗位上的成员，更十分明确地特别强调和重视：必须坚守"以义制利"的价值观，绝不允许越过"礼"与"义"的界限而见利忘义、唯利是图或贪赃枉法！

类似的论述和掷地有声的观点，在《荀子》中俯拾即是。可见荀子坚持孔、孟"重义而不轻利"的价值观既明确又坚定。

荀子还同时强调国家领导人和人民群众，要在尊重和遵守客观规律的前提下，勇于发挥孔、孟所崇扬的"自强不息"的积极性、创造性与进取精神：

> 天行有常，不为尧存，不为桀亡。(《荀子·天论》)

梁启雄先生在"天行有常"后，为此笺曰："'行、道度也。'盖大自然之运行（天演）是有定的、正常的，具有客观规律性，因此，《说苑》称'天行'为'天道'。"①

在"不为尧存，不为桀亡"之后加"按"曰："此言：自然规律既无意识，亦无情感；因此，它不能爱尧就保存规律的正常性，亦不能恶桀就丧亡规律的正常性。"②

荀子主张，人们面对自然规律，"明于天人之分，则可谓至人矣"（《荀子·天论》），"此言：明白天与人各有不同的职分者，可称为真实的人。"③

"不为而成，不求而得，夫是之谓天职。如是者，虽深，其人不加虑焉；虽大，不加能焉；虽精，不加察焉；夫是之谓不与天争职。"（《荀子·天论》）

人固然不能够盲目地"与天争职"，但是，荀子同时强调：真实的人，在承认和遵守客观规律的前提下，还必须充分而实事求是地承认"人有其治""能参"，即：

> 天有其时，地有其财，人有其治，夫是之谓能参。(《荀子·天论》)

真实的人不仅"可以与天地参矣"，而且能够"赞天地之化育"④。

---

① 梁启雄：《荀子简释》，第 220 页。
② 梁启雄：《荀子简释》，第 220 页。
③ 梁启雄：《荀子简释》，第 220 页。
④ （宋）朱熹：《四书章句集注》，中华书局，1983，第 32 页。

王先谦先生解释荀子此语曰：

> 人能治天时地财而用之，则是参于天地。①

荀子还告诫人们说：

> 舍其所以参而愿其所参，则惑矣！（《荀子·天论》）

王先谦曰："舍人事而欲知天意，斯惑矣。"②

荀子明确而具体地论述了"人有其治""能参"的正确而积极的行为与表现——"修道而不贰"：

> 应之以治则吉，应之以乱则凶。强本而节用，则天不能贫，养备而动时，则天不能病；修道而不贰，则天不能祸。故水旱不能使之饥渴，寒暑不能使之疾，袄怪不能使之凶。（《荀子·天论》）

梁先生在"应之以治则吉，应之以乱则凶"之下加"按"曰：

> "治""乱"都是形名词。此言：以礼义适应自然规律就吉，以非礼义适应规律就凶。③

倘若人们在客观规律面前的行为是消极的，或者违背客观规律性——"倍道而妄行"，结果就是：

> 本荒而用侈，则天不能使之富；养略而动罕，则天不能使之全；倍道而妄行，则天不能使之吉。故水旱未至而饥，寒暑未薄而疾，袄怪未至而凶。受时与治世同，而殃祸与治世异，不可以怨天，其道然也。（《荀子·天论》）

荀子主张：对于自然规律应当既尊重、又充分发挥人们的主观能动性，即顺应和利用自然规律，而且在人类社会中，领导和管理国家也是如此。国

---

① （清）王先谦：《荀子集解》，第308页。
② （清）王先谦：《荀子集解》，第308页。
③ 梁启雄：《荀子简释》，第220页。

家的强弱与存亡，也有客观规律。在承认与遵从客观规律的前提下，领导者自觉积极地执行正确的国策，充分发挥国人的积极性和创造性，是避免国家削弱与消亡、使国家强盛并长治久安的关键乃至决定性因素：

> 用万乘之国者，威强之所以立也，名声之所以美也，敌人之所以屈也，国之所以安危臧否也，制与在此，亡乎人。王、霸、安存、危殆、灭亡，制与在我，亡乎人。(《荀子·王制》)

治理一个拥有万辆兵车的大国的君主，他那威武强大显赫的地位之所以能够确立，他的名声之所以美好，他的敌人之所以屈服，他的国家之所以又安全又好，关键都在于自己，而不在于别人。是称王还是称霸，国家是安全生存还是危险或灭亡，关键都在自己而不在别人。

两千多年前荀子所阐发的极其丰富而深刻的发展经济的宝贵经济哲学思想，时至今日，对于我们，对于所有有社会担当、有"仁爱"情怀的人，只要认真深入地思考而又认真踏实地积极运用于自己的实践，无论在什么地方，都会落地生根，并自然而然地盛开鲜艳而芬芳的花朵，结出新时代的丰硕之果。

（责任编辑：陈晨捷）

废疾兼养：荀子社会救助思想探微

周海生*

[摘　要] 社会救助是社会保障制度体系的有机组成部分，是解除民生之忧、增进民生福祉的基本手段之一。荀子承继中国传统重视民生的理念，从社会治理的角度出发，立足于"天人之分"的政治哲学，阐述了关于社会救助的一系列设想。其内涵主要包括以礼教民，慈幼恤老；平政爱民，赈救鳏寡；富国裕民，周恤贫疾三个方面。荀子的社会救助思想凸显了"群居和一"的人类互助观念，对于当今时代确立"托底线、救急难、可持续"的社会救助基本价值理念，构筑多层次、多支柱的社会保障体系，有极为重要的借鉴价值。

[关键词] 荀子　废疾兼养　社会救助　民生

社会救助是社会保障制度体系的有机组成部分，是解除民生之忧、增进民生福祉的基本手段之一。社会救助又称社会救济、社会援助，"是指国家和社会向老弱病残和生活不幸人士等弱势群体无偿提供款物救济的一种基本生活保障制度，一般包括灾害救济、贫困救济以及医疗、住房、教育等方面的救助"①。尽管社会救助是一个现代概念，但社会救助思想在中国历史上的渊源却极其久远，社会救助事业在中国古代社会也非常普遍。战国时代，群雄争霸，"率土地而食人肉"（《孟子·离娄上》）的兼并战争致使天下秩序紊乱，民不聊生。如何安民养民、维系民心以稳定社会秩序，就成为当时思

---

* [作者简介] 周海生，曲阜师范大学孔子文化研究院副教授。

① 彭华民：《社会保障政策》，中国社会工作教育协会组编，关信平主编《社会政策概论》，高等教育出版社，2004，第260页。

想家思考的一大重心。荀子身处战国晚期兴亡转变的历史激流，从社会治理的角度出发，提出了"养万民""布施天下而不病贫""养生安乐者，莫大乎礼义"等主张，阐述了关于社会救助的一系列设想，对后世中国传统社会救助思想的形成与实践产生了较大影响。

一

荀子的社会救助思想立足于"天人之分"的政治哲学①。荀子之时，"亡国乱君相属，不遂大道，而营于巫祝，信礼机祥"（《史记·孟子荀卿列传》），或将人世间的吉凶祸福一概委于天命、天意，或迷信巫祝预测吉凶，以此建立行事准则。这种"蔽于天而不知人"（《荀子·解蔽》，以下只注篇名）的思想观念，造成了人们认识上的蔽塞，导致"礼义不行，教化不成，仁者绌约，天下冥冥"（《尧问》）的混乱局面。为彰明"大道"，荀子着力破除对天的各种迷信观念和遮蔽大道的虚妄邪说，提出了"天生人成"的主张，以谋求民众的生养与发展。

在荀子看来，"天"就是客观存在的物质世界，即自然。所谓"天地合而万物生，阴阳接而变化起"（《礼论》）。天地生成万物，都是不为而成、不求而得的。"列星随旋，日月递炤，四时代御，阴阳大化，风雨博施"都是自然界本身的运动，而天地自然的运行，也有其恒定不易的固有法则："天行有常，不为尧存，不为桀亡"，"天不为人之恶寒也辍冬，地不为人之恶辽远也辍广"。天既然不因世间统治者德行如何而改变，那么，世间所谓吉凶、祸福、贫病都与天无关。就如"星坠木鸣"，虽非自然界的常态，但同样是"天地之变，阴阳之化，物之罕至"的自然现象，大可不必妄加猜测，畏怖恐惧。荀子认为，"天有其时，地有其财，人有其治"。自然界与人类社会各有其职分，天的职分在"生"，人的职分在"成"，一方面天是无意志的，不能主宰人事，另一方面，人可以认识自然，利用万物，故荀子强调"明于天人之分，则可谓至人矣"（《天论》）。

---

① 东方朔认为，《荀子·天论》篇"在本质上就是一政治哲学的文本"，其动意和目的"乃是借言天之'自然'而推进人之'治道'的开展"。见东方朔《荀子〈天论〉篇新释》，《哲学动态》2017 年第 5 期。

天人之分并不意味着天人的对立，而在于凸显天与人的不同特质，发挥人的主观能动作用，认识利用自然，长养人类。荀子特别指出，天虽然是自然作为，但人仍须仰赖于天，《天论》篇言：

> 天职既立，天功既成，形具而神生，好恶、喜怒、哀乐臧（藏）焉，夫是之谓天情。耳目鼻口形能各有接而不相能也，夫是之谓天官。心居中虚，以治五官，夫是之谓天君。财非其类，以养其类，夫是之谓天养。

人生于天地间，必须把握自然规律，知其所为与所不为，善用其材以成治，如此方可趋吉避凶，"水旱不能使之饥，寒暑不能使之疾，祆怪不能使之凶"。假若只知祈天、畏天，听天由命，被动承受，冀望上天赐福于人，那就是"蔽于一曲而暗于大理"（《解蔽》），必将导致祸患。由此而言，在天人关系上，荀子更为重视人的因素，认为人有知有能，可以在认识事物的基础上加以实践，改善生活，而社会也因此获得基本的安定。荀子指出："万物……无宜而有用为人。"（《富国》）万物本身并没有宜和不宜的区别，主要是看人如何利用，而利用万物结果之好坏，也全依赖于人。正如《王制》篇所言："群当道，则万物皆得其宜，六畜皆得其长，群生皆得其命。"

既然"治乱非天"而纯粹是人的因素，那么，人如何能够利用天地资源，达到社会富庶而和谐的境界？荀子认为，其中的关键在于"人能群"：

> 水火有气而无生，草木有生而无知，禽兽有知而无义，人有气、有生、有知，亦且有义，故最为天下贵也。力不若牛，走不若马，而牛马为用，何也？曰：人能群，彼不能群也。人何以能群？曰：分。分何以能行？曰：义。故义以分则和，和则一，一则多力，多力则强，强则胜物，故宫室可得而居也。（《王制》）

荀子认为，人之所以最为天下贵，在于人有气、有生、有知且有义，能组织成社会群体，建立社会规范运作的机制，这是人与其他动物最大的区别，也是人类最为基本的特征。正因为人是具有理性的社会性动物，所以人能够群居互助，既明确各自的职分，聚成群体，又分工合作，相依相助，共谋群体的发展与进步。

群体生活对人类的生存具有重要意义，"群"为人类种族的延续、文明秩序的传承提供了基本的保障。那么，如何保证"群居和一"的理想得以实现呢？荀子的观点是"明分"。荀子特别指出："人生不能无群，群而无分则争，争则乱，乱则穷矣。"（《富国》）"有分义，则容天下而治；无分义，则一妻一妾而乱。"（《大略》）所谓"分"，既包括人伦关系的差别有序，职位与德行的相称，也包括社会成员的职责分工明确。显而易见，在荀子那里，"分"就是"群"秩序化存在的前提，故而荀子说："离居不相待则穷，群而无分则争。穷者患也，争者祸也，救患除祸，则莫若明分使群矣！"（《富国》）

"分"在社会群体中得以恰当地施行，根本的原因在于"礼义"。荀子认为，人生而有耳目口腹之求、好利恶害之欲：

> 凡人有所一同：饥而欲食，寒而欲暖，劳而欲息，好利而恶害，是人之所生而有也，是无待而然者也，是禹桀之所同也。（《荣辱》）
>
> 今人之性，生而有好利焉……生而有疾恶焉……生而有耳目之欲，有好声色焉。（《性恶》）

人性天然而成，饥而欲食，寒而欲暖，劳而欲息，好利而恶害是人的生理本能，声色耳目之欲是每个人共有的感官欲望。人们要维持生命，就必须满足基本的生存需要。饥而不得食，寒而不得暖，劳而不得息，无异于残害生命。但荀子也指出，人性不仅以求得温饱为满足，更有对物质享乐、名利地位的贪求，他说：

> 夫好利而欲得者，此人之情性也。（《性恶》）
>
> 人之情，食欲有刍豢，衣欲有文绣，行欲有舆马，又欲夫余财蓄积之富也，然而穷年累世不知不足，是人之情也。（《荣辱》）

按照荀子的观点，人的欲望有无限发展的可能，"欲多而物寡，寡则必争"（《富国》）。如何避免由人性放纵引发的争端悖乱？荀子强调，必须依靠礼义来矫正、引导人性往善的方向发展：

从人之性，顺人之情，必出于争夺，合于犯分乱理而归于暴。故必将有师法之化，礼义之道，然后出于辞让，合于文理，而归于治。……古者圣王以人之性恶，以为偏险而不正，悖乱而不治，是以为之起礼义，制法度，以矫饰人之情性而正之，以扰化人之情性而导之也，始皆出于治合于道者也。（《性恶》）

圣人制定礼义法度，目的在于节求导欲、化育心灵、导人趋善，以达"正理平治"之善境。故《不苟》篇言："礼义之谓治，非礼义之谓乱。"由此观之，衡量社会治乱的标准是以礼义为依归的。人类命运共同体的良性运转，实有赖于礼义以维系"群"的和谐、有序。

基于"天人之分"的视野，荀子将天、人不同的职分明确区分开来，视礼义为社会治乱的最终评判标准，既丰富发展了先秦儒家的"治道"理念，也为其社会救助思想提供了有力的理论支撑。

二

"乐善好施，乃中国民族的素行；保民若子，乃中国王政的要图。"[1] 中国人向来以乐善为美德，故社会救助制度尤为完备。荀子聚焦于"群居和一"的人类互助观念，倡言"养万民……四海之内若一家"（《王制》），希冀乱世中的民众能够"养生安乐"。就其社会救助思想及措施而言，大致有以下几个方面。

1. 以礼教民，慈幼恤老

人类因群居而成家庭、社会乃至国家，从家庭、国家与个人的关系观察，荀子所言的"群"，与其说是一个基于人类起源的逻辑概念，不如说是保障人类和谐存续的人伦概念。"群"之所以为人类社会提供了基本的保障，实奠基于君臣、父子、兄弟、夫妇、朋友的社会结构和人伦规范。在社会群体中，每个人都有自己的角色和职分，而"分"则是通过"礼"来实现的。荀子说："礼者，贵贱有等，长幼有差，贫富轻重，皆有所称者也。"（《礼

---

[1] 梁云谷：《中国固有之几个救济制度》，《仁爱月刊》1935 年第 4 期。

论》）礼使社会中的每一分子在贵贱、长幼、贫富有差的群体组织中维持相对的和谐与秩序。从社会治理的视角，荀子一再申说："人莫贵乎生，莫乐乎安，所以养生安乐者，莫大乎礼义。"（《强国》）

荀子视礼作为"化性起伪"的途径，将其作为道德教化的重要内容。"今人无师法，则偏险而不正；无礼义，则悖乱而不治。"（《性恶》）对于社会而言，只有积极推行道德教化，使人们形成合乎道德的行为习惯，才能维护社会的稳定和发展。荀子说："君子以德，小人以力；力者，德之役也。百姓之力，待之而后功；百姓之群，待之而后和；百姓之财，待之而后聚；百姓之埶，待之而后安；百姓之寿，待之而后长。"（《富国》）由此来看，社会成员的守礼、遵礼、好礼，正是判断社会政治清明的标志之一。所以，荀子再三谓"礼者养也"（《礼论》），把礼治看作社会治理的准则和施行社会救助的基点。荀子说：

> 君臣不得不尊，父子不得不亲，兄弟不得不顺，夫妇不得不驩。少者以长，老者以养。故天地生之，圣人成之。……礼之于正国家也，如权衡之于轻重也，如绳墨之于曲直也。故人无礼不生，事无礼不成，国家无礼不宁。
>
> 礼也者，贵者敬焉，老者孝焉，长者弟焉，幼者慈焉，贱者惠焉。（《大略》）

贫苦之民，常常因生计艰难，鬻产卖子，而无所依靠的生活贫困的老者，其有赖于社会救济，自不待言。故历代施行社会救济，皆以慈幼、养老为始。"汤以庄山之金铸币，而赎民之无馈卖子者。禹以历山之金铸币，而赎民之无馈卖子者。"（《管子·轻重》）周代保息之法，"一曰慈幼，二曰养老"。可见，济幼恤老之法，古已有之。荀子认为"凡生乎天地之间者，有血气之属必有知，有知之属莫不爱其类。……有血气之属莫知于人。故人之于其亲，至死无穷"（《乐论》）。所以，特别强调"亲亲""老老"，以"老弱有失养之忧"（《富国》）为社会大患，提倡减轻有幼弱、衰老、丧亡之家的力役负担：

> 父母之丧，三年不事，齐衰大功，三月不事。从诸侯来，与新有

昏，期不事。(《大略》)

父母之丧，三年不事力役，齐衰（缞）大功的丧事，三月不事力役，因重其哀戚。从他国来以及新婚者，一年不事力役，所以重其嗣续。而对那些"事生不忠厚、不敬文""送死不忠厚、不敬文"的行径，直斥为"野""瘠"(《礼论》)。

2. 平政爱民，赈救鳏寡

"民为邦本，本固邦宁"，荀子承继历史上的民本思想，强调人君之地位实为人民所赋予，"天之生民，非为君也，天之立君，以为民也"(《大略》)。人君是应人民的需要而存在，徐复观说："天下不是私人可得而取或与，乃系决定于民心民意，则人君的地位与人民对人君的服从，无形中是取得人民同意的一种契约的关系。"[①] 人君唯有修道行义，兴利除害，方能得到人民的拥戴。如不能始终如一为民谋福利，而只贪图个人的享乐，就会为人民所抛弃。恰如《正论》篇所言："汤、武非取天下也，修其道，行其义，兴天下之同利，除天下之同害，而天下归之也。桀、纣非去天下也，反禹、汤之德，乱礼义之分，禽兽之行，积其凶，全其恶，而天下去之也。天下归之之谓王，天下去之之谓亡。"这也就是说，民与君虽然一为统治管理阶层，一为被统治被管理阶层，但君主并非高高在上、独断专行的存在，而是负有谋求人民福祉和社会安定的责任。爱民养民，由此而成为人君施政的重心和最大任务。

荀子认为，能群、善群的君主才可以保障人民的生存权。"君者，何也？曰：能群也。"(《君道》)"君者，善群也。"(《王制》)能群、善群才是荀子心目中理想的人君。荀子说："能群也者，何也？曰：善生养人者也，善班治人者也，善显设人者也，善藩饰人者也。……四统者俱，而天下归之，夫是之谓能群。"(《君道》)能群有四种表现，而"善生养人"无疑是人君最大最基本的责任，设官分职、尚贤使能、爵赏奖饰等尚在其次。人君精通生养人民的道理，就能使"万物皆得其宜，六畜皆得其长，群生皆得其命"(《王制》)，谓之"善群"，这是有德之君的重要能力和特征。

---

① 徐复观：《荀子政治思想的解析》，《学术与政治之间》，华东师范大学出版社，2009，第84页。

如何生养民众？荀子提出了具体的施政措施。一是重视民生。"省工贾，众农夫，禁盗贼，除奸邪，是所以生养之也。"（《君道》）合理安排产业，重视农业，禁止盗贼打家劫舍的不良行径，铲除奸邪之徒，奠定民众安居的基础。二是使民以时。"春耕、夏耘、秋收、冬藏，四者不失时，故五谷不绝，而百姓有余食也。"（《王制》）三是救助鳏寡。爱民养民、赈济民众的观念由来已久。《尚书·康诰》中有"克明德慎罚，不敢辱鳏寡"的记载，周代司徒保息之法，有"振（赈）穷"（《周礼·地官·大司徒》）的说法，皆为圣王发政施仁之要务。荀子对鳏寡孤独的社会救助问题十分重视，他说：

> 选贤良，举笃敬，兴孝弟，收孤寡，补贫穷。如是，则庶人安政矣。（《王制》）

鳏寡孤独，可谓人生最大之苦痛。哀矜怜恤，为人类应有之同情观念。收养孤儿寡妇，救助贫穷，勿使其悲苦无助流离失所，是为君的基本之道。不仅如此，荀子更将社会救助置于君王兴废、国家盛衰的高度来看待，《王制》篇说：

> 庶人安政，然后君子安位。传曰："君者，舟也，庶人者，水也；水则载舟，水亦覆舟。"

可见，鳏寡孤独作为社会的弱势群体，他们的生活能否得到较好的保障，是中国传统社会衡量政治是否良善的风向标，同时是体现政治支持度的关键一环。

3. 富国裕民，赒恤贫疾

君主的存在，官职的设立，其根本目的都是服务人民，"以相群居，以相持养"（《荣辱》），故人君莫不以富国裕民为至治的目标。孔子曰："足食足兵，民信之矣。"（《论语·颜渊》）《大学》也提出："生财有大道：生之者众，食之者寡，为之者疾，用之者舒，则财恒足矣。"人君善为民谋利，百姓衣食富足，社会才能安定。一个国家如果府库不充，便不可能"养万民"，所以荀子强调："不富无以养民情。"（《大略》）

但荀子认为，富国与裕民之间也存在着冲突和紧张。《富国》篇云：

下贫则上贫，下富则上富。故田野县鄙者，财之本也；垣窌仓廪者，财之末也。百姓时和、事业得叙者，货之源也；等赋府库者，货之流也。故明主必谨养其和，节其流，开其源，而时斟酌焉。潢然使天下必有余，而上不忧不足。如是，则上下俱富，交无所藏之，是知国计之极也。

在这里，荀子指出了富国与富民之间的区别，强调了民富是国富的基础，假如人君舍本逐末，横征暴敛，贪图财富，国库充溢而百姓困穷，那么离丧身亡国的日子就不远了。故荀子谆谆告诫："聚敛者，召寇、肥敌、亡国、危身之道也，故明君不蹈也。"（《富国》）而富国裕民的根本途径在于发展社会生产，开源节流、减轻赋税。荀子曰：

王者之等赋、政事，财万物，所以养万民也。田野什一，关市几而不征，山林泽梁以时禁发而不税，相地而衰政，理道之远近而致贡，通流财物粟米，无有滞留，使相归移也。（《王制》）

足国之道：节用裕民，而善臧（藏）其余。节用以礼，裕民以政。……轻田野之赋，平关市之征，省商贾之数，罕兴力役，无夺农时，如是则国富矣。夫是之谓以政裕民。（《富国》）

在发展生产的基础上，荀子主张施惠天下，救助贫苦。贫苦之人，平日生活已甚艰难，倘若不幸遇疾病死亡，有病不得医，死亡不得葬，其痛苦更无以复加，故中国古代于鳏寡孤独之救恤外，有恤贫、宽疾之法，其目的就在于"岁虽凶败水旱，使百姓无冻馁之患"（《富国》）。荀子对于贫病死亡之救济亦甚重视，《哀公》篇言：

所谓贤人者，行中规绳而不伤于本，言足法于天下而不伤于身，富有天下而无怨财，布施天下而不病贫。

贤德之人心怀仁爱，重义轻利，"羞利而不与民争业，乐分施而耻积藏"（《大略》），能够力行善政，是实践社会救助的中坚。所以，荀子对贤人"布施天下而不病贫"寄予了很高的期望。

《尚书·康诰》曰："若保赤子，惟民其康乂。"保民安康乃社会救助题中应有之义。《周礼·天官》记载周代使医师掌医之政令，"凡邦之疾病者、疒疡者造焉，则使医分而治之。"地官保息之法，"五曰宽疾"，郑注曰："若今癃不可事，不算卒，可事者半之也。"凡有天灾民病，则使医巡国中及郊外，以疗治之。凡罹患重病者，不为士卒，身有残疾者，不为重役，此为古代宽饶疾病矜恤之方法。荀子主张"政令制度，所以接下之人，百姓有不理者如毫末，则虽孤独鳏寡必不加焉"（《王霸》）。对于力役之征发，尤其强调宽免残障废疾者，《大略》篇云：

> 八十者一子不事，九十者举家不事，废疾非人不养者，一人不事。

《王制》又言：

> 五疾，上收而养之，材而事之，官施而衣食之，兼覆无遗。

"五疾"指的就是哑巴、聋子、跛脚、断手足、侏儒者五类残疾人。荀子把国家收养残疾人看作统治者施行德政的表现。春秋战国时期，战乱频仍，灾荒多有，加之贫病六疾，民众田地荒芜，流离失所。对贫疾的周恤优待，尤显必要。故荀子强调，凡是家有耄耋老人，一子不事力役；家有九十岁的老人，全家不事力役。家有残障废疾生活不能自理者，一人不事力役。对贫疾之人进行周恤优待，方能使"民不困财，贫窭者有所窜其手"（《大略》），既保证了贫疾群体的日常生活，又可消除社会动乱的隐患，可收一举两得之效。

三

从群体生活的角度而言，人类就是一个"命运共同体"。叶小文指出，人类命运共同体的文化释义，是"命运相连，休戚与共"[①]。儒家大同思想展示了对人类美好社会的理想构建，《礼记·礼运》篇记载了孔子的一段话：

> 大道之行也，天下为公。选贤与能，讲信修睦，故人不独亲其亲，

---

① 叶小文：《人类命运共同体的文化共识》，《新疆师范大学学报》（哲学社会科学版）2016年第3期。

不独子其子；使老有所终，壮有所用，幼有所长，矜寡、孤独、废疾者皆有所养；男有分，女有归。货恶其弃于地也，不必藏于己；力恶其不出于身也，不必为己。是故谋闭而不兴，盗窃乱贼而不作。故外户而不闭，是为大同。

孔子所孜孜以求的"大同社会"，就是"博施于民而能济众"（《论语·雍也》）的至善之境。在这样的社会里，社会不但公平公正，充满正义与友善，使"老有所终，壮有所用，幼有所长"，而且充满了人间温情，男女老少、鳏寡孤独以至残疾人无不享受人间关爱。爱民养民的仁政德治，保障了社会弱势群体的生存权，使社会个体获得了心灵的寄托和归属，也夯实了社会良好运转的秩序基础。

荀子的社会救助思想承继中国传统重视民生的理念，将其进一步发扬光大，强调"积善成德"（《劝学》）、"积善而全尽"（《儒效》）、"积善而不息"（《性恶》），竭力发扬乐善好施的美德，使整个社会朝向更加积极的社会救助制度而努力。荀子对于社会救助的一系列构想，对于当今时代确立"托底线、救急难、可持续"的社会救助基本价值理念，构筑多层次、多支柱的社会保障体系，满足人民日益增长的美好生活需要，无疑有极为重要的借鉴价值和现实意义。

（责任编辑：李琳）

荀子论礼的起源

高海波[*]

[摘 要] 礼是荀子思想的中心。荀子对礼的起源更多是从社会功能的角度进行说明的。荀子认为，礼的主要功能是规定社会名分，调节物质分配，从而确保社会群体的和谐共存，即"群居合一"。荀子的性恶论，某种程度上也是为了强调礼的必要性及其社会功能而提出的。因此，荀子对礼的起源的解释主要是一种功能主义的说明，而不是历史主义的追溯。另外，荀子坚持礼起于圣王的创制。过去的很多学者认为这与他的性恶论存在矛盾。这是一种误解。实际上，荀子认为圣王对礼义的创制主要来自他们对过去历史文化传统的学习、积累与创造，而不是来自他们的人性。因此，与其性恶论并不存在矛盾。

[关键词] 礼 性恶 圣王 功能主义 心

众所周知，荀子最重视礼。民国著名学者刘咸炘说："其学长于礼，而亦止于礼（《荀子·劝学》：'学至乎礼而止。'），偏详于群道，而于人道则浅。其言学也，不过化性起伪，其言治也，不过明分和群，此二义实一贯，皆由礼出者也。"[①] 清代汪中说： "荀卿之学，出于孔氏，而尤有功于诸经。"[②] "曲台之礼，荀卿之支流余裔也。"[③] 荀子在《劝学》中也说："学恶乎始？恶乎终？曰：其数则始乎诵经，终乎读礼。"《荀子》一书中有《礼

---

　* ［作者简介］高海波，清华大学哲学系副教授。

　① 刘咸炘：《子学编上》，广西师范大学出版社，2007 年标点本，第 27 页。

　② 汪中：《荀卿子通论》，《荀子集解·考证下》，中华书局，1988 年标点本，第 21 页。

　③ 汪中：《荀卿子通论》，《荀子集解·考证下》，第 22 页。

论》一篇，被收入《大戴礼记》和《小戴礼记》中。因此，说礼是荀子思想的中心，大概不会存在异议。

一 礼与性恶，礼与社会

荀子生活的时代正值战国中晚期，社会矛盾空前激化，《荀子·尧问》就对这种状况有生动的描述："孙卿迫于乱世，鳍于严刑，上无贤主，下遇暴秦，礼义不行，教化不成，仁者绌约，天下冥冥，行全刺之，诸侯大倾。"在这种情况下，人性黑暗的一面充分暴露出来，这或许是荀子对人性持悲观看法的社会原因。另外，荀子继承了先秦以来"生之谓性"的传统，认为食色等生理需求就是人性的主要内容："今人之性，饥而欲饱，寒而欲暖，劳而欲休，此人之情性也。"（《荀子·性恶》）不仅如此，人的生理需求就其本来倾向而言，也是一定会追求最大限度的满足。如果不对其加以节制，一定会引起社会成员之间的争夺，从而破坏社会秩序、社会规范，导致社会混乱。正是从这一方面，荀子认为人性是恶的。

> 夫人之情，目欲綦色，耳欲綦声，口欲綦味，鼻欲綦臭，心欲綦佚。此五綦者，人情之所必不免也。（《荀子·王霸》）
>
> 今人之性，生而有好利焉，顺是故争夺生，而辞让亡焉。生而有疾恶焉，顺是故残贼生，而忠信亡焉。生而有耳目之欲，有好声色焉，顺是故淫乱生而礼义文理亡焉。然则从人之性，顺人之情，必出于争夺，合于犯分乱理，而归于暴。故必将有师法之化，礼义之道，然后出于辞让，合于文理，而归于治。用此观之，然则人性恶明矣，其善者伪也。（《荀子·性恶》）

正因为认识到人的自然生理欲望在不受限制的情况下存在的破坏社会整体存在的危险性，荀子得出性恶的结论，同时指出限制自然生理欲望无限扩张的必要性。而能够承担这一功能的就是礼义和师法，而在这二者当中，师是礼的传授者——"师者，所以正礼也。无礼何以正身？无师吾安知礼之为是也？"（《荀子·修身》）；法则是以礼为根本原则——"礼者，法之大分"

（《荀子·劝学》），归根结底，礼才是社会秩序的来源。①

与人格的内在修养相比，荀子更重视社会群体秩序的建立，即他所关心的是如何"明分使群"，即如何在确定等级分位的前提下，使社会形成一个稳定、和谐的整体。荀子在解释什么是君主时说："君者何，能群也。"（《荀子·君道》）也就是说，君主存在的意义和职责就是维持社会的秩序。在荀子看来，人是社会性的动物，"能群"是人区别于其他动物的根本之处。荀子认为，从个体的本能上来说，单个人的力量其实远比不上有些动物，但是人却能战胜并役使它们，根本原因就在于人能结合成更强大的群体。因此，人不能离开群体（社会），离开群体，个体就无法生存。

> 水火有气而无生，草木有生而无知，禽兽有知而无义，人有气有生有知亦且有义，故最为天下贵也。力不若牛，走不若马，而牛马为用，何也？曰，人能群，彼不能群也。人何以能群？曰分。分何以能行？曰义。故义以分则和，和则一，一则多力，多力则强，强则胜物，故宫室可得而居也。故序四时，裁万物，兼利天下。无他故焉，得之分义也。故人生不能无群，群而无分则争，争则乱，乱则离，离则弱，弱则不能胜物，故宫室不可得而居也。不可少顷舍礼义之谓也。（《荀子·王制》）

而人为什么能够形成战胜自然界其他生物的群体呢？荀子认为，这在于人能够在其群体内部形成等级名分的分别，这种分别，既包括社会身份的区别，也包括物质财富的差额分配。这种区分的原则可以说就是社会正义（义）。正因为人类能够遵循正义原则在群体内部进行分别，所以可以避免个体之间的争斗，从而形成一个和谐统一的整体，表现出强大的力量，进而能够战胜自然界的其他生物。礼的一个重要功能其实就是体现这种分别和差异，即"分莫大于礼"（《荀子·非相》），"礼别异"（《荀子·乐论》）。荀子认为，只有通过礼在社会中建立这种分别，形成不同的等级，才可以使社会成员之间相互统摄，避免纷争，从而保证社会的整体稳定，也才能兼顾全体的利益。"先王恶其乱也，故制礼义以分之，使有贫富贵贱之等，足以相

---

① 在荀子那里，"礼"其实就是"义"的具体表现，"义"则是"礼"所体现的道德原则。

兼临者，是养天下之本也。"（《荀子·王制》）

当然，按照荀子的看法，通过礼确定社会的等级分别，并不仅仅是为了统治的需要，最终目的还是要"养天下"，即满足整个社会不同群体的物质生理需求。

> 然则从人之欲，则势不能容，物不能赡也。故先王案为之制礼义以分之，使有贵贱之等，长幼之差，知愚、能不能之分，皆使人载其事，而各得其宜。（《荀子·荣辱》）

荀子认识到人的欲望的无限性与有限的社会物质财富之间的矛盾，他试图通过礼来确定社会成员之间的等级关系，并且为不同等级的社会成员提供相应的物质分配，从而避免弱肉强食的结果。弱肉强食的丛林法则会使弱者无法生存，也会使强者孤立，最终强者也没法生存，所以荀子强调通过礼的分别功能，调节社会成员之间的物质分配，从而保障社会全体成员都能够在一定程度上满足各自的需要，实现整体的生存。所以，荀子除了强调"礼别异"以外，也强调礼的最终目的其实是通过分别，来满足社会全体成员的相应的物质与生理需求，所以他又说"礼者养也"，礼可以"以养人之欲，给人之求"（《荀子·礼论》）。

二　礼的起源

荀子对于礼的起源的看法，其实就是源于上述对人性的现实主义考虑，以及对礼的社会功能的认识。荀子对礼的起源所作的假设，其实就融合了上述几种因素。

> 礼起于何也？曰：人生而有欲；欲而不得，则不能无求；求而无度量分界，则不能不争。争则乱，乱则穷。先王恶其乱也，故制礼义以分之，以养人之欲，给人之求，使欲必不穷乎物，物必不屈于欲，两者相持而长，是礼之所起也。（《荀子·礼论》）

在《荀子·礼论》中，荀子从人的欲望展开其论述。荀子认为，从自然性上说，欲望是人与生俱来的东西，而且欲望必有其对象，欲望的本性又具有难以满足的无限性。在这种情况下，如果不给个体欲望设置一个合理的限度，那么一定会导致彼此的争夺，从而产生混乱，由此带来人类全体的危机。正因为如此，古代圣王才制定出礼（义），用它作为区分、分配的原则，以相对满足群体成员的相应的生理欲望、物质需求，使得群体成员的需求和外在的需求对象之间能够维持一种平衡，这就是礼产生的根源。也就是说，荀子现实地看到，人类群体的无限制的物质生理欲求和有限的物质财富之间的矛盾，这种矛盾如果没有一种合理的解决办法，必然会带来群体的矛盾，影响群体的存在。荀子敏锐地揭示出，礼的本质就是要解决这样一种矛盾。这是从社会分配角度对礼的起源所做的一种功能主义的解释。在《荀子·富国》篇中，荀子对这种基本矛盾有更深刻的论述：

> 万物同宇而异体，无宜而有用为人，数也。人伦并处，同求而异道，同欲而异知，生也。皆有可也，知愚同；所可异也，知愚分。势同而知异，行私而无祸，纵欲而不穷，则民心奋而不可说也。如是，则知者未得治也；知者未得治，则功名未成也；功名未成，则群众未县也；群众未县，则君臣未立也。无君以制臣，无上以制下，天下害生纵欲。欲恶同物，欲多而物寡，寡则必争矣。故百技所成，所以养一人也。能不能兼技，人不能兼官。离居不相待则穷，群居而无分则争；穷者患也，争者祸也，救患除祸，则莫若明分使群矣。强胁弱也，知惧愚也，民下违上，少陵长，不以德为政：如是，则老弱有失养之忧，而壮者有分争之祸矣。事业所恶也，功利所好也，职业无分：如是，则人有树事之患，而有争功之祸矣。男女之合，夫妇之分，婚姻娉内，送逆无礼：如是，则人有失合之忧，而有争色之祸矣。故知者为之分也。

荀子肯定自然界的万物虽然不是为人而存在，但是却会被人所利用，这是客观规律。人类作为一个共同体，虽然有相同的需求，但是追求实现自我需求的方法却不同，个体的智力也有差别，这又是人性的天然事实。如果人们在群体中的地位都绝对平等，其智力又存在差别，并且各自追求自己的私利又不会受惩罚，放纵自己的欲望又不会受到限制，那么人心就会难以被说服或约束。这样的话，即使聪明人也没法去治理社会，从而也不会获得功业名声，那么，也就没法在人群中形成等级，没有等级也就不会有统治者和被统治者，也就不会有秩序产生。没有秩序，人们就会放纵自己的欲望。相对于无限的欲望而言，作为欲望对象的外物又相对不足，由此必然造成争夺，导致群体破裂。而人又是群居动物，人的生存需要又是多方面的，只有结合成为一个群体，凭借相互的分工、协作，个体的生存需求才能得到满足，个体才能够生存。因此，离开了群体，个体就没法生存。不过，人类在结合成群体时，如果成员之间没有等级的分别，又会导致争斗。因此，为了能够生存下去，人一方面要结合成群体，另一方面需要对群体成员进行等级区分，只有这样才能维持群体的统一。荀子进一步指出，如果不对人群进行合理的等级区分，可能导致丛林法则，那么社会的老者、弱者很可能在生存竞争中处于不利地位，甚至无法生存，而强者、壮者之间也会产生争夺，带来灾难。具体表现为，人们都不愿承担社会事务，却都想追求功利。在两性方面，没有礼节的限制，人们也会为了获得配偶而争夺，从而产生祸患。因此，有聪明人出来，为社会制定等级名分、确立职业分配的原则，从而使整个社会能够和谐共存，即"群居合一"。

荀子在这里实际上为社会的起源提供了一种理论的解释，这种解释与仅仅借助人类无限的生理欲望与有限的物质财富之间的矛盾来解释社会的必要性不同，它甚至追溯至人类前社会的状态，由此来论证人类为什么需要社会，以及为什么需要在社会内部形成一定的等级差别。当然，这也可以说明礼的起源问题，在同一篇文章中，荀子就说："礼者，贵贱有等，长幼有差，贫富轻重皆有称者也。"（《荀子·富国》）礼就是为了解决这些社会矛盾而制定，它肯定人必须有贵贱、长幼的等级区分，并且认为这种区分也必须与物质财富的分配相结合。

不过，荀子在这样对礼的起源进行追溯时，自然会引出一个问题，即这种社会的等级名分，最初由谁来确定。从荀子这里的说法来看，他应该是认为可以由"知者"来确定。那么，如果这样的话，什么样的人算是"知者"呢？按照性恶的理论，"知者"在本性上也倾向于追求自身欲望的无限满足，他又如何肯违背这种自私自利的自然倾向，从而为群体制定一种符合公义的、利他的等级分配原则呢？这种公义的原则，即等级划分所依据的"义"，是否是一种善？答案当然是肯定的。那么，这种善又是如何被其他群体成员认识并接纳的呢？"知者"之外的其他成员，又是如何克服"恶性"而去遵守这种善的社会名分的规定的呢？同样的问题，也存在于对礼的起源的追问上。对于这些问题，荀子似乎没有给出明确的解答。不过也许我们可以推论，在荀子那里，人似乎都有一种趋利避害的本能。荀子说："好荣恶辱，好利恶害，是君子小人之所同也。"（《荀子·荣辱》）与此相适应，人也应该都有一种权衡利害的理性能力，这些能力被荀子赋予"心"。"情然而心为之择，谓之虑。心虑而能为之动，谓之伪。虑积焉，能习焉，而后成，谓之伪。"（《荀子·正名》）按照荀子的说法，人的情与性一样，都是"天之就"，是先天具有，而非人为。在情感发动之后，人理性的思虑会为其选择方向，这是人与动物的一个重要区别。言外之意，动物其实除了遵守本能活动之外，没有自由选择的能力。对于人而言，在先天本能之外，身体官能却能够按照思虑选择的方向进行活动。这种活动就属于人为的后天的东西。至于理性思虑的反复积累，身体官能的不断练习，以及由此所塑造的身心能力，同样属于人为。可以看出，在荀子那里，具有思虑、选择、学习能力的心是人从"自然"转向"人为"的枢纽。荀子在《荀子·解蔽》中也说："欲不待可得，所受乎天也。求者从所可，所受乎心也。天性有欲，心为之制节。""所受乎天之一欲，制于所受乎心之多，固难类所受乎天也。"荀子在这里将天生的、欲望和人心作对照，认为人心可以制约欲望的表达。即，来自天赋的单纯的欲望，被那些出于内心的众多的思考所制约，结果当然很难再类似于来自天赋的本性了。这样看来，除了人天生的倾向于无限扩张从而产生恶的结果的性、情、欲以外，人身上仍存在向善的根据。在《荀子·性恶》中，荀子给出了人身上这种向善的根据：

> 涂之人可以为禹，曷谓也？曰：凡禹之所以为禹者，以其为仁义法正也。然则仁义法正，有可知可能之理。然而涂之人也，皆有可以知仁义法正之质，皆有可以能仁义法正之具，然则其可以为禹明矣。……今使涂之人，伏术为学，专心一志，思索孰察，加日县久，积善而不息，则通于神明，参于天地矣。

尽管人性是恶的，但并不表示人身上没有向善的能力，这种向善的能力是人人可以成圣的主体条件，即"皆有可以知仁义法正之质，皆有可以能仁义法正之具"。"仁义法正"等道德原则、社会规范是后天人为的东西，这种可以了解、实践这些原则规范的理性能力、身体官能，按照荀子的说法，尽管具有先天的成分，但主要依赖后天的学习、积累、锻炼，这些构成了人向善的主体条件。从这一意义上说，也许李泽厚的历史积淀说对于解释人不同于动物的这种身心能力就具有某种合理性。荀子在追溯社会起源以及礼的起源时所假定的理性能力，就是这样一种可以权衡利害并做出选择的能力，这种能力在实践中，可以不断得到锻炼、提高，从而选择符合道德原则、社会规范的东西。这与其性恶的说法并不构成矛盾。因为，尽管人性先天是恶的，但是人由于具有趋利避害的本性，并且具有权衡利害，做出有利于群体（包括个人）整体和长远利益的选择，并将这种选择实现出来的能力，所以人最终仍然可以"化性起伪"，去选择、实践善。另外，荀子提出的性恶理论，一方面实际上是针对孟子性善的说法，另一方面则主要是为了说明礼存在的必要性。在《荀子·性恶》之外，荀子并没有使用过"性恶"的说法，而是使用"本始材朴"（《荀子·礼论》）、"生之所以然者谓之性"（《荀子·正名》）等说法，因此民国学者刘念亲以及已故的现代学者周炽成都坚持荀子是"性朴论"者而不是"性恶论"者。荀子无意否定人有向善的能力，否则"化性起伪"就成为不可能。所以，我们在探讨荀子对礼的起源的看法时，不能忽视荀子所描述的人的这种可以不断学习、变化的理性选择和实践能力。

三　圣王"起礼义"与"性恶"

荀子的以上看法主要是从社会起源及社会存在的必要性方面来论证礼的起源，在更直接的意义上，荀子认为礼是起源于圣人（王）。

> 故圣人化性而起伪，伪起而生礼义，礼义生而制法度；然则礼义法度者，是圣人之所生也。故圣人之所以同于众，其不异于众者，性也；所以异而过众者，伪也。（《荀子·性恶》）
>
> 古者圣王以人之性恶，以为偏险而不正、悖乱而不治，是以为之起礼义、制法度，以矫饰人之情性而正之，以扰化人之情性而导之也。使皆出于治、合于道者也。（《荀子·性恶》）

在《荀子·性恶》中，荀子认为社会礼义、制度的主要功能是"化性起伪"，即限制人的生理情欲向恶的方向发展，从而引导人们按照道德原则、社会规范去活动。而这些礼义、制度的创制者，荀子将其归功于圣王。荀子关于圣王创制礼义的论述散见于各篇，并不限于《荀子·性恶》。不过，在《荀子·性恶》中，荀子关于圣王创制礼义的看法，却有可能与其性恶论构成内在的矛盾，从而遭到质疑：既然人性均是恶的，圣王也是人，圣人也天生性恶，他又是如何能够创造出被认为是善的礼义的呢？

我想这并不构成对荀子圣王创制礼义的根本怀疑。荀子认为，在成圣的方法方面，"圣可积而致"（《荀子·性恶》），也就是说，圣人是普通人通过学习、积累而可以达到的。荀子特别重视"积"的作用：

> 涂之人百姓，积善而全尽，谓之圣人。彼求之而后得，为之而后成，积之而后高，尽之而后圣。故圣人也者，人之所积也。人积耨耕而为农夫，积斫削而为工匠，积反（同贩）货而为商贾，积礼义而为君子。（《荀子·儒效》）

> 故有师法者，人之大宝也；无师法者，人之大殃也。人无师法，则隆性矣；有师法，则隆积矣。而师法者，所得乎积，非所受乎性。性不足以独立而治。性也者，吾所不能为也，然而可化也。积也者，非吾所有也，然而可为也。注错习俗，所以化性也；并一而不二，所以成积也。习俗移志，安久移质。并一而不二，则通于神明，参于天地矣。（《荀子·劝学》）

既然人性中不具备善的因子，那么善只能通过环境的熏陶以及主观的不断学习积累才能获得。只有经过这样一个持久的过程，人们最终才能改变恶性，做出符合社会道德规范要求的行为。圣人也并非天生，圣人也是由普通人经过持久的学习、积累所达到。当然学习积累的主要内容就是"礼义"。此外，圣人所以能够创制礼义、制度，也主要是来自他们对于前代礼制、风俗的思考、学习、积累。"圣人积思虑，习伪故，以生礼义而起法度，然则礼义法度者，是生于圣人之伪，非故生于人之性也。"（《荀子·性恶》）荀子明白指出，"礼义法度"这些东西并非来自圣人的本性，因此我们对于同样是性恶的圣王如何创制礼义的质疑实际上是无的放矢。同时，通过荀子上述关于"积"的理论，我们还应该认识到，荀子所谓圣王创制礼义，并不是指圣王无中生有，一切从零开始，创制出一套礼义，而是指圣王生活在一个历史传统中，他通过对前代的风俗习惯、礼义制度的理性思索、学习积累，并在继承前代风俗习惯、礼仪制度基础上，才创制出适应时代需要的礼仪制度。在这一过程中，历史文化传统以及圣王对这一传统的继承和发展才是礼义法度的来源，礼义法度并不来自圣人的人性。

与此相应，荀子只要肯定人具备一种对利害的理性权衡能力，可以进行自由选择就可以了。荀子所说的这种理性的选择能力并不能保证人总是选择符合社会要求的东西，所以荀子特别强调人又要有"虚壹而静"的治心工夫，从而确保主体理性的清明。不仅如此，荀子认为，为了确保做出对社会有利的正确选择，人还要确立一个正确的选择标准，这就是荀子所说的心要"知道"。道才是最高的真理和价值标准，即"古今之正权"（《荀子·解蔽》）。当然，道的具体内容是什么呢？在荀子那里，主要就是指礼义和道德。"道也者，何也？礼义、辞让、忠信是也。"（《荀子·强国》）

也就是说，即使我们追问荀子，最早的圣王，在没有传统可以继承、学习的情况下，他如何创制礼义？荀子仍然可以回答我们说，圣王可以凭借能够权衡利害的理性，制定出符合自身及群体长远利益的礼义，让群体成员去遵守。这种理性的选择能力，以及人实践其选择的能力，更多源于后天的学习、积累，因此与其性恶的理论并不矛盾。这种能力不仅是历代圣王创制礼义的主体条件，也是普通人可以实现"化性起伪"的主体根据，这也应该是人作为一种社会性动物与禽兽的根本分别之一。

退一步说，荀子提出礼的社会起源说与圣王创制礼义说，并不是为了探寻礼的历史起源，荀子只是藉此说明礼的社会意义、必要性，以及礼的权威来源。对荀子而言，只要认识到礼具有确立社会名分、调节物质分配、化解社会矛盾、维持社会和谐的功能就够了，他无意探究礼的最初起源。至于进一步追问，礼究竟是怎么来的？荀子也坦言，关于各种礼，其实他也不知道是从什么地方来的："凡礼，事生，饰欢也；送死，饰哀也；祭祀，饰敬也；师旅，饰威也。是百王之所同、古今之所一也，未有知其所由来者也。"（《荀子·礼论》）

四　总结

　　荀子是一位经验主义者，他对探究内在的道德本源没有兴趣，所以他对之前子思、孟子的那套心性论提出严厉的批评，认为其"幽隐而无说，闭约而无解"（《荀子·非十二子》）。他更关心的是如何在当时社会混乱、人性几近泯灭的黑暗时代，重建社会秩序，也就是如何使人类"群居合一"。在他看来，社会之所以发生争斗、祸乱，根本就在于社会等级名分的解体，他试图通过对于礼的提倡来重建社会秩序，因此他关心的是如何"明分使群"的问题。他提倡性恶论，这种看法一方面是来自他对于当时现实人性的观察，另一方面可以说是其礼论的人性起点。他并不是一贯地主张性恶，只有在反对孟子的性善论，以及论证礼的必要性时，他才特别强调这一点。在他看来，礼的目的是要改变人性的这种令人沮丧的状态，从而"化性起伪"，使人向善。礼的功能在于为社会确立等级名分的标准，并以此调节人们无限的生理欲望与有限的物质财富之间的矛盾，从而满足社会成员各自相应的物质欲求，维持社会的秩序、稳定。因此，实际上，荀子对礼的起源的说明，主要是一种功能主义的解释，而不是一种真正的历史主义的说明。

　　另外，就礼的直接来源说，荀子认为礼起于圣王。但荀子并没有说礼来自圣王的人性，而是指出礼来自圣王"积思虑，习伪故"，即来自圣王对他之前传统的风俗习惯、礼仪制度的思考、积累。荀子肯定性恶，并不表示他否定人类向善的可能，他把人的道德的可能性放在人心上，认为人心才是"化性起伪"的关键。当然，这种心的能力，根据荀子的看法，似乎主要是人后天学习的结果。人心具有理性的选择能力，通过"虚壹而静"的治心工夫，就会在面临道德抉择时做出正确的选择，选择符合道德原理、社会规范的东西（礼是其主要内容），并通过不断的学习、积累，反复的实践，最后达到"积善全尽"，成为圣人。关于这一过程，美国汉学家倪德卫（David Nivison）曾经总结说：

　　　　荀子对人类道德指导给出一个不同的叙述，不把它定位于他称为刺激性地称之为"恶"的内在人性中，而是定位在我们的智性选择的能力中。①

我们也有一种思想和选择最优的进程与行动的能力。这种理智、有目的的行动的能力，他称之为伪。②

我们伪的能力使我们能够明白这一点，明白规矩和角色是必需的，并且需要确定之。圣人就是确定者。权威的来源纯粹是被安排的：圣为王，他们使规则和角色成为法律。③

再者，如果一定要为礼追溯一种人类精神的起源，寻找一个逻辑起点的话，根据荀子的理论，我们认为人类的理性"思虑"能力，应该是礼义产生的基础。最初的"知者"会出于个人与群体整体、长远利益的考虑，去制定有利于社会整体存在的等级名分、道德规范，让大家去遵守，这构成了礼的最初起源。而其他社会成员，也会出于利害的考虑，为了自身的利益，去服从这种规定。当然，这只是我们根据荀子的理论体系所做的一种合乎逻辑的推理，并不一定是荀子本人所关心的问题。事实上，人类早期的风俗制度，大多数来自巫术仪式或宗教礼仪，荀子其实也知道这一点，只不过，他站在极端理性主义、现实主义的立场之上，更加重视礼的调节社会分配的功能，而不愿意从巫术、宗教的角度来说明礼的来源。正如他自己所说的，对礼而言，"君子以为文，而百姓以为神"（《荀子·天论》）。

（责任编辑：李承律）

---

① 倪德卫：《儒家之道》，周炽成译，江苏人民出版社、凤凰出版传媒集团，2006，第105页。
② 倪德卫：《儒家之道》，第57页。
③ 倪德卫：《儒家之道》，第57页。

荀子论"群"*

[摘　要] 面对周文疲敝，荀子反对在人文世界之外建立任何形而上的价值
超越实体，而主张将思考重心转移到社会理想之如何落实的问题
上，即以"群"作为其社会秩序建构的依据，企求重建人文世界
存在的理论依据，以"群"为立足点来分析"人"的价值，界定
人禽之别，构建礼义之统。此为荀子对儒家实践哲学的一种推进。

[关键词] 群　秩序建构　明分使群　理论预设

一　引言

先秦时代，面对周文疲敝，秩序失范，如何恢复和重建社会秩序是当
时诸子思考的主要课题。但是针对如何建立秩序，建立何种秩序，思想家
的观点产生分歧。孔子仁礼合一，内圣、外王兼济，但孔子思想中潜含着
向多元引申的可能性。孔子之后，在儒家内部有两种模式：一种以孟子为
代表，以人性论作为价值根源，将"仁心"作为道德形上学与价值之源来
建构其社会秩序，即内圣—外王的模式。此论调虽出自《庄子·天下》
"是故内圣外王之道，暗而不明，郁而不发，天下之人，各为其所欲焉，

　＊［基金项目］河北省社会科学发展研究课题"荀子'社会正义'思想的现代价值研究"
（201703010105）；河北省高等学校人文社会科学研究重点项目"秩序与方法：荀子'统类'
哲学研究"（SD181088）。

＊＊［作者简介］张少恩，河北工程大学文法学院副教授；龚红旗，河北工程大学文法学院副
教授。

以自为方"，但如果用来形容孟子的秩序建构模式甚为精当。在孟子看来，人作为"人之为人"的本质规定性即四端之善，此内在之善端不论是对个人，还是对政治社会，都具有"绝对理性"的本体性。君子经由"仁心"以行"仁政"，实现儒家"修己以安人，修己以安百姓"的政治理想。仁政的实现是所有个体生命的终极意义之所在，政治社会既然为人而存在，并为人而服务，那么它也就必须以帮助人实现其本质为目的，以人本质的内容作为最高的指导原则。这样，孟子就自然地赋予仁政以远大的道德理想主义使命。

另一种为"社会哲学→秩序建构"的曲线模式，即荀子礼义之统的秩序建构摆脱了以价值根源作为政治哲学建构依据。荀子走出孟子的道德形上学的模式，提出"纯粹客观精神"的特殊进路。荀子一方面提出"天人分途"，认为"天"不具有价值优先的超越意义，将世界性质还原为自然性质，主张回到人类主体本身来思考价值的积累与秩序的建构；另一方面，荀子也反对在人内在本性上挖掘礼义之统的根源，反对孟子的以内圣开外王的模式；同时荀子也不认为礼义以性恶为基础。当前学界存在一种理论认为幽暗意识可以带来民主政治，认为西方的原罪是民主的重要推动力，因此应当重视挖掘荀子的性恶论。[①] 其实人性的幽险与秩序建构是两个问题，法家的尊君与基督教的救赎皆与性恶有关，因此，性恶论与民主制度建设不存在必然的逻辑关系。其实在荀子，性的地位并不重要，人性恶并不意味着会产生礼义秩序，而且荀子强调如果任"性"发展只会导致偏险悖乱。行文至此，那么，解构掉"天"与"性"价值优先，则荀子的社会秩序如何建构？其建立社会秩序的依据是什么？

二 "群"的概念解析

荀子以"群"作为其社会秩序建构的依据，即荀子的礼义之统的建构预设了"群"的族类存在性。"群道当，则万物皆得其宜，六畜皆得其长，群生皆得其命。"（《荀子·王制》）荀子"群"概念作为建构礼义之统的理论

---

① 张灏：《幽暗意识与民主传统》，新星出版社，2010。

依据，从"应然"角度出发，内嵌着的秩序认知与价值导向，主要体现在
"义""辨""分""和"等原则之中。

> 水火有气而无生，草木有生而无知，禽兽有知而无义，人有气、有
> 生、有知，亦且有义，故最为天下贵也。力不若牛，走不若马，而牛马
> 为用，何也？曰：人能群，彼不能群也。人何以能群？曰：分。分何以
> 能行？曰：义。故义以分则和，和则一，一则多力，多力则强，强则
> 胜物，故宫室可得而居也。故序四时，裁万物，兼利天下，无他故
> 焉，得之分义也。（《荀子·王制》）

其中"义"与"分"是"群"的存在条件，因为"群而无分"必至于
"乱"和"离"，"和"是"群"的性质体现，意味着和谐、契合而无冲突的
融洽状态。在某种程度上说，"群"体现了社会秩序为什么是必要的和可能
的。而这种可能性主要与"分"有关。因此，突出"分"的合理性是荀子
社会哲学的创见。徐复观曾经称赞荀子的"分"：

> "分"是按着一种标准将各种人与事加以分类；于是因"分"而有
> "类"，"类"是"分"的结果；故荀子常称"知类""度类""统类"。
> 分类之后，各以类相"统"，故又称"统类"。①

此"分"是礼义之统建构的基础，分的内涵包括天人之分，明分使群，
社会分工，角色本分，而这种不同的区分正是构成秩序的建构需要，将人群
根据一定的理路，根据某种标准进行划分，人在自己的角色内部，各得其
位，个体以分位在社会中找到自己的角色。"各得其遇"，群之中的"分"
突出人我各异但并行不悖，也正是这种不同构成合作的融洽。当然对于
"分"也要有全面的理解，通过"分"的不同而最终达到"和一"的群居，
此分即秩序，即礼，稳定的秩序建构必须人人各安其分。荀子的"群分"思
想其实在延续孔子的"君君臣臣"的正名思想，这样在"分"的基础上，
是社会群体的每个个体予以分别，在各自的"分位"上各尽自己的本分，形
成清晰的社会分工，合理的伦理关系和有序的社会秩序。社会资源合理分

---

① 徐复观：《荀子政治思想的解析》，载氏著《学术与政治之间》，台湾学生书局，1985，第207页。

配，因为"分均则不偏"。荀子"分"的重要性还在于承认人的欲望的合理性，而欲望本身是自然属性，没有价值判断，需要进行疏导，而此养欲的过程即礼制秩序的建构。

从学术范畴来讲，"群"的概念与现在的社会学较为接近，但还是有区别的，其内涵与外延比社会学要宽泛。当年严复在翻译时使用了"群学"一词，并且指出社会学属于"有法之群也"。"'群学'者何？荀卿子有言：'人之所以异于禽兽者，以其能群也。'""凡民之相生相养，易事通功，推以至于兵刑礼乐之事，皆自能群之性以生。"① 其实，严复的翻译与诠释还是更接近其英文本义，荀子的"群"并不是现代严格意义上的社会学，而是儒学关于社会学的基本原理，毋宁说是一种社会哲学。

从主体性方面分析，荀子所认为的"群"的主体是什么？即"何为群"。荀子以人进入到世界之中，在人与人、人与世界的互为涵摄，相持而长、相长而起的共存关系中来建构社会的秩序共同体。② 这种共存既非"公而无私"的集体主义，亦非原子个体的个人主义，而是有义、辨、和、分的"群"体。如果从个体与群的关系上来说，群不是个体的累积，使得群能够有机构成的，关键在于个体与个体之间的有机互动，即人与群是互相依存的观念，人可证群，群可证人，"人生不能无群"就在于个体不能抽离整体，就个体而言，人不能离群独居，或者不与他人发生互动而遗然独立，这样"群"成为人类生存的共同社会性需求。

根据储昭华先生总结，"群"的主体有如下四点。其一，指的是人所具有的能结成群体的群体性或社会性，这一语境上"群"则是社会意义上的"群"。其二，指的是群体。其三，意指数量之多。其四，作为动词"聚集"

---

① "群"与社会学中概念有其相通之处，所以严复有意将西方早期社会学译为群学，严复是根据荀子的思想将斯宾塞的思想译为："大阐人伦之事，帜其学曰群学。""'群学'者何？荀卿子有言：'人之所以异于禽兽者，以其能群也。'"在《群学肄言》译序中，严复又给群学下定义说："群学何？用科学之律令，察民情之变端，以民既往！测方来也。""今夫士之为学，岂徒弋利禄！钓声誉而已，固将于正德、利用、厚生三者之业有一合焉。群学者，将以明治乱、盛衰之由，而于三者之事操其本。""群学"不完全等同于严格而准确的社会学，但其确实含有社会学的核心之意。（参阅王康主编《社会学史》，人民出版社，1992，第257页）故近代学者用群学来指称社会学。但"群学"一词使用的时间十分短暂，戊戌变法后渐为"社会学"一词所代替。

② 杨长镇：《荀子类的存有论研究》，文津出版社，1996。

"会合"之义。① 储先生从一般意义分析了"群"的含义，笔者认为应该从多个方面予以进一步挖掘。首先，荀子的"群"具有人的族类的主体性，李泽厚称之为"荀子便在中国思想史上最先树立了伟大的人类族类的整体气魄"②。牟宗三曾指出："荀子说人，自始即为位于'分位等级'中之客观存在体，亦即位于客观理性中之存在体。从未孤离其所牵连之群与夫其所依以立之礼（理），而空投自其个之为个之自足无待而言人也。"③ 荀子的"群"即人的族类之整体，此族类的整体有着共同价值追求，由个体人所组成的有序的群体社会，是在人的礼义化的基础之上人们彼此所结成的一种社会联系，并非简单的人与人的机械组合。

根据牟先生的解读，荀子从未将个体抽离"分位等级"，人类族群是作为具体的内部有联系的群体，抛开内在的有机关系，"群"也会荡然无存。当然牟先生将荀子的"分位等级"理解为宗法社会的关系结合体并不确切，荀子的"群"是超越于当时的血缘连接的。孔子、孟子的实践哲学基于宗法社会的生活状况，而荀子时代宗法制度趋向解体，新的社会阶层迅速崛起，因此荀子的"群"即从当时的社会生存状况出发来思考秩序的建构。

荀子的"群"虽然是人类族群的结合体，并提出"天人之分"，解构了天的价值根源，但此族类并非超越于天地之间的存在物，而是在天地宇宙中的人类族群共同体。借鉴共同体的概念，荀子在分析礼的"三本"时即体现出共同体精神：如"天地者，生之始也"即包含族群的宇宙共同体，"先祖者，类之本也"即包含血缘和超越血缘的人类生存共同体，"君师者，治之本也"即族群的政治、社会共同体。

三　秩序建构的理论预设

从理论的预设方面分析。假设一个正义而有秩序的人间社会是可能实现的，哲学家可以对社会起源作理论的预设，即在建构社会秩序体系时，从人

① 储昭华：《明分之道——从荀子看儒家文化与民主政道融通的可能性》，商务印书馆，2005，第186页。
② 李泽厚：《中国古代思想史论》，三联书店，2008，第117页。
③ 牟宗三：《名家与荀子》，（台湾）联经出版公司，2003，第181页。

类学或者社会学中宁愿给出初始状态的理论假设，这种理论预设和模拟了社会与国家产生的理论环境，提供了作为社会的秩序与发展的一种理论解释。[①]这种人类初始状态的理论预设，林宏星教授称之为"阐释的艺术"，通过这种阐释与描述勾勒出有关秩序起源的"建构的真实"。[②] 而荀子"群"可以作为一种秩序建立中初始状态的预设。

一般情况下，此理论预设必须满足一些相关的条件。首先，初始状态必需的预设与真实生活具有可过渡性与可行性，尤其在内在的逻辑方面必须具有一致性。其次，初始状态的预设必须包含最坏的可能性，比如欲求争乱等情况的发生。再次，初始状态中尚未出现共同遵守的规则，群体中的每个个体都是最大化的自由选择，而且属于前道德的范畴，这是分析人与他人最彻底的理论环境，所有制度与规则都在人与人的相互制约中产生。

如果以这种初始状态的理论预设为参照来分析理论阐释艺术的可行性与真实性。首先是霍布斯"自然状态"的预设，霍布斯预设在社会秩序制度形成之前的"自然状态"中每个个体为原子个人，趋利避害，并认为此特性来源于人天生的自我保全的自然事实，人人都将对方想象成竞争的对象，而当人类个体无法忍受这种相互的对峙局面时，开始订立社会契约，通过建立社会、国家的秩序来保证人们的安全与合作。霍布斯的"自然状态"的理论预设在政治哲学中影响很大，但是存在的问题是有些简单化，不符合人性的真实情况，缺少人类情感，而且从"自然状态"推出社会契约理论存在一种机械论的倾向。[③]

罗尔斯也提出"无知之幕"的预设，"无知之幕"作为预设的理论独具匠心，根据纯属想象的环境，完全遮蔽了个体的利益、身份、地位等情况，人类在完全不知对方的情况下，为了规避风险而选择与他人客观公正地制定规则，从而实现公平与正义，"无知之幕"的预设是政治哲学中经常被考虑的因素。但这种预设在经济领域较为适用，如果用于政治社会生活中规则的

---

① 赵汀阳：《坏世界研究：作为第一哲学的政治哲学》，中国人民大学出版社，2013。
② 林宏星：《秩序与客观化——荀子之"礼"论》，载氏著《合理性之寻求：荀子思想研究论集》，台湾大学出版中心，2011，第 302 页。
③ 蒋年丰：《荀子与霍布斯的公道世界之形成》，载氏著《文本与实践——儒家思想的当代诠释》，桂冠出版社，2000。

制定，也会容易鞭长莫及，社会领域中信仰层次的人类的复杂性超过人们的假设。

第三个理论预设是艾克斯罗德于 1980 年关于人类社会秩序的计算机实验预设。艾氏选择 60 多个模拟参赛样本，根据预设规则，双方合作得 3 分，双方背叛各得 1 分，一方背叛、一方合作，则合作得 0 分而背叛得 5 分。经过 12 万个回合的实验，最后统计分数。艾氏得出结果证明善良、合作和公正品质的人会胜出，即好心有好报。客观评论艾氏的计算机实验虽然在理论预设上符合道德追求的价值判断，接近理论世界的应然推断，但在真实世界中并不通用，不具有可渡性。

在先秦诸子中，从社会哲学角度提出理论预设的还有墨子的关于人类初始状态的假设：

> 古者民始生，未有刑政之时，盖其语，人异义。是以一人则一义，二人则二义，十人则十义。其人兹众，其所谓义者亦兹众。是以人是其义，以非人之义，故交相非也。是以内者父子兄弟作怨恶离散，不能相和合；天下之百姓，皆以水火毒药相亏害。至有余力，不能以相劳；腐朽余财，不以相分；隐匿良道，不以相教。天下之乱。若禽兽然。（《墨子·尚同上》）

墨子感叹"天下之乱"，期待着回到有秩序的社会状态中，其预设的方案是以"天志"为准的"尚同"思想。当然，墨子的预设可能真实、有效，但问题是强行用"尚同"解决纷争，只强调集体主义的合力，忽略个体的真实情感与利益，这种预设易于流于专断与控制，带有一种秩序霸权主义的倾向。后世的专制思想除了受到法家影响的因素外，更有墨氏的遗风。

相比较而言，荀子的"群"作为秩序建构的初始状态预设显得较为合理，此理论预设正视人类社会可能出现的种种问题。"人之生不能无群，群而无分则争，争则乱，乱则穷矣。故无分者，人之大害也；有分者，天下之本利也。"（《荀子·王制》）在荀子的预设中，就"群"之中的个体而言，不能离群独居，或者说不得不与他人发生互动，人人必须与他人进行合作，只有群居合一才能生存。"群"则预设了这种在初始状态中建立规则与秩序的必要性，现实生活中的欲、求、争、乱是基于自然状态中的假设，因为每个人追求利益最大化（荀子承认人的欲、求的合理性，但如果"顺是"无节制则会导致乱世）。人在初始状况中面临着形体、生理、心理等方面的限制，若无他人或群体的配合是无法生存的，由于自我的有限性，人类要想突破生存的困境，建构人文世界，则必须从"群"之中寻求合作的动力。因此，"群"的必要性在于如何使利益最大化的冲突变成合作。

荀子优于霍布斯之处在于，霍氏倾向于人类承受不了冲突的困境，才不得不寻求合作，但荀子认为群的合作并非纷争之后才出现的，而是有合作，有纷争，并且合作与纷争并存，甚至合作先于冲突，"群而无分则争"，其中蕴含着合作造成冲突的原因。赵汀阳指出荀子"群"的预设表示了人类生存的两面性的悖论，人只有在群体合作中才能生存，这样人与人之间的纷争并非如霍氏所论先有冲突才有合作，而是先有群体的合作，在合作的过程中由于群体内部的利益最大化才产生冲突，"群而无分则争"。"群"的原则将共存视为人类的生存条件，共存合作先于纷争，而欲求争乱在合作中产生，这是极其深刻的见识，这也突出"分"的重要性。① 荀子如果没有"群居合一"的社会性假设，则会简化成霍氏的自然状态，霍氏的弊端在于从自然状态中何以会产生社会合作的必然性，因为很多领域虽有冲突但是依然没有形成秩序。而"群"的预设一方面突出了共存的必要条件，另一方面显示了合作会变成纷争的趋向性，如果只有群而无分则会由于欲求的原因而破坏群居和一的关系，超越了霍氏"自然状态"与罗尔斯的"无知之幕"的理论预设。总之，荀子通过"人之生不能无群"的预设，突出了公平正义社会秩序建构的必要性与可能性，对社会国家的起源进行理论的假设是"群"思想为秩序建构提出的解释。

四 "明分使群"架构

要言之，荀子通过"明分使群"来建构天下秩序，企求重建人文世界存在的理论依据。毕竟"人之生不能无群，群而无分则争，争则乱，乱则穷矣。故无分者，人之大害也；有分者，天下之本利也"（《荀子·富国》），

---

① 赵汀阳：《坏世界研究：作为第一哲学的政治哲学》，中国人民大学出版社，2009。

明"分"意味着社会各阶层的制度分工合理。怎样才能做到"明分使群"呢？荀子认为要靠礼义规范。如果从社会的功能来看，社会的存在性即具有规范与秩序。荀子以"明分使群"为切入点致力于建构一个上下和谐、礼仪隆盛的公道世界。

荀子以"群"为基础的"礼义之统"是社会秩序的最高标准，是"道德之极"（《荀子·劝学》），"人伦尽矣"（《荀子·儒效》），"礼义"所要表达的正是一种在"礼"的基础上从事"义"这一道德责任和义务的要求，也是一种对从事"义"这一道德责任和义务必须在礼的基础上进行的规范。如果能够做到"隆礼贵义"，就达到了道德的最高境界。"礼义"作为"道德之极"通过君子来完成人伦秩序的重建，是一个社会的根本："天地者，生之始也；礼义者，治之始也；君子者，礼义之始也。为之，贯之，积重之，致好之者，君子之始也。故天地生君子，君子理天地。君子者，天地之参也，万物之总也，民之父母也。无君子则天地不理，礼义无统，上无君师，下无父子，夫是之谓至乱。君臣、父子、兄弟、夫妇，始则终，终则始，与天地同理，与万世同久，夫是之谓大本。"（《荀子·王制》）由礼义所规范的基本人伦关系与天地同理，与万世同久，是人类社会的大本。

"礼义之统"的架构还包括"法"的涵摄。礼义即有法之群，① 荀子首先突出"礼"对"法"的宰制，使礼本身成为一种统摄法的存在。荀子说："礼者，法之大分，类之纲纪也。"（《荀子·劝学》）韩星曾指出：

> 荀子把礼解释为法的总纲，以及以法类推的各种条例的纲要，其实是把"礼"视为法的基本价值和基本准则。这样，"礼"就相当于国家的根本大法，起着规定各类具体法律、法令的宪法的作用。荀子强调礼与法的一致性，主张礼法并举，德法并用。②

荀子主张礼和刑有它适用的范围，对守法善良之士，以礼相待，而对为恶不肖之士，则主张刑法运用，禁暴制乱。"由士以上则必以礼乐节之，众庶百姓则必以法数制之。"（《荀子·富国》）治国要有所区分，士人以上以

---

① 参见严复《群学肄言》，商务印书馆，1981。
② 韩星：《荀子：以仁为基础的礼义构建》，《黑龙江社会科学》2015 年第 1 期。

礼乐治之，士人以下以法制治之，这显然是周代"礼不下庶人，刑不上大夫"的翻版。"其耕者乐田，其战士安难，其百吏好法，其朝廷隆礼，其卿相调议，是治国已。"（《荀子·富国》）朝廷隆礼，百吏好法，礼法合治，是治国的重要的途径。"至道之大形，隆礼重法则国有常。"（《荀子·君道》）为了强调礼与法的一致性，礼法连用、合礼法为一体，进一步提出了"礼法"的范畴："故学也者，礼法也。"（《荀子·修身》）他举例说："上莫不致爱其下而制之以礼，上之于下，如保赤子。政令制度，所以接下之人百姓，有不理者如豪末，则虽孤独鳏寡必不加焉。故下之亲上欢如父母，可杀而不可使不顺。君臣上下，贵贱长幼，至于庶人，莫不以是为隆正。然后皆内自省以谨于分，是百王之所同也，而礼法之枢要也。然后农分田而耕，贾分货而贩，百工分事而劝，士大夫分职而听，建国诸侯之君分土而守，三公总方而议，则天子共己而止矣。出若入若，天下莫不平均，莫不治辨，是百王之所同而礼法之大分也。"（《荀子·王霸》）可以看出，荀子的礼法包括等级名分和政令制度两部分内容，具有礼与法的双重内涵。礼法既是礼也是法。这样，荀子通过"礼法"概念的创造而使礼在统摄法的同时获得了法的性质和特征。①

概言之，面对先秦时代的周文疲敝，礼崩乐坏，孔子仁礼并进，但仁礼之中，倾向于"摄礼归仁"；孟子通过内转而致力于内在依据的建设，以"本心"作为道德形上学与价值之源来建构其社会秩序，显示了超越性的理想主义精神及强烈的道德主义取向。孔子与孟子受血缘伦理和宗法制的影响，尚未注意到血缘社会趋向解体的过程中，群的重要性已进入社会哲学的领域，而荀子则意识到战国时代血缘宗法制面临解体的现实状况，与血缘伦理联系的"礼"已荡然无存。基于此种现状，荀子"群"思想也可以看作当时社会变迁的一种体现，从"群"的社会哲学层面对礼的起源与发生进行重新解读，此为荀子对儒学的提升与发展。

（责任编辑：李承律）

---

① 韩星：《荀子：以仁为基础的礼义构建》，《黑龙江社会科学》2015年第1期。

从"恭""俭"二字看荀子对周公的评价及其大儒理想

牛嗣修*

[摘　要]《荀子·儒效》篇中的一则对话，表明了荀子和时人对于周公的不同认识和评价。时人对周公的评价仅仅局限于"德"这一狭隘的范畴，而荀子对周公的评价则扩展到"能"的领域，并将二者与"时"结合起来，自此周公才真正成为可为儒者效法的大儒典范。这是具有现实主义品格的荀子对未来理想社会的勾画和对儒学发展的贡献，它反映了荀子更宽广、更全面、更务实、更与时俱进的视野和胸怀。

[关键词]　恭与俭　周公　评价　大儒理想

　　孔子说："久矣，吾不复梦见周公。"（《论语·述而》）孔子的一生，就是在努力地追寻周公之道，试图光大周文化传统，成就文质彬彬的礼乐世界。正如孔子之于周公，荀子也非常推崇周公，视周公为他理想人格的写照。因此《荀子》一书多次提到周公，如《王霸》篇："汤用伊尹，文王用吕尚，成王用周公旦。"《臣道》篇："若周公之于成王也，可谓大忠矣。"《解蔽》篇："召公吕望，仁智且不蔽，故能持周公而名利福禄与周公齐。"《君子》篇："成王之于周公也，无所往而不听，知所贵也。"荀子对于周公的评价，主要从成王与周公的关系着眼。一方面成王处处依仗周公，显示出周公对于新生的周王朝的重要；另一方面周公虽大权在握，但始终对成王忠心耿耿。对于周公的具体描述，在《儒效》篇最为集中。然而在《儒效》

---

　　*　[作者简介]　牛嗣修，临沂大学文学院讲师。

篇中，荀子一方面反复赞颂周公的功绩，但另一方面又与时人对周公的评价不尽相同，这种看似矛盾的态度正是本文要面对和解决的问题。

一　荀子对周公评价的疑义

荀子持守"君子必辩"的意识，认为只有通过"辩"才能宣传自己的正确理论主张，同时批评各家各派错误观念，起到辨别是非和去伪存真的目的。尤其是在面对心仪的周公和孔子遭到蒙蔽和曲解之时，荀子挺身而出，予以澄清。如在其《儒效》篇中，荀子提到了时人对于周公的评价，这种评价是假借于孔子之口道出。"客有道曰：孔子曰：'周公其盛乎！身贵而愈恭，家富而愈俭，胜敌而愈戒。'"在客人说完之后，荀子立即表达了他的观点和态度，他认同的是周公的"身贵"、"家富"以及"胜敌"这些客观情况或事实，但是好像并不认同"愈恭"、"愈俭"以及"愈戒"这些与主体有关的道德品质和情感态度，因此逐一加以反驳，可谓言之凿凿。然而遗憾的是相关的注释类著作并没有注意到这一点，如王天海的《荀子校释》。[①]

在其反驳的三个方面的证据中，第三个证据也即反对"胜敌而愈戒"的事例最为详细，也最容易理解。荀子并不认可"愈戒"二字，他认为，"四海之内，莫不变心易虑，以化顺之；故外阖不闭，跨天下而无蘄"，天下一统，四海升平，没有敌人和对手，怎么谈得上戒呢？戒只能说明是一场局部性的战役，还有对立面的敌人存在，所以要戒。而"天下无蘄""四海化顺"说明已经荡平天下，没有对手存在了，因此不需要戒，更无戒可言。

较难理解的是"身贵而愈恭"。身贵即地位高，周公处于一人之下万人之上的地位，甚至有一段时间代天子之职，制定决策，发号施令。"武王崩，成王幼，周公屏成王而及武王，履天子之籍，负扆而坐，诸侯趋走堂下。"周公践履天子的尊位，背着屏风而坐，各国诸侯驱走在朝廷之下，是"身贵"最好的说明。但是接下来不但没有提到与"愈恭"对应的事例，而且提出质疑，发出反问："当是时也，夫又谁为恭矣哉？"好像很不以周公的情形为"恭"，其实是明显不以周公的情形为"恭"。"愈恭"一般认为是褒

---

①　王天海：《荀子校释》，上海人民出版社，2005，第302～310页。

义，是正面和肯定的评价，荀子怎么能不认同呢？怎样理解？根据有限的资料，我们知道周公在"恭"上是以身作则并且作为对他人的严格要求。如成王封伯禽于鲁，在伯禽将要回到封地鲁国时，周公教育伯禽，"吾闻德行宽裕，守之以恭者荣"（《韩诗外传》卷三）。这里的"恭"是周公举到的六种"谦德"之一，说明周公非常重视"恭"。后世遂有谦、恭二字连用并称"谦恭"一词。《说苑·敬慎》篇同样有周公重视"谦德"的记载，周公从《周易》的《谦》卦中得到启示，"谦，亨，君子有终"。谦恭的具体表现就是周公吐哺，礼贤下士。"一沐三捉发，一饭三吐哺，起以待士，犹恐失天下之贤人。"这种求贤若渴的态度是为了获取人才，治理国家，更好地维护周王朝的利益。在《荀子·尧问》中对周公不依常规对待"士"的目的有直接和明确的描述，"吾语女，我，文王之为子，武王之为弟，成王之为叔父，吾于天下不贱矣；然而吾所执贽而见者十人，还贽而相见者三十人，貌执之士者百有余人，欲言而请毕事者千有余人。于是吾仅得三士焉，以正吾身，以定天下。""以正吾身，以定天下"即是谦恭所要实现和达到的目的。荀子一方面强调"恭"的重要性及其作用，另一方面又不以周公的行为为"恭"，这种矛盾的情形的确让人费解。

最难以理解的是对"家富而愈俭"的论证。如果"俭"是指节俭的话，"家富而愈俭"就是在表明一种生活方式，是对节俭这种生活作风的肯定。但是对此的论证却是，"兼制天下，立七十一国，姬姓独居五十三焉；周之子孙，苟不狂惑者，莫不为天下之显诸侯。"这一句的意思是与分封制有关，但是表面上却看不出与"家富"和"愈俭"的关联。关于分封制，它主要盛行于周初，虽然从武王就已开始了，武王的儿子成王沿袭了这一制度，但是大规模的分封制应该是在周公摄政这几年。周公东征，在平定了叛乱之后，还征服了奄、薄姑等方国和淮泗之间的九夷等广大地区，要继续维持这些地区的统治，在当时交通通信极为不便的情况下，唯一举措是大规模地分封姬姓贵族和异姓贵族为诸侯。周公代成王分封诸侯到各地并要求他们带走一部分殷商贵族，可谓一举两得，不但消除了内忧外患，而且成功地实现"以藩屏周"的战略目的。在《左传·僖公二十四年》中对分封制有详细的说明："昔周公吊二叔之不咸，故封建亲戚以藩屏周。管、蔡、郕、霍、鲁、卫、毛、聃、郜、雍、曹、滕、毕、原、酆、郇，文之昭也。邢、晋、应、

韩，武之穆也。凡、蒋、邢、茅、胙、祭，周公之胤也。"① 分封制体现了极
高的政治智慧和政治谋略，但是这与"家富而愈俭"有什么关联呢？很明
显，在论据中既看不到"家富"，更看不出"愈俭"。论点和论据不一致，
论点无法统率论据，论据也无法支持论点。根据论据，更推不出"孰谓周公
俭哉"的结论。对于善于论证的荀子来说，这样的说理方式简直是不可
思议。

可是退一步说，如果荀子的论证没有问题，是否我们在以下方面的认识
出了问题。一是对于"富"的理解出现了偏差。或许这里的"富"可能并
不仅仅指向具体的财富，而是指富有天下、拥有天下之意。如果是这样，
"兼制天下"，全面统御着天下，以天下为家，难道不是最大的财富吗？一是
对于"俭"的理解过于狭隘，在古代汉语中，"俭"字并没有固定的和唯一
的意义。另外是否在《荀子》记录、编纂、流传或者抄写过程中，出现了纰
漏，把本来不是"俭"这个字而误认为是这个字？如《儒效》篇的开头，
同样也有分封的这段文字，内容基本一致，但结尾却是"而天下不称偏焉"。
这里的"偏"能否等同于"俭"，也未可知。最后，我们是否想当然地认同
了"富"与"俭"的关系？一般认为，富与俭有紧密的关联，富有要么就
节俭要么就不节俭。其实富与俭并没有必然的关联，由一个能推出另一个。
想当然地认为富与俭有密切的关联是不恰当的。

所以怎样正确理解这里的"恭"和"俭"？实际上涉及荀子对于周公评
价和他的政治理想，所以破解这两个字显得非常重要。

二 释"恭""俭"

荀子与来客的分歧，显示出他们对于周公认识的差异，这种分歧和差异
又表现在对于"恭"和"俭"的理解上。

单就字面意义而言，"恭"相对来说要简单一些。《说文解字》解"恭"
为"肃"，从心、共声，最基本最主要的意思就是虔敬谦诚，属于人的行为
表现、态度品质方面。它的意思一直比较稳定，千百年来基本没有什么变

---

① 杨伯峻：《春秋左传注》，中华书局，1981，第 420~423 页。

化。对于"恭"的意义没有什么异议，关键是怎么来理解"恭"在句子中的意义，即荀子为什么不以周公的这种行为为"恭"。

就"俭"来说，除了最基本的节俭、节省之外，还有自我约束和节制、贫乏贫苦、歉收、微薄、谦逊以及与"险"字通假等诸多意义。在这些意义中，贫乏和贫苦与"家富"意义相反，语义矛盾，予以排除。歉收与庄稼收成有关，微薄与物质的数量有关，但都与人的情感、态度无关，因此，也不应考虑。谦逊与上文的"恭"重复，也不可能。关于自我约束与节制之义，家庭富有，而更懂得去合理节制自身的欲望，可以理解。至于与"险"的通假，家室富有容易招致危险，意思也能讲通。但是自我约束、节制和危险与整个句子要表达的分封制，就看不出它们之间的内在关联。那么"俭"能否等同于上文所说的"而天下不称偏焉"的"偏"？"偏"是偏心，与公平相对。周公虽大权独揽，但并不是为所欲为，把天下作为自己的私有财产，任意处置，而是从周王朝的整体利益和长远利益出发，在选任地方诸侯时，都有明确的选拔原则和具体要求。如《左传·定公四年》所言，"昔武王克商，成王定之，选建明德，以藩屏周。故周公相王室，以尹天下。……以法则周公。……以昭周公之明德。"① 所以有"周之子孙，苟不狂惑者，莫不为天下之显诸侯"。"不狂惑"才符合"选建明德"的要求。当然，这里的德并不仅仅是道德之意，而是代指德才兼备。"狂"偏重于德，而"惑"则倾向于才智。实际上，在分封时，虽然主要按照宗亲关系，但是也辅以贡献大小、才能高下等情况，统一封官进爵，然后按爵位大小确定其统治地位，让他们在自己的统治地区建立诸侯国，接受周天子的统治。这种综合考量显得公开、公正、公平，也就没有人认为周公偏心、不公了。因此从整体上来理解，周公虽然统治天下，拥有天下，看起来非常富有，但是并不把天下据为己有，而是为了周王朝的统治需要，大规模地推行分封制。分封制就是分权、放权，把权力大多下放给基于血缘基础上的同姓子弟，同姓子弟根本利益的一致容易促使他们同心同德，有利于周王室中央政权的稳固。这样还有谁说周公偏私不公呢？

以上对于"俭"的这种理解还需要印证，这种印证需要重新检视客人所

---

① 杨伯峻：《春秋左传注》，中华书局，1981，第1536页。

说的话。其实，这里客人是引用了或者转借了孔子的言语。问题是，首先孔子有没有说过这样的话，是在什么情况下说的？其次，既然是孔子的观点，为什么非常尊崇孔子的荀子却以之为非呢？

关于第一个问题，客对周公的这种一般性的认识来自孔子，到底孔子有没有说过？通过检索，我们发现《论语》中有孔子对周公的评价，《论语·泰伯》中孔子说："如有周公之才之美，使骄且吝，其余不足观也已。"这里出现了"骄"和"吝"，自古以来对此句中的"骄且吝"的绝大多数解释倾向于把"骄且吝"归诸"德"，当然是一种"无德"的表现。孔子从"才"这一方面对周公作了正面评价，而对周公的"德"的这一方面的评价却反其语而用之，也就是说，周公不骄亦不吝。不骄就是"恭"，而吝正等同于"俭"。"俭"就是吝惜、不舍得，吝惜不仅是吝惜手中的物质和财富，指向权力也是合适的，不吝惜手中的权力，不是把权力高度集中，而是有分有统，统分结合。分封制符合历史发展的进程，在当时交通通信等条件极不便利的情况下，它既保持了周天子的最高统治地位，使各诸侯国成为中央王室的下属和保护国，又便利了各诸侯国的发展，同时拱卫了王室，保证了王室的强大。因此荀子怎么能认为这是"吝"，是"俭"呢？"俭"和"吝"都是出于一己之私的目的，而不是出于"公"和为了"公"。周公既为周王室的长远利益着想，也为天下生民的利益着想，怎么能说是偏私和偏心呢？所以这里的"吝"和"俭"及"偏"的意思是大体一致，紧密相关。孔子这句话强调的是"德"的优先地位，"德"是"才"的前提和基础，但并不排除对"才"的重视，"德"为"才"的施展保驾护航，"才"的发挥使得"德"不至于落空。孔子为什么重视不骄和不吝等仁德？是因为当时的"礼"已经严重外化、形式化，所以要纳礼入仁，仁礼合一。[①] 在为人上担心"德之不修"，重视个体内心德的培育，在为政上强调"为政以德"，并且理想化地把为政者的德行与具体的施政统一起来。孔子说："政者，正也。子帅以正，孰敢不正？"（《论语·颜渊》）又说："其身正，不令而行，其身不正，虽令不从。"（《论语·子路》）孔子认为，当政者当以身作则，正己方能正人。"苟正其身矣，于从政乎何有？不能正其身，如正人何？"

---

① 颜炳罡：《论孔子的仁礼合一说》，《山东大学学报》（哲学社会科学版）2001 年第 2 期。

（《论语·子路》）另外把在位者的德行作为改造提升社会风俗、风化的重要手段，"君子之德风，小人之德草，草上之风，必偃。"（《论语·颜渊》）

既然孔子说过这样的话，为什么荀子却认为"非孔子之言也"？仔细揣测荀子的看法，原因在于荀子强调"恭""俭"而又不以为仅仅是"恭""俭"。首先，"恭""俭"只是手段，不是目的，其次，"恭""俭"只是体现了一个方面，把周公行为仅仅归结于"恭""俭"是不全面的。周公具有治世之才，是大儒的典型，把周公之行看作"德"，看不到周公之行背后的智慧、才能和谋略，是顾此失彼，缺乏整体观照。而在荀子那个时代，战乱纷争，要想发展和重光儒学，使儒学在"百家争鸣"中取得意识形态的独领风骚地位，仅仅重视内在心性的培养是远远不够的，能力、智慧等才干更是不可或缺，否则就会落入"平时袖手谈心性，临危一死报君王"的腐儒境地。

三 荀子的大儒理想

对周公之行的"恭""俭"评价不仅仅局限于"德"的范畴，而更扩展到"能"的领域，这反映了荀子与时俱进和务实的儒学发展品格。这种评价一方面与儒学在当时的情形相关。可以说，荀子对战国时期的儒生极为不满，认为儒学的发展堪忧，于是祭起了批判的旗帜，这是"破"；另一方面催生了荀子的大儒理想，要在全社会树立起儒生的榜样和标准，给儒学的发展指明一条前进的道路，这是"立"。

荀子的批判横扫六合，他的批判锋芒不仅指向了儒家之外的墨家、道家、法家、名家等诸子百家，更是在儒家内部掀起了一个整肃的风暴。究其原因，自是孔子去世之后，儒家分化，虽有发展，但毕竟各执一说，荀子强烈不满于这种"蔽于一曲而暗于大理"的局面，于是他站在正统儒家的立场上，大力清除儒门内部的各种贱儒、俗儒、陋儒、散儒以及腐儒等儒门异己。尤其是针对思孟学说，批判更是咄咄逼人，毫不留情。荀子在批判他极为不满的那些各种各样的自称为儒家的人物之外，更是树立了他心目中雅儒、大儒的标准和形象，尤其是大儒，成为荀子的人格典范。

荀子认为，最为符合大儒标准的无疑是周公。荀子对大儒的界定离不开内外两个方面的结合，即德行，"德行，内外之称，在心为德，施之为行"①。
"行"就是能力的体现，"行"等同于"能"。"德"是一种人格品行，荀子
提到"德"时，往往将之与"能"联系在一起，德能并提，德能并重，既
显示出了荀子的务实精神，又昭示了荀子的理想追求。的确，有"能"，没
有"德"的把关和保证，"才"容易失去方向而为所欲为。无"能"，徒有
"德"，却又难以成事以致一事无成。所以"德"与"能"紧密联系在一起。
如"论德而定次，量能而授官"（《荀子·君道》）。"论德使能而官施之者，
圣王之道也，儒之所谨守也。"（《荀子·富国》）"赏贤使能以次之，爵服庆
赏以申之。"（《荀子·议兵》）"夫德不称位，能不称官，赏不当功，罚不当
罪，不祥莫大焉。"（《荀子·正论》）这样的例子在《荀子》文本当中太多
了，俯拾皆是。这些例子中，无一例外，"德""能"并举，很有互文见义
的意思。在使用人才时，把"德""能"结合起来而不偏废，显得全面而
辩证。

对大儒的描述最全面的是《儒效》篇，具体而言，对大儒的界定都包括
了内在的"德"和外在的"能"两个方面，如"志安公，行安修，知通统
类，可谓大儒矣"，"其言有类，其行有礼，其举事无悔，其持险、应变曲
当"。这里的"志安公"和"其行有礼"是属于内在的"德"的方面，而
"行安修，知通统类"与"其举事无悔，其持险、应变曲当"都属于"能"
的方面，大儒是这两方面的结合。但是细致考察，可以发现荀子对于大儒
"能""行"的方面似乎更加重视，如"用大儒则百里之地久，而后三年，
天下为一，诸侯为臣，用万乘之国则举措而定，一朝而伯"。"用百里之地，
而千里之国莫能与之争胜；笞棰暴国，齐一天下，而莫能倾也；是大儒之征
也。""大儒者，善调一天下者也，无百里之地，则无所见其功。""用百里
之地，而不能以调一天下，制强暴，则非大儒也。"反复地强调虽在"百里
之地"，如积极作为终至于大有可为，"齐一天下""天下为一"，无一不在
昭示着荀子的大儒理想及自我期许。

重视"行"，"学至于行之而止矣"。"圣人也者，本仁义，当是非，斋
言行，不失毫厘，无他道焉，已乎行之矣。"重视"能"，重视功效，如上

---

① 郑元注、贾公彦疏《周礼注疏》，《十三经注疏》本，上海古籍出版社，1997，第730页。

所述。的确不同于孔子，当然也不同于孟子，这种变化和不同就是荀子对于儒学的发展。世易时移，儒学思想要与时俱进，必须切合现实的要求而作出自身的调整，荀子的时势观体现了其开阔的视野和灵活的态度。这在大儒的身上也有鲜明的体现，"与时迁徙，与世偃仰，千举万变，其道一也；是大儒之稽也"。荀子的时势观也影响到他对周公其他一些行为的评价，如"周公无天下矣。乡有天下，今无天下，非擅也；成王乡无天下，今有天下，非夺也；变势次序之节然也"。在重视功效这一点上，荀子对周公和孔子的评价拉开了距离，虽然荀子也推崇孔子和子弓，但是与周公相比，他们是不得志的大儒，因为他们没有建立如周公一样的功勋，没有实现"四海之内，若一家；通达之属，莫不从服"的功效。但是他们的作用不可或缺，"在本朝则美政""在下位则美俗"，怎么说儒无益于"人之国"呢？也正是来自自身的切身感受，荀子认为，虽然孔子、子弓没有成就巨大的功绩，但这并不是因为他们没有"德"和"能"，只是时势所然，他们没有施展的机会，所以并不妨碍他们作为大儒的代表。

总之，在对周公的评价上，我们可以看出荀子不同于流俗的崭新的评价原则和标准，这种评价原则和标准反映了荀子因循时势的发展眼光和开阔的胸襟，更昭示出他基于对现实的不满而开出的大儒的理想。这是现实主义者的荀子，既踏踏实实、重视人为、反对蹈空，又心存理想、面向未来，为了实现人类的"群居合一"之道而作出不懈的探索。

（责任编辑：李琳）

研究

荀子思想比较

荀子性论等同于告子？

——以朱子诠释为核心的反省

蔡家和[*]

[摘　要]　朱子依其理气论的建构，将告子与荀子的性论思想等同视之。在朱子而言，性不归于理则归于气，不归于形上即归于形下，而告子认性为气，荀子亦然，认为性之所以恶，在于只有生理欲望，若顺势则为恶，因此将两者等同。这里将提出两点异议：（一）告子视仁为内，而荀子视仁为外；（二）朱子认为告子的性中无仁义，而告子却说仁为内，内者，性也，故其仁为性，义才不为性。此朱子有所不准。这篇文章将对朱子笼统之比配来做一反省。

[关键词]　荀子　告子　朱子　性　仁义内在

一　朱子理气论下的比配

《孟子·告子上》前七章主要是孟、告二人对性论不同见解之论辩，而朱子在这七章之中则将告子性论比配了多家，甚至等同视之。如第一章中，视告子近于荀子；第二章中，视告子近于扬雄；[①] 第三章中，视告子近于佛氏的"作用是性"；第六章中，视告子近于胡氏与苏氏。[②] 告子的性论竟同

---

　*　[作者简介]　蔡家和，台湾东海大学哲学系教授，山东大学儒家文明协同创新中心访问学者。

①　朱子诠释告子"性犹湍水"一段，言："告子因前说而小变之，近于扬子善恶混之说。"（朱熹：《四书章句集注》，鹅湖出版社，1984，第325页。）

②　朱子诠释告子"性无善无不善"时，言："此亦生之谓性、食色性也之意，近世苏氏、胡氏之说盖如此。"（朱熹：《四书章句集注》，第321页。）苏氏指苏东坡，胡氏指胡安国、胡宏父子。

时可与如此诸多学派相提并论，这便引起笔者的关注与进一步的探讨。

朱子的说法主要依于理气论的建构而来，其论性，不是归之于理，就是归之于气。在第三章对于告子"生之谓性"的注释，朱子言：

> 告子不知性之为理，而以所谓气者当之，是以杞柳湍水之喻，食色无善无不善之说，纵横缪戾，纷纭舛错，而此章之误乃其本根。①

这里区分了"以理为性"与"以气为性"两者的不同，孟子认性为理，又不反对性之为气，故有两层性义，而告子却只知性之为气之一层，故有所谬误。

朱子因着两层性论，而将性论分为两派：一派是孟子，认性为理；另一派，只知性之为气，且是形下之气，如告子、荀子、扬雄、佛氏、胡氏、②苏氏等人见解。

然佛氏言性是空、荀子言性是恶、③ 扬雄视性为善恶混……，这些人的主张并不同，朱子何以能把他们等视？理由在于朱子的理气论之二分，不归于理者，便归于气，以至把这些孟子以外的性论皆归于气。若以牟宗三先生看来，则孟子以外诸家之性论，乃以材质、生理欲望而言，不是以道德、天理为性。④

又朱子在《告子上·第三章·生之谓性章》处诠释言：

> 生，指人物之所以知觉运动者而言。告子论性，前后四章，语虽不同，然其大指不外乎此，与近世佛氏所谓作用是性者略相似。⑤

亦是说告子论性这几章，言语上或比喻上虽有不同，但内容精神则一

① 朱熹：《四书章句集注》，第326页。
② 胡氏指胡安国、胡宏父子，认为性无善恶。朱子对于胡宏《知言》一书的评价是："《知言》疑义，大端有八；性无善恶，心为已发，仁以用言，心以用尽，不事涵养，先务知识，气象迫狭，语论过高。"（《朱子语类》第101卷"程子门人·胡康侯"。）
③ 亦有视荀子言性不为恶，而为性朴说，如周炽成教授。指性只是生理欲望，尚不为恶，乃顺势而无节，才流为恶。
④ "盖'生之谓性'既是一原则，当然可以到处应用，用于犬把犬之自然之质说出来，用于牛把牛之自然之质说出来，用于人把人之自然之质说出来。"[《牟宗三全集》（第二十二册），（台湾）联经出版公司，2003，第8页]
⑤ 朱熹：《四书章句集注》，第326页。

致，都是归结在"生之谓性"这一点上谈，也是说告子之性乃就生理、知觉、运动而言；这是生物学上的性，不是人之为人的道德性。此一观点可说贯穿朱子见解，所以才会把上述诸家性论等同，其视告子为生之谓性、知觉运动之性，而荀子、扬雄、佛氏等学派亦是生之谓性、以知觉运动为性。

然若进一步探究，这些诸家之性论如何等同视之？这不能不说朱子的做法有其笼统之处。

> 告子曰："性，犹杞柳也；义，犹桮棬也。以人性为仁义，犹以杞柳为桮棬。"孟子曰："子能顺杞柳之性而以为桮棬乎？将戕贼杞柳而后以为桮棬也？如将戕贼杞柳而以为桮棬，则亦将戕贼人以为仁义与？率天下之人而祸仁义者，必子之言夫！"（《孟子·告子上》）

面对告子之说，朱子批注："告子言人性本无仁义，必待矫揉而后成，如荀子性恶之说也。"[1] 朱子把告子人性论等同于荀子的人性论，理由在于，杞柳是浑然天生、天成之植物，桮棬是人工木制化的成品，两者不同，必须要把杞柳之自然物经过后天加工，才能制得桮棬；此如同荀子之说，认为人性天生而有耳目之欲，且思安逸，人待化性起伪，方为圣贤！[2] 此化性起伪正如后天教化，如同后天的加工而使杞柳变为桮棬。荀子、告子都视"义"非本有，而是外力，须待后天的教化而成。因此朱子把荀子与告子的论性观点等同。

二　荀子与告子性论的异同

（一）二人性论的相近处

《告子上·第一章》提到："以人性为仁义，犹以杞柳为桮棬。"若从这个观点看来，告子之说似可与荀子相近，因为杞柳之为桮棬，要待人工矫揉而成，而人性之为仁义，也是后天化性起伪而成。因此两者似可比配或等同。

---

[1] 朱熹：《四书章句集注》，第 325 页。

[2] 《荀子·性恶》："今人之性恶，必将待圣王之治、礼义之化，然后皆出于治、合于善也。用此观之，然则人之性恶明矣，其善者伪也。"

然而，荀子与告子的性论其实还有许多不同之处。如《告子上·第六章》公都子曰："告子曰：'性无善无不善也。'或曰：'性可以为善，可以为不善，是故文武兴则民好善，幽厉兴则民好暴。'"（《孟子·告子上》）告子的主张是性无善、无不善，而荀子的主张，开宗明义是性恶。当然，这只是表面上的概念，一个言恶，一个言无善恶。

那么，荀子的性恶是否可以往无善无不善之处而言？兹举下文来做说明。荀子言：

> 人之性恶，其善者伪也。今人之性，生而有好利焉，顺是，故争夺生而辞让亡焉；生而有疾恶焉，顺是，故残贼生而忠信亡焉；生而有耳目之欲，有好声色焉，顺是，故淫乱生而礼义文理亡焉。然则从人之性，顺人之情，必出于争夺，合于犯分乱理，而归于暴。故必将有师法之化，礼义之道，然后出于辞让，合于文理，而归于治。用此观之，然则人之性恶明矣，其善者伪也。（《荀子·性恶》）

荀子这里虽开宗明义视性为恶，然其言性是指生而好利、生而有耳目声色之欲，① 顺是无节，才流为恶，若未顺是，不走极端，则不为恶。亦是说，人固然有好利、好安逸之食色之性，但还不至于为恶，② 而是放纵、不加节制，才为恶。故荀子的性恶主张不是极端性恶，与法家所主张的不同，荀子的性恶说是有倾向于恶的可能，然其本身可以是中性，未必为恶。若如此，则视荀子性论乃为无善、无不善而近于告子，似乎亦说得通。朱子的说法也还是站得住脚的。

（二）告子视仁为内，荀子视为外

然而，若举《告子上·第四章》内容，则可见出两人之差异：

---

① 唐君毅先生认为，孟子所言之欲，同于荀子所言之性，其曰："又见孟子言'养心莫善于寡欲'之语，即悟孟子之言性，乃即心言性，而非即自然生命之欲以言性。当时即曾作文数千言论孟荀之言性，谓孟荀皆尊心，孟子之所谓'欲'即荀子之所谓'性'云云。"（唐君毅：《中国哲学原论·原性篇》，中国社会科学出版社，2005，第 14 页。）若如唐先生所言，荀子之性近于孟子之欲，孟子亦不以欲定为恶，故荀子之性亦不见得以恶言之。荀子言性还不至于极端性恶，若如法家所言之性，则更为性恶。

② 若以朱子的人心之说，上智不能无人心，且人心为虚灵知觉于形气之私，此尚不为恶。

告子曰："食色，性也。仁，内也，非外也。义，外也，非内也。"
孟子曰："何以谓仁内义外也？"曰："彼长而我长之，非有长于我也。
犹彼白而我白之，从其白于外也，故谓之外也。"（《孟子·告子上》）

告子主张仁是内，① 所谓内在、本有的意思，而义才是外。而荀子主张
于性中无仁义礼智，要待后天而有，要借化性起伪始可，师从外在教化而
有，仁义礼智不是本有。荀子言：

仁，爱也，故亲；义，理也，故行；礼，节也，故成。仁有里，义
有门。仁非其里而处之，非仁也；义非其门而由之，非义也。推恩而不
理，不成仁；遂理而不敢，不成义；审节而不和，不成礼；和而不发，
不成乐。故曰：仁、义、礼、乐，其致一也。君子处仁以义，然后仁
也；行义以礼，然后义也；制礼反本成末，然后礼也。三者皆通，然后
道也。（《荀子·大略》）

推恩而不理，则不仁，理者，义也，故仁待义成，义是外，仁也是外。
可见仁义礼乐，其致一也，这些德目在荀子看来都不是先天本有，而是待后
天教化而成。可见告子视仁为内、本有，② 而在荀子，仁、义、礼、乐等都
是后天，不是本有。这也是荀子与告子二人论性之不同所在。③ 朱子的比配
稍嫌生硬，值得商榷。

---

① 戴震言："一私于身，一及于身之所亲，皆仁之属也，私于身者，仁其身也，及于身之所亲
者，仁其所亲也，心知之发乎自然有如是，人之异于禽兽亦不在是，告子以自然为性使之
然，以义为非自然，转制其自然，使之强而相从，故言，仁内也，非外也，义外也，非内
也，立说之指归，保其生而已矣。"（《戴震集》，上海古籍出版社，1980，第 293 页。）此乃
戴震对于告子之仁内的解释，视其仁内为保生之指归，仁之内在是指爱己及爱亲。
② "二三子复于子墨子曰：'告子胜为仁。'子墨子曰：'未必然也！告子为仁，譬犹跂以为长，
隐以为广，不可久也。'"（《墨子·公孟》）。墨子弟子认为，告子可以胜任为仁，而墨子认
为不然，其认为告子之为仁可能无法长久。这一点也许与《孟》视告子的不动心无法长
久相近，虽告子主张仁为内，然其视义为外，故仁之为内亦不坚定，无法长视久安。
③ 关于告子主张，现今无多文献可考。如唐君毅先生视告子之说近于墨子，而戴震则认为告
子近于道家，以其以仁为内，为爱自己亲人，此为内，而据《墨子》一书，似视告子为儒
家之一派。告子主张主要见于《孟子》《墨子》书中，《孟子·知言养气章》言告子不知
义，以其外之，又举告子之言"不得于言，勿求于心，不得于心，勿求于气"，另外，在
《孟子·告子上》的前六章也记录了告子之说。至于《墨子·公孟》一章，则短短记载了告
子主张。

（三）告子之性无仁义？

朱子在《孟子·告子上》第一章谈到："告子言人性本无仁义，……如荀子性恶之说。"然而"第四章"中，告子明说："食色，性也。仁，内也，非外也。义，外也，非内也。"仁是内，内是指与生俱有、生而本有，义则属外，人性中有仁而无义。

朱子之所以视告子同于荀子，又视告子言人性本无仁义，亦非无根据，其根据在《孟子·告子上》第一章原文："以人性为仁义，犹以杞柳为桮棬。"这段话据载出于告子。告子反对以杞柳为桮棬，也就是反对人性为仁义。

那么，告子一方面认为人性中有仁而无义，另一方面认为人性中无仁义，岂不自相矛盾？笔者以为，告子所云"以人性为仁义"，指的不是自己的主张，而是批评孟子以人性为仁义的说法，[①] 如果不这样解读，告子也就自相矛盾，然而告子当不至于如此颠顶。因此，"以人性为仁义"应是孟子的主张，而告子非之。

以下，尝试分析告子"仁内"、视本性为仁的主张：

1. 告子本人对于内、外的定义与见解，于《孟子》文中提到：

> 吾弟则爱之，秦人之弟则不爱也，是以我为悦者也，故谓之内。长楚人之长，亦长吾之长，是以长为悦者也，故谓之外也。（《孟子·告子上》）

义为外，乃因以对象为外，对象不是吾人所能掌控而为内者；至于告子所谓内，乃吾弟为内，秦人为外。吾弟何以为内呢？此由天生血源关系而决定，故为内，而爱之。秦人之弟何以不爱呢？因为没有天生血源关系，故为外。

---

① 牟宗三先生《圆善论》提到："或有把此对辩中告子曰中之语不视为告子之主张，而视为是告子对于孟子之攻击——攻击其'以人性为仁义'，视'以人性为仁义'是孟子之主张，且把'为'字作'是'字解或作'当作'解，如是便攻击说：你若把人性看成是仁义，就好像把杞柳看成是桮棬一样，但杞柳不能就是桮棬，是故人性亦不能就是仁义。是故你孟子把人性看成是仁义是完全错了。这样解法很可怪！"（牟宗三：《圆善论》，台湾学生书局，1996，第2~3页。）牟先生反对将"以人性为仁义"一句，视为告子用以批评孟子的话，也因此，牟先生认为告子主张人性不为仁义（此同于朱子）。但笔者看法与此不同。

2. 孟子曾经提到告子之言：

> 其为气也配义与道，无是馁也。是集义所生者，非义袭而取之也。行有不慊于心则馁矣。我故曰：告子未尝知义。以其外之也。必有事焉而勿正，心勿忘，勿助长也。（《孟子·公孙丑上》）

浩然之气何以至大至刚，因其匹配道义，此道义是内心集义而成，而不是外在一两件事义袭而取。故要做心上的内在工夫，勿忘、勿助长。告子的义为外，而孟子认为义为内，此义在心上做，而不是在外在做，故为内，故为"长之者义"，乃内心愿意尊敬老人之心为义，故义为羞恶之心，为内；孟子言"由仁义行，非行仁义"，则视义为内、为人之本性。①

3. 《孟子》原文提到：

> 告子曰："食色，性也。仁，内也，非外也。义，外也，非内也。"……［孟子］曰："嗜秦人之炙，无以异于嗜吾炙。夫物则亦有然者也。然则嗜炙亦有外欤？"（《孟子·告子上》）

告子认为食色是性，孟子亦不反对，只是反对其视义为外，甚至最后以告子之道原施其身。告子既然主张食色为本性，则其为内，孟子也以食色为内而来反对告子义外之说，嗜炙不为外，则为内，此人性也，以反告子的义外之说，同时说明了食色为内，为人之本性。

4. 《孟子》一书记载：

> 孟季子问公都子曰："何以谓义内也？"曰："行吾敬，故谓之内也。""乡人长于伯兄一岁，则谁敬？"曰："敬兄。""酌则谁先？"曰："先酌乡人。""所敬在此，所长在彼，果在外，非由内也。"……季子闻之曰："敬叔父则敬，敬弟则敬，果在外，非由内也。"公都子曰："冬日则饮汤，夏日则饮水，然则饮食亦在外也？"（《孟子·告子上》）

---

① 或有人认为，孟子视内为性，而在告子则不如此认为。但笔者认为，告子以内为性，乃是同于孟子，否则双方定义不同，孟告之辩如何进行？告子最后为孟子所折服，也要有此前提才行。因此以内为性，乃是孟告都可接受的。

这里辩论义之为内或为外，而最后公都子（代表孟子）让孟季子（代表告子）折服。公都子的观点是，饮食之冬日饮汤、夏日饮水，并不在外，而为内，内者，人性也。若内之而不为性，双方论辩仁义之事，而以饮食之事折服之，则不可思议；之所以可思议，乃饮食是内在之人性，而仁义也是内在之人性，故可折服告子。亦可证明"内"为性的意思，指人生而具足于身者。

若依赵岐（108～201）的诠释，其言："汤、水虽异名，其得寒、温者中心也。虽随敬之所在，亦中心敬之，犹饮食从人所欲，岂可复谓之外也？"① 中心之敬与饮食两者同样为内，皆为人性。再如唐君毅先生②："孟子之意，则谓此随客观情境之特殊性，而变吾人之所敬，仍出于吾人之内在的心性，有如冬日饮汤，夏日饮水之事之仍由内发。"③ 敬为内，如同冬日饮汤、夏日饮水亦为内，而内在之恭敬，孟子定义为"礼"或"礼之端也"，因此饮食与恭敬同为内，而为人性。

5. 至于孟子主张口味、饮食之为人性的证据，如下：

> 口之于味，有同嗜也，易牙先得我口之所嗜者也。如使口之于味也，其性与人殊，若犬马之与我不同类也，则天下何嗜皆从易牙之于味也？（《孟子·告子上》）

这里提到"如使口之于味也，其性与人殊"，其主词是"若现在于此有一个人"，他的性与其他人不同，而反倒似犬马之口味，而与我不同类，那么为何天下都爱易牙之煮食呢？也就是说，人的口味，应当不会相差太远，几乎人人都喜欢刍豢这一类的美食，因此可见口味是人性，人人同，而别于犬马，此为内。杨伯峻的诠释是："其性人与人殊"，指人人的口味都不同；此种解法亦通，同样证成口味是人性，而后与孟子的嗜炙不在外、饮食不在外的讲法比配。

---

① 赵岐注：《孟子·告子上》第五章，引自《十三经注疏》，上海古籍出版社，1997，第2748页。
② 唐君毅《中国哲学原论·原性篇》的第一章第四节"孟子'不自生言性而即心言性，可统摄即生言性之说'之四义"，其认为，即恻隐等心善之言性，可摄即生理欲望之言性，故食色亦为性、为内。
③ 郭齐勇：《现当代新儒学思潮研究》，人民出版社，2017，第261页。亦可参见唐君毅《中国哲学原论·原道篇（一）》，《唐君毅全集》第14卷，台湾学生书局，1986，第277页。

由此可知，朱子言告子论性无仁义，并非准确，因为告子视仁为内，则仁为人性，义则不是人性。

三　结语与反思

以上大致论述了告子、荀子二人的论性见解，主要以下列四点为根据而论辩之：

第一，荀子以仁义礼皆为外，而告子却以仁为内、为本有，彼此见解仍有距离；

第二，朱子以为告子的人性论中无仁义，并非准确，告子人性论中是有仁而无义；

第三，《孟子》一书所载之告子所言："以人性为仁义，犹以杞柳为桮棬"，是用以批评孟子的主张，并非告子本人的主张，否则，告子理论即相互矛盾；

第四，所谓饮食不在外而为内，此内者，即指性，指生而内具于人身者；人生而内具仁义，也内具食色。

因此荀子、告子的性论主张，不应如朱子理气二分下的笼统比配，而将两者等同，这是本文想要厘清的。

（责任编辑：陈晨捷）

在荀子与张载之间：
礼学的不同倾向及其现代价值

魏　冬　刘学智*

[摘　要] 基于儒家传统礼学，荀子和张载都注重"礼"，其"礼"不但具有相同的内容体系，而且都具有国家制度秩序、人群关系规范和个人修养准则三重意义指向。但荀、张之礼学又表现出不同的特征：基于天人两分的思路和对现实人性的关注，荀子认为"礼"出于"伪"，是圣人的人为制作，是对人性之"恶"的对治，并注重从政治制度建设到社会规范和个体道德行为的养成论"礼"，引发出"法"是具有一定强制性的行政规范，具有侧重外在行为规范的较为浓厚的政治色彩；基于天人合一的思路，张载认为"礼"本于"理"，是天道本然之显现，是对人性之"善"的成就，并注重从个体道德的修养到社群行为规范和国家制度的完善，其引发出来的"约"是具有一定约束力的道德契约，具有侧重道德自我约束的较为浓厚的教化意味。荀子和张载对"礼"的理论认知和建设理路，虽然路向不同，但对当今治国理政和自治、法制和德治相结合的乡村治理体系建设都具有一定价值。

[关键词] 荀子　张载　礼　法　约　天人　性善　性恶

荀子和张载都注重"礼"，这是学界都认同的。但对二者的差异和思想关联，目前的研究却关注不够。事实上，一方面，张载的礼学受到荀子的极

---

* [作者简介] 魏冬，西北大学哲学学院教授；刘学智，陕西师范大学哲学与政府管理学院教授。

大影响，二者有其一致性，即都具有个人修养准则、人群关系规范、国家秩序制度三重含义；另一方面，由于两者立论角度的不同，也表现为不同的趋向：荀子从"天人有分"出发，认为礼的根源在于圣人创制，而与天无关，张载从"天人合一"立论，认为礼本于天道，而圣人模之而作；在理论指向上，二者基于对人性认识的不同，荀子的礼更侧重对"性恶"的对治，张载的礼则是对"性善"的培育；在实践指向上，两者的"礼"都具有道德教化和行政制约的意义，但荀子的"礼"更多指向社会秩序和政治制度的建设并引申出"法"的建构，具有较强的国家强制的意味；而张载的"礼"则更具有从个体修养和社群规范引申出"约"，具有更强的道德教化意义。张载与荀子关于"礼"的思想的不同进路，对现代的治国理政都具有参考价值和意义，把对荀子礼学思想的发掘和对张载礼学思想的研究结合起来，对于探讨"礼"在现代社会治国理政中的意义颇有裨益。

一　礼之根源：天与人

荀子和张载所说的礼，都是一种基于人之需要的规范。但是，这种规范是如何产生的呢？其合理依据又是什么呢？对此，荀子和张载围绕着"天人关系"作出了不同的回答，其回答体现出两人对"礼"认识的分野。

在天人关系上，荀子主张天人有分。荀子认为"明于天人之分，则可谓至人矣"（《荀子·天论》）。荀子这里所说的"天人之分"，并不是说天和人是相分、不相干的，而是指天与人各有各的职分，天不能干涉人，人也不应僭越天。他说："天有其时，地有其财，人有其治，夫是之谓能参"（《荀子·天论》），可见天地人是发生关联的，但"天行有常，不为尧存，不为桀亡。应之以治则吉，应之以乱则凶。强本而节用，则天不能贫；养备而动时，则天不能病；修道而不贰，则天不能祸"（《荀子·天论》）。人间的事出于人为，故"不可以怨天"（《荀子·天论》），所以"舍其所以参，而愿其所参，则惑矣"（《荀子·天论》）。反过来，荀子也认为人不同于天，不同于自然界的水火、草木、禽兽："水火有气而无生，草木有生而无知，禽兽有知而无义，人有气、有生、有知，亦且有义，故最为天下贵也。"（《荀子·王制》）荀子认为，人和自然界的区别，就在于人能群，而彼不能群：

"力不若牛，走不若马，而牛马为用，何也？曰：人能群，彼不能群也。"而人能成群的原因，则在于人能按照"义"——正义的原则来"分"。这里分的内涵，实际上就是"礼"："人之所以为人者何已也？曰：以其有辨也"，"辨莫大于分，分莫大于礼，礼莫大于圣王"（《荀子·非相》）。基于此，荀子认为"礼"并不出于天，而是圣人的制作。

张载在一定程度上也承认荀子所说的礼的价值和意义，且不否定圣王在创制礼义中的作用，但他并不认同荀子将礼的本原和天割裂开来，其在《礼记说》中提出："大虚（太虚），即礼之大一（太一）也。大者，大之；一也，极之谓也。礼非出于人，虽无人，礼固自然而有，何假于人？今天之生万物，其尊卑小大，自有礼之象，人顺之而已，此所以为礼。或者专以礼出于人，而不知礼本天之自然。""礼必本于天，……此属自然而言也。天自然有礼，如天尊地卑是也。……功有小大者，天也；报且礼之者，人也。……此则属人道而言，亦莫非天也。"可见，张载不赞同荀子对礼的起源的看法，不认同"专以礼出于人"的观点，而认为礼源于天（太虚）。进而，张载认为，礼实际上是基于"理"，他指出："礼出于理之后""知理则能制礼"（《张子语录下》）。就是说，在制定具有可操作性的礼时，要由更具抽象性的"理"作为根据；只有先"穷理"，才能够做到"知礼"、"制礼"和"尽礼"。显然张载把"理"视作礼的重要根源。应当注意的是，在张载的思想体系中，由于天是最高的终极实在，"理"是居于"天"之下的次级范畴，"理"和"天"并未如二程洛学那样同一化为一个整体观念，因此理并不是礼的终极根源。由此可见，张载对礼的根源上的认识与荀子是有所不同的。

总之，荀子和张载对礼的来源的探求呈不同的进路。荀子主要从天人有分的立场出发，认为礼应该归之人而与天无关，他的基本思路是：人—伪—礼；张载则是从天人合一的立场出发，认为礼的根源在于天，而人不过是顺之而已，他的思路是：天—理—礼。应该说，荀子对礼的来源的辨析，区分了人类社会与自然世界的不同，对高扬人的自主性有积极的意义；张载对礼的来源的认识，将人类社会的礼与自然界的规律统一起来，对确定礼的正当性有积极的意义。两者体现了中国传统哲学在天人关系界点上的不同理路，在中国哲学的发展史上都具有一定的意义。

二 礼之内容：法与德

荀子非常重视礼，其不仅重视"礼"对个人修养的重要性，提出"礼者，所以正身也"（《荀子·修身》）的原则，更把礼义作为成就君子人格的标准，主张"君子行不贵苟难，说不贵苟察，名不贵苟传，唯其当之为贵"（《荀子·不苟》）。这里的"当之"，就是"礼义之中"，就是合乎礼义。所以礼在学习修养中具有重要的意义："礼者，法之大分，类之纲纪也。故学至乎礼而止矣。夫是之谓道德之极。"（《荀子·劝学》）礼不但是学习的宗旨和目标，而且是道德的极致。由此可见荀子在个人道德修养上对"礼"的看重。

荀子重视"礼"更多地体现在国家和社会秩序建设层面。他认为礼对国家安定有重要的意义。所以他一方面把礼义当作国家治乱的标准："礼义之谓治，非礼义之谓乱也"（《荀子·不苟》），"礼者，治辨之极也，强固之本也，威行之道也，功名之总也，王公由之，所以得天下也，不由，所以陨社稷也"（《荀子·议兵》），"隆礼贵义者其国治，简礼贱义者其国乱"（《荀子·议兵》），"故人之命在天，国之命在礼"（《荀子·强国》）。另一方面把礼视为国君成王的基准："人君者，隆礼尊贤而王，重法爱民而霸，好利多诈而危，权谋倾覆幽险而亡。"（《荀子·强国》）因此，无论对个人、对社会还是对国家，"礼"都是最为重要的，"故人无礼则不生，事无礼则不成，国家无礼则不宁"（《荀子·修身》）。"礼"构成荀子政治思想的总纲。王先谦以为"荀子论学论治，皆以礼为宗"（《荀子集解·序》），可谓道出了荀学的主脉。

儒家讲究名分观念、等级差序，荀子亦注重从社会群体"分"的角度来言"礼"。在他看来，"礼"首先表现为"分"，即社会有分工的不同，有贵贱上下的差等，人有长幼、智愚、贤不肖之分，而"礼者，贵贱有等，长幼有差，贫富轻重皆有称者也"（《荀子·富国》）。君臣、长幼、兄弟、朋友、贵贱五种人伦关系是不能逾越和混淆的，臣分奸贤，民分良贱，职分等级，各司其职，而礼的作用就在于以"分"来区别贵贱、尊卑、长幼、是非、贤不肖等，"礼者所以定亲疏、决嫌疑、别同异、明是非也"（《礼记·曲礼上》)。基于"分"，荀子的"礼"具有三重含义。第一，礼是国家的大法，是政治性国家的法定制度。这是荀子最为强调的礼的意义。比如官职的设置及其职能所在，即《王制》篇所述"序官"，就是这层意义上的主要内容。因此，这样的"礼"虽仍号称礼，其实已被赋予了"法"的性质："隆礼至法则国有常，尚贤使能则民知方"（《荀子·君道》)。尚法的特点说明"礼"不再是一种简单的社会规范或要求，而是需要以国家强制力来推行和保证的政治制度。第二，礼是人伦中的礼节仪式。"礼之大凡，事生饰欢也，送死饰哀也，军旅饰威也"（《荀子·大略》)。作为基始性的人伦感情之外在体现的礼节仪式，"礼"是《荀子·礼论》篇所述及的丧礼、祭礼、军礼、宾礼等不同社会活动中的礼节仪式。第三，礼是调节人伦的道德规范。是指人之为人的道德伦常，也就是为人君、为人臣、为人父、为人子、为人夫、为人妻的道德规范（《荀子·君道》)。第四，落实于个体，礼是个人修养的准则，"礼者，所以正身也"（《荀子·修身》)。如此，荀子的"礼"主要继承了孔子以来"礼"的主要内容，但也有所创新，这就是突出了礼在国家层面具有"法"的强制性特点。

　　与荀子相同，张载也非常重视"礼"。在北宋五子中，张载是最重礼的。在张载看来，礼有"嘉天下之会"（《正蒙·大易》) 的政治功能，礼能会通天下，使社会达致和谐。而作为"圣人之成法"（《经学理窟·礼乐》)，礼更是"致乎大同"（《礼记说》) 社会理想的天下常道。故而张载在政治上"慨然有意三代之治"①，主张治国理政要"以礼乐为急"（《张子语录中》)，而"三代之治"的基础，便是礼乐制度。学者一般认为，张载的礼表现为"成德践行之礼""社会教化之礼""养民治国之礼"三种。所谓"成德践行之礼"，关注的是主体自身气质和行为的转变，以成就德行，其主要表现形式和功能是就个体而言的"以礼成德"，亦即张载所说的个体"行礼"实践（《经学理窟·气质》)，以及个体的举止得体、行为庄敬等。所谓"社会教化之礼"，其主要内容为乡村生活尤其是家族生活中的常行礼仪，如冠礼、昏（婚）礼、丧礼、祭礼等。而所谓"养民治国之礼"，则是张载在治国理政层面的礼。张载说："欲养民当自井田始，治民则教化刑罚俱不

---

① （宋）吕大临：《横渠先生行状》。

出于礼外"（《经学理窟·礼乐》），又说"贫富不均，教养无法，虽欲言治，皆苟而已"①，可见张载在国家政治方面的"礼"，也包括荀子所言国家制度层面的"法"，礼乐制度应当发挥养民、教民和治民的功能。如此，正如林乐昌所说，"从张载礼学的整体结构和功能模式看，它既是个体行为的自我约束机制，也是社群关系的调节机制，又是国家政治的运行机制"②。张载对礼的基本内容和功能的认识，和荀子是基本一致的。

　　但是，与荀子相比，张载不大重视和强化"礼"的强制性，而是更多地强调礼对人的修养和自我教育的意义，他多是从人格养成和社会教化的角度言"礼"，把按礼行动看作自我教育的过程和起点。他在教育中提出应该"先学礼"（《张子语录下》）及"强礼然后可与立"（《正蒙·中正》），将"礼"视为教学实践的支点。关于这一点，程颐言："子厚以礼教学者，最善，使学者先有所据守。"③ 算是对张载思想特点的精当概括。而后程颐将张载学术特点进一步概括为"以礼立教"四字，而后世的理学家们又将之进一步解释为"以礼为教"四字，这都简明扼要地概括出了张载教学实践和教育思想的基本特征。而在北宋理学家及其他儒者中，虽然重视教育和通晓礼学者不乏其人，但作为明确标示"以礼为教"的教育家，把"以礼教学"作为自己教学实践宗旨和教育哲学主题的，则不多见。在个人道德教育的基础上，张载更注重以礼化俗，把礼当作改善风俗的主要手段，将"礼"看成实现其胸中"大成"事业所要达致的目标。他在解释《礼记·学记》篇的"大成"思想说："化民易俗之道，非学则不能至，此学之大成。"（《礼记说》）在政治和社会实践中，张载不仅着力以礼推动地方风俗的淳化，而且着力于井田制的试验、宗法制的建设和肉刑的废除，张载在民间对礼的推动对三秦风俗有很大的影响，后来张门弟子吕大钧兄弟撰写《乡约》《乡仪》，并推行于其乡京兆蓝田（今陕西蓝田），正是对张载重视在地方上整顿伦理秩序、以礼化俗事业的延续。这一点，开辟了中国传统社会的乡约建设的基本路向。所以，无论在张载的教育思想中还是在实践中，"礼"都具有极为重要的地位。

---

① （宋）吕大临：《横渠先生行状》。
② 林乐昌：《张载礼学三论》，《唐都学刊》2009 年第 3 期，第 36 页。
③ （宋）程颢、程颐著，王孝鱼点校《二程集》，中华书局，1981，第 23 页。

如上可见，荀子和张载对礼都极为重视，他们对礼基本内容的认识是一致的，这源于他们所讲的"礼"有共同的文化根源，都源于先秦儒家经典中的礼。但也可以看出，他们对礼的审视角度、关注重点也有不同：荀子主要从政治的角度审视礼，重点强调了礼作为国家政治秩序"节"的作用，所以他的"礼"延伸出具有高度国家强制性的"国法"；张载则主要从道德的角度审视礼，重点强调了礼对人的品性的培养作用，所以他的"礼"延伸出了具有社群道德合约性质的"乡约"。简而言之，荀、张二人对"礼"的理解大致是相同的，但荀子的"礼"具有更多法制化色彩，而张载的"礼"具有更强的道德化意味。

三　礼之功用：善与恶

在荀子和张载那里，礼都是一种基于人的需要的规范。但人为什么要有这种规范呢？有趣的是，荀子和张载都将其与人性问题联系起来。

荀子对礼的探讨基于其对人性恶的界定。荀子主张人性"恶"，以此作为建构其礼论的前提。首先，荀子以自然性对人"性"作了界定："不可学、不可事而在天者，谓之性"（《荀子·性恶》），"生之所以然者谓之性""不事而自然谓之性"（《荀子·正名》）。也就是说，人性是指没有经过学习、修养的自然之性。那么，他所说的"性"的内涵指的什么？荀子指出："今人之性，生而有好利焉，顺是，故争夺生而辞让亡焉；生而有好疾恶焉，顺是，故残贼生而忠信亡焉；生而有耳目之欲，有好声色焉，顺是，故淫乱生而礼义文理亡焉。然则从人之性，顺人之情，必出于争夺，合于犯分乱理而归于暴。"（《荀子·性恶》）可以看出，荀子所说的人"性"，类似于人天生的自然本能以及欲望。他认为，人皆有相同的自然生理本能和欲望，如果"顺是"即顺着人的自然生理本能趋向无限发展，而不加规范节制，必将导致"恶"，社会也就会陷入混乱争斗的乱局中。于是就需要通过礼法规范的"伪"加以校正，即通过后天的努力来改变本有的恶的人性。于是他提出了"性伪之分"的观点。

所谓"性伪之分"（《荀子·正名》），即认为，人"性"生来本具，是"本始材朴"，"伪"则是后天通过人的主观能动性养成的，凡经由后天学习、教化才能获得的道德礼仪，都是人文化成的结果。人存在的价值并不是因为"天"，而是人本身。因此，荀子认为对先天本有的性与后天人为的东西要加以区分："性者，本始材朴也；伪者，文理隆盛也。无性则伪之无所加，无伪则性不能自美。性伪合，然后成圣人之名，一天下之功于是就也。故曰：……性伪合而天下治。"（《荀子·论礼》）基于对性伪之分的认识，荀子提出了"化性起伪"（《荀子·性恶》）的观点。所谓"化性起伪"，简单来说，就是以后天人自身的努力，来变化人天生的恶的自然之性。荀子赞扬、高扬了人的主体性，认为每个人都可以通过后天的努力成为圣贤。"化性起伪"即是强调人必须通过"礼"的教化方可以由"自然人"转化为"社会人"，即成为受社会道德观约束的人。这样，人性恶就成了"礼"产生的人性根据。

那么"礼"是如何产生的？"礼起于何也？曰：人生而有欲，欲而不得，则不能无求，求而无度量分界，则不能不争。争则乱，乱则穷。先王恶其乱也，故制礼义以分之，以养人之欲，给人之求，使欲必不穷乎物，物必不屈于欲，两者相持而长，是礼之所起也。"（《荀子·礼论》）"凡礼义者，是生于圣人之伪，非故生于人之性也"，"故圣人化性而起伪，伪起而生礼义，礼义生而制法度；然则礼义法度者，是圣人之所生也。"（《荀子·性恶》）这样，荀子就将"礼"的根源从"天"中解脱出来，而将其归于"人"，准确地说，归之于圣人了。

需要指出的是，荀子认为，礼的作用并不是抑制人的欲望，而是为了解决人欲望的无限性与资源的有限之间的矛盾："人之情，食欲有刍豢，衣欲有文绣，行欲有舆马，又欲夫余财蓄积之富也；然而穷年累世不知不足，是人之情也。今人之生也，方知畜鸡狗猪彘，又畜牛羊，然而食不敢有酒肉；余刀布，有囷窌，然而衣不敢有丝帛；约者有筐箧之藏，然而行不敢有舆马。是何也？非不欲也，几不长虑顾后，而恐无以继之故也。于是又节用御欲，收敛畜藏以继之也。是于己长虑顾后，几不甚善矣哉！""夫贵为天子，富有天下，是人情之所同欲也；然则从人之欲，则势不能容，物不能赡也。故先王案为之制礼义以分之，使有贵贱之等，长幼之差，知愚能不能之分，皆使人载其事，而各得其宜。"（《荀子·荣辱》）所以礼虽然是出于圣人先王的制作，但圣王不是妄意制作，而是为了解决人的欲望与资源之间的矛盾，为了解决人与人之间的相争而创立的。礼在这里并不仅仅是消极的遏制欲望，而在于合理满足人的欲望。

荀子认为，人之性恶，"其善者伪也"（《荀子·性恶》）。在荀子看来，"凡人之性者，尧、舜之与桀、跖，其性一也；君子之与小人，其性一也。……然则有曷贵尧、禹，曷贵君子矣哉？凡所贵尧、禹、君子者，能化性，能起伪，伪起而生礼义"（《荀子·性恶》）。即就人性来说，君子和小人是相同的，不同的是君子可以"化性起伪"，以社会道德约束自己，小人则不能。也就是说，"性"虽然是人的共同起点，但"伪"则是人和人之所以区别之所在。而"伪"的起始意义，就在于能够"劝学""修身"，真正地成为一个社会人，"故必将有师法之化，礼义之道，然后出于辞让，合于文理，而归于治"（《荀子·性恶》）。礼义作为一种人为的"伪"，是由谁创立的？荀子认为是圣人。他说："圣人积思虑，习伪，故以生礼义而起法度"，"故圣人化性而起伪，伪起而生礼义，礼义生而制法度；然则礼义法度者，是圣人之所生也"（《荀子·性恶》）。对于这一点，宋代晁公武说得很好，他说荀子是"以性为恶，以礼为伪"①，这可以说是把握住了荀子礼论的基点。

与荀子相似，张载也是"自立说以明性"（《经学理窟·义理》），即从"性"的角度论礼。张载对"性"的认识是把人性分为"天地之性"和"气质之性"两个方面：天地之性即秉太虚之气而成，太虚之气的本性也就是人和物的共同本性，是先天的本性，它是善的来源，"性于人无不善，系其善反不善反而已"，天地之性对于人来说是好的，不同只在于善于反省和不善于反省而已。他还把性说成永恒之物，因而得出"知死生之不亡者，可与言性矣"的结论。"气质之性"指每个人生成之后，由于秉受阴阳二气的不同而形成的特殊本性，说"人之刚柔、缓急，有才与不才，气之偏也"。气质之性对外物有所追求，此称为"攻取之性"。他说："攻取，气之欲；口腹于饮食，鼻舌于臭味，皆攻取之性也。"它是人性中"恶"的来源。"性其总，合两也"（《正蒙·诚明》），如此张载建构起独具特色的双重人性论，遂脱出了先秦孟荀以来性善、性恶之争的窠臼。进而张载主张："形而后有气质之性，善反之，则天地之性存焉。故气质之性，君子有弗性者焉。"

（《正蒙·诚明》）他并不把气质之性当作人的本然之性。基于此，张载主张要通过改变"气质之性"，回到"天地之性"，他说，虽然"人之气质美恶，与贵贱夭寿之理，皆是所受定分"，但"气质恶者，学即能移"，通过学习克服追求外物的情欲，则能"变化气质"，从而恢复本来的善性，即"天地之性"。可见，在人性论上，张载虽然继承了孟、荀两种思路，但他对孟子性善论的继承是认同性继承，而对荀子性恶论的继承是批判性吸收。

那么，人如何变化自己的气质，使自己的天地之性凸显出来而扬弃气质之性呢？张载认为这首先要归结到"礼"。他为学者总结出两种基本修身工夫："知礼成性"和"变化气质"。"知礼成性"，亦即张载所说的"以礼成德"（《礼记说》），指的是在道德修养过程中人人应该遵循礼仪以规范自身行为。而"变化气质"的关键还是要以礼去"变化"，如他说："但拂去旧日所为，使动作皆中礼，则气质自然全好。"（《经学理窟·气质》）可见，"变化气质"是一种能够与"知礼成性"相辅为用的修养工夫。需要说明的是，张载"知礼成性"中的"成性"，乃是对"天地之性"的成就，而"变化气质"，更多则是指对"气质之性"的扬弃。可见，"礼"自始至终都贯穿于张载的两种修身工夫之中，显然具有"去恶复善"的特征。

四 礼的落实：政与教

钱穆曾评价宋代理学家对于政治与教育关系的看法，说"范仲淹、王安石诸人，政治意味重于教育"，而"二程、横渠以来，教育意味重过政治"。[①] 钱穆先生对范、王与张、程在政治和教育侧重点上不同的认识，也适用于评论荀子和张载，即荀子侧重于礼的政治作用，而张载侧重于礼的教化作用。由于荀子和张载对礼的观照有不同的用心和际遇，所以两人对如何推行礼，也有不同的认识。荀子主要从国家的层面，主张采取自上而下的方式建构礼；张载则以民间的形式，从社会制度的层面推进礼，两者是以礼为教和以礼为政的差别。

荀子礼学最基本的特征是"以礼为政"。荀子认为，"礼义者，治之始

---

① 钱穆：《国史大纲》（修订本），商务印书馆，1994，第796页。

也"（《荀子·王制》），"国家无礼则不宁"（《荀子·修身》），"国无礼则不正"（《荀子·王霸》），国家的政治应该以礼义作为准则。荀子又以礼义作为君子之道"中"："先王之道，人之隆也，比中而行之。曷谓中？曰：礼义是也。道者，非天之道，非地之道，人之所以道也，君子之所道也。"（《荀子·儒效》）如何建构国家制度是荀子关注的中心问题之一，荀子主张礼是建构国家制度的基本依据。

那么如何以礼建构国家政治呢？荀子认为：礼是圣王制作出来的，"先王恶其乱，故制礼义以分之"（《荀子·礼论》），而"辨莫大于分，分莫大于礼，礼莫大于圣王"（《荀子·解蔽》）。礼的功能在于建构国家的秩序，在于社会的有序化。所以他说："分均则不偏，势齐则不壹，众齐则不使。有天有地，而上下有差；明王始立，而处国有制。夫两贵之不能相事，两贱之不能相使，是天数也。势位齐，而欲恶同，物不能澹则必争；争则必乱，乱则穷矣。先王恶其乱也，故制礼义以分之，使有贫富贵贱之等，足以相兼临者，是养天下之本也。"（《荀子·王制》）也就是只有承认差别，从对差别的确定开始，使社会有序化，才能达到养天下的根本。

荀子特别强调了君王任人的重要性，其曰："人主者，以官人为能者也"，"人主得使人为之"，"论德使能而官施之者，圣王之道也，儒之所谨守也"。"传曰：农分田而耕，贾分货而贩，百工分事而劝，士大夫分职而听，建国诸侯之君分土而守，三公揔方而议，则天子共己而已矣。出若入若，天下莫不平均，莫不治辨，是百王之所同也，而礼法之大分也"（《荀子·王霸》）。在这一方面，荀子特别强调了"取相"的重要性："为人主者，莫不欲强而恶弱，欲安而恶危，欲荣而恶辱，是禹、桀之所同也。要此三欲，辟此三恶，果何道而便？曰：在慎取相，道莫径是矣。故知而不仁不可，仁而不知不可，既知且仁，是人主之宝也，而王霸之佐也。不急得，不知；得而不用，不仁。无其人而幸有其功，愚莫大焉"（《荀子·君道》）。对于取人的方法，荀子也有所阐述："其取人有道，其用人有法。取人之道，参之以礼；用人之法，禁之以等。行义动静，度之以礼；知虑取舍，稽之以成；日月积久，校之以功"（《荀子·君道》）。除此之外，荀子还在《王制》篇主张对百官要明确各自的职责，生产要不失其时。在《荀子·富国》中，荀子还提出用礼来"节用裕民"。

张载礼学最基本的特征是"以礼为教"。张载对"礼"最主要的实践，是重视"礼"的教育功能。首先，张载将礼作为学习的起点和立足点，主张学习修身要"先学礼"（《张子语录下》）及"强礼然后可与立"（《正蒙·中正》），反复强调"人必礼以立"（《横渠易说·系辞上》），"立本既正，然后修持"（《经学理窟·气质》），这里所谓"立"，其目标是主体道德人格的确立，而"立"的根基则在于"礼"。故在张载看来，立于礼是"继志""入德"的有效方法。张载认为："学者行礼时，人不过以为迂。彼以为迂，在我乃是捷径，此则从吾所好。文则要密察，心则要洪放，如天地自然，从容中礼者盛德之至也。"（《经学理窟·礼乐》）张载的这一思想，是对孔子"不学礼，无以立"（《论语·季氏》）论断的进一步发挥。其次，张载继承了孔子"克己复礼为仁"的践仁精神，突出强调了"礼"对于实现仁的积极作用。张载有诗云："若要居仁宅，先须入礼门。"① 他说，仁"不得礼则不立"（《经学理窟·义理》），"仁守之者，在学礼也"（《经学理窟·礼乐》）。要真正确立仁这一核心价值，就不能不依赖于礼。又说："恭敬撙节退让以明礼，仁之至也，爱道之极也。"（《正蒙·至当》）把礼在实践中的彰显，视作实现仁、爱的极致。张载还将"学礼"视为"守仁"的有效途径。他这种通过礼来自我控制从而实现仁的方法，构成了一种重要的教育方式，其作用不仅体现于个体层面，而且有其社会效应和政治效应。张载在民间推行教化的方法后来进一步由其弟子蓝田吕氏兄弟吕大防、吕大钧、吕大临、吕大忠现实化，形成《吕氏乡约》和《乡仪》等具体的规范，制定乡约，推行乡里，即由地方士绅倡立，乡人自愿加入或退出的带有自治性的规范，推行"德业相劝、过失相规、礼俗相交、患难相恤"的宗旨，即一约之中，大家相互倡导善行，互相规劝过错，推行良序美俗，约中如果有人遇到患难之事，其他人都应当提供援助。这为"礼"在民间的推行开辟出一条新的道路。到明清时期，乡约发展到全国90%以上的县以下地区，被中国现代历史学家、国学大师钱穆誉为中国人的"精神宪法"。尤其值得注意的是，蓝田《吕氏乡约》有一套与众不同的完整体制，涵盖组织机构、聚会时间与赏罚方式。这一点，使得它更多地表现为一种富于中国儒家特色的民间基层

---

① 吕本中：《童蒙训》（卷上），《文渊阁四库全书》本。

组织，而区别于今天乡村的乡规民约。所以我们可以说以张载及其吕氏弟子代表的礼学，其特点是具有道德劝善特点的自觉的、民间的以礼为教的形式。

由此可见，荀子和张载对礼的理解是共同的，但侧重点不同，荀子主要走的是礼的官方化、制度化、法制化的道路；张载主要走的是礼的民间化、契约化、道德化的道路。他们一个侧重于社会整体到人格规范的落实；另一个则侧重从个体修养到社会风俗的风化。荀子和张载在礼学践行方面的差别，实际上也是礼的推行应该是自上而下还是自下而上、自整体而个体还是自个体而整体的差别，也是"以政行教"还是"以教行政"的差别。但是，荀子和张载礼学的差别并不是对立的，而是应该彼此结合的两个方面：即礼的现代化建设实际应该吸收荀子和张载两条理路，应该从两个方面建构。这一方面需要当政者注重礼的教化作用，从国家的形态方面提出建构礼的策略；另一方面需要人民的自觉，将礼作为一种社群契约来实现。目前，国家提出了社会主义的核心价值观，这是礼的精神的总纲；而一些地方也结合自己的文化传统，建构具有地方文化特点的精神文明，比如陕西咸阳提出的"大秦故都，德善咸阳"，提倡"崇德、包容、尚法、创新"的观念；蓝田也结合传统文化资源，提出新乡约的雏形并付诸实施；等等。但精神层面的认同总是要落实到对具体行为规范化建构、社会群体精神的契约化建构、国家层面的制度化建构三个层面，对此荀子和张载的礼学无不具有重要的借鉴价值。

（责任编辑：陈晨捷）

荀子的历史地位与荀学研究

荀子的孔庙从祀、罢祀经历与荀学的地位变迁

董喜宁*

[摘　要]　在早期的儒学发展史上，荀子和孟子的地位是相当的。自韩愈评价孟子"醇乎醇"、荀子"大醇而小疵"后，二子的地位逐步拉开。在北宋，孟、荀一并入祀孔庙，但享祀规格截然不同，孟子配享庙堂之上，道统地位稳固不移，荀子却只能从祀于两庑先儒之间，且入祀身份备受争议。明嘉靖年间孔庙改制，最终荀子因"性恶论"而遭罢祀。入清以后，随着荀学的兴起，荀子地位再一次提高，要求复祀荀子入孔庙的呼声也越来越高。

[关键词]　荀子　孔庙从祀　罢祀　荀学

在早期的儒学发展史上，荀子和孟子的地位是相当的。"荀孟"或"孟荀"并称，由来已久。司马迁作《史记》，将荀子、孟子并列于《孟子荀卿列传》。《史记·儒林列传》又载："天下并争于战国，儒术既绌焉，然齐鲁之间，学者独不废也。于威、宣之际，孟子、荀卿之列，咸遵夫子之业而润色之，以学显于世。"可见二人都是学宗孔子的。刘向校阅群书，对荀子的著作进行整理编定，定名为《孙卿新书》。他对荀子的评价是："惟孟轲、孙卿为能尊仲尼。"[①] 而汉末徐幹在其《中论》中也称："荀卿子、孟轲，怀亚圣之才，著一家之法，继明圣人之业。"[②] 足证在汉人眼中，荀、孟二人的学术取向和地位影响，基本上是没有太大差异的。

---

* [作者简介] 董喜宁，湖南师范大学历史文化学院讲师。

① （汉）刘向：《孙卿书录》，参见王先谦《荀子集解》，中华书局，1988，第559页。
② （汉）徐幹：《中论·序》，《景印文渊阁四库全书》第696册，第466页。

只是就传经一事来说，荀子的功劳更大一些。《史记·孟子荀卿列传》载荀子曾在稷下学宫三为祭酒，齐襄王时"最为老师"；后来到兰陵，还收韩非、李斯为弟子，授学广泛。汉代儒学的传授渊源，大都可以追溯到荀子这里。清代学者汪中曾作《荀卿子通论》一文，专门对荀子的传经问题进行过梳理，认为毛诗、鲁诗、韩诗、《左传》、《穀梁传》、《大戴礼记》、《小戴礼记》甚至《易》，都是荀子传授下来的，或者与荀子存在一定的关系。另外，汪中又根据《荀子》一书的称引情况推断，荀子之学应该来自子夏、仲弓。因此，汪中最终给出这样的结论："荀卿之学，出于孔氏，而尤有功于诸经。……盖自七十子之徒既殁，汉诸儒未兴，中更战国、暴秦之乱，六艺之传赖以不绝者，荀卿也。"[1]

六艺虽得荀子而不绝，并在汉代大逢其时，备受推崇，但是作为传授者的荀子，其地位、影响并未因此而与其他诸子有什么不同，甚至在某种程度上还要逊色于孟子。这种并不明显的差距到了中唐以后，突然间就被拉大了，孟子的学术地位直线上升，荀子的学术地位则逐步走低。造成这种转变的直接原因来自韩愈，他的相关评价产生了不可忽视的影响。

韩愈是挖掘诸子资源的功臣，孟子、荀子、扬雄都是在他的引介下，逐渐进入人们的视野，并成为学术界的宠儿。韩愈喜欢孟荀并举，比如在《进学解》中，他称赞二人"吐辞为经，举足为法，绝类离伦，优入圣域"[2]，似乎二子并无轩轾。但实际上，他对两人的欣赏程度是有高低之别的。在《读荀子》里，韩愈就明确指出："孟氏醇乎醇者也；荀与扬，大醇而小疵。"[3] 在《原道》里也是说："孔子传之孟轲。轲之死，不得其传焉。荀与扬也，择焉而不精，语焉而不详。"显然，韩愈更加推重孟子。客观地说，二子的历史地位都是在遭际韩愈之后才开始走高。但就荀子来说，也恰恰是韩愈一开始就秉持的尊孟抑荀倾向，造成了他日后正统气势上的先天不足，因为韩愈的评价体深刻地影响了他身后相当长时段的学术史。

韩愈因为要辟佛老，所以特别看重孟子，特别推崇其辟杨墨的精神。在

---

① （清）汪中著，田汉云点校《新编汪中集》，广陵书社，2005，第412页。

② （唐）韩愈撰，马其昶校注《韩昌黎文集校注》，上海古籍出版社，1986，第47页。

③ （唐）韩愈撰，马其昶校注《韩昌黎文集校注》，第37页。

此之前，扬雄也曾盛推过孟子的这一功劳，称："古者杨、墨塞路，孟子辞而辟之，廓如也。后之塞路者有矣，窃自比于孟子。"① 是以韩愈有时也会顺带把扬雄纳入相知者之列。在《原道》中，韩愈提出孟子之后不得其传的说法，他是有意要续接孟子的。这样的使命感，在他的言论中往往多见，如《与孟简尚书书》中，韩愈即称：

> 释老之害过于杨墨，韩愈之贤不及孟子，孟子不能救之于未亡之前，而韩愈乃欲全之于已坏之后。呜呼，其亦不量其力且见其身之危，莫之救以死也！虽然，使其道由愈以粗传，虽灭死万万无恨！②

韩愈以道统继承者自居的愿望表露无遗。

韩愈自己直接上承孟子，孟子承孔子，那么儒家正统谱系上便没有了荀子的位置。此后一直到北宋初中期，韩愈基本是和孟子联系在一起的。韩愈的崇拜者皮日休，曾经在唐懿宗咸通时期两次上书，一次提议把《孟子》列入明经考试科目；另一次呼吁将韩愈列入孔庙配享队伍中。两通上书，虽然均未被采纳，但明显是在为韩愈思想张目，以韩愈接孟子。

宋初，学术氛围较为宽松。孟子、荀子、扬雄、王通、韩愈诸子因为均对儒学的传承发展起到了不可或缺的作用，所以儒者常常将他们相提并论。如孙复在《信道堂记》中写道："吾之所为道者，尧、舜、禹、汤、文、武、周公、孔子之道也，孟轲、荀卿、扬雄、王通、韩愈之道也。"③ 但是，相比较而言，孟子、韩愈在诸子中受到了更为广泛的关注，因为二人都是以排异端形象示人，是儒学发展的关键推动者。石介曾专门撰作了一篇《尊韩》的文章，称："孔子后，道屡塞，辟于孟子，而大明于吏部。"④ 后来，理学家肯定并采纳了韩愈的道统观体系，自此，孟子、荀子之间的距离便被拉开了。

荀子与孟子的地位差异，是在孔庙中被明确地规定下来的。宋神宗元丰七年（1084），荀子、孟子、扬雄、韩愈四人一并入祀孔庙，但入祀宠遇并

① （汉）扬雄：《法言》，中华书局，2012，第224页。
② （唐）韩愈撰，马其昶校注《韩昌黎文集校注》，第215页。
③ （宋）孙复：《孙明复小集》，《景印文渊阁四库全书》第1090册，第175页。
④ （宋）石介：《徂徕集》卷七《尊韩》，《景印文渊阁四库全书》第1090册，第227页。

不相同，主要表现在三方面。第一，获赠的爵位不同。孟子获得的爵位是邹国公，荀子、扬雄、韩愈则分别是兰陵伯、成都伯、昌黎伯。在公、侯、伯、子、男五等爵中，"公爵"与"伯爵"的差异不言自明。第二，入祀等级不同。孟子配享，荀子、扬雄、韩愈三人从祀。孔庙入祀等级共有四级：配享、十哲、先贤、先儒。前两级在殿堂之上，后两级在堂下两庑之中。孟子列在配享，排位于颜子之后，他们是当时近百名孔庙从祀人员中仅有的两名配享人员；荀子等三人排在第四等级先儒行列中，其中荀子位列于左丘明之下，扬雄位列在刘向之下，韩愈位列在范宁之下。第三，在孔庙中的形象不同。孟子为塑像，荀子等人则为绘像。四子身上冠服，各与其封爵相对应。

　　元丰年间的这次入祀活动，除了孟子外，其他三人都颇具争议。当时荀、扬、韩入祀，礼官引荐的理由是三人"皆发明先圣之道，有益学者"[1]。而结合当时的实际情况来说，韩愈入祀主要是源于宋初的"尊韩"之风，荀况、扬雄入祀则是因于韩愈激赏之故。后来，顾炎武就对此三人入祀表示明确的不满，称："此三人之书虽有合于圣人，而无传注之功，不当祀也。祀之者为王安石配享、王雱从祀地也。"[2] 顾氏认为三人入祀并非因为他们有什么特殊的学术贡献，而是在提前为王安石入祀铺路，因为紧接着在徽宗崇宁三年（1104），王安石便配享孔庙，位在孟子之后。这是把礼制背后的政治背景考虑进来了。顾氏因为尊汉儒，所以看重传注之功。桐城方观承得见顾氏此论，却并不完全苟同，称："《日知录》之论虽亦有见，然荀况、扬雄之于韩子，可若是班乎？且但知贵诂经之力，而不知尊任道之功，所见肤矣！"[3] 方氏更重视传道之功，认为韩愈入祀是理所应当，而荀子、扬雄入祀则有些差强人意。可见在对此一问题的看法上，不乏学术纷争色彩。

　　总体来说，荀子是入祀诸子中最具争议的人物。早在唐代，陆龟蒙就已经开启了批判荀子的模式，他在《大儒评》中曾言："世以孟轲氏、荀卿子

---

① （元）脱脱等撰《宋史》卷一〇五《礼志》，中华书局，1977，第2549页。
② （清）顾炎武著，黄汝成集释《日知录集释》卷一四《嘉靖更定从祀》，上海古籍出版社，2006，第855页。
③ （清）秦蕙田：《五礼通考》卷一一八《吉礼》，《景印文渊阁四库全书》第137册，第842页。

为大儒。……然李斯尝学于荀卿，入秦干始皇帝。……反焚灭诗书，坑杀儒士，为不仁也甚矣……荀卿得称大儒乎？吾以为不如孟轲。"① 苏轼又接着这个话题继续批评："昔者常怪李斯事荀卿，继而焚灭其书，大变古先圣王之法，于其师之道，不啻若寇仇。及今观荀卿之书，然后知李斯之所以事秦者，皆出于荀卿而不足怪也。荀卿者，喜为异说而不让，敢为高论而不顾者也。其言愚人之所惊，小人之所喜也。"② 可见批荀之风在当时已经暗含了愈演愈烈的势头。

曾经花费了二十多年时间作《王荆公年谱考略》的蔡上翔，在书中就总结过自唐以来的批荀倾向："自唐陆鲁望作《大儒评》，以李斯焚书坑儒大为荀卿罪，苏子瞻继之，及以性恶相攻者，抑又甚焉。"他还敏锐地意识到一个问题，即此次荀子成功入祀孔庙实在是难能可贵，因为在他看来："元丰七年，再逾年为元祐改元，故曰危。"③ 即从历史节点上来看，在神宗朝、哲宗朝交接之际，改革派与反对派间的势力正在悄然发生翻转，政治形势、大政举措也正在经历着巨大变动，而世易时移，错过这个机缘，可能荀子入祀就不会如此顺利。

确实如此，就在荀子入祀的同一时期，他的"性恶论"已经被广为诟病。程子就说："荀子极偏驳，只一句性恶，大本已失。"④ "荀、扬性已不识，更说甚道？"⑤ 王安石在《荀卿论》中也说："荀卿以为人之性恶，则岂非所谓祸仁义哉！"⑥ 可见荀子因此论而得罪不浅。在这样备受批判的境况下，荀子尚能顺利入祀，确实是万幸。再加上扬雄、韩愈也各有被指摘之处，所以蔡上翔说："然而四子得配享从祀，不可谓非大幸在此一时也。"⑦

当然，关于四子能够入祀成功的缘由，黄进兴先生还有一个更为积极的

---

① （唐）陆龟蒙：《甫里集》卷十八《大儒评》，《景印文渊阁四库全书》第1083册，第398页。
② （宋）苏轼著，李之亮笺注《苏轼文集编年笺注》（第一册），巴蜀书社，2011，第267页。
③ （清）蔡上翔：《王荆公年谱考略》，参见（宋）詹大和等撰，裴汝诚点校《王安石年谱三种》，中华书局，1994，第567页。
④ （宋）程颢、程颐著，王孝鱼点校《二程集》，第262页。
⑤ （宋）程颢、程颐著，王孝鱼点校《二程集》，第255页。
⑥ （宋）不著撰人：《历代名贤确论》卷三十七《荀卿论》，《景印文渊阁四库全书》第687册，第282页。
⑦ （清）蔡上翔：《王荆公年谱考略》，参见（宋）詹大和等撰，裴汝诚点校《王安石年谱三种》，第567页。

解释。他说："北宋年间，心性之学方崛起，人性问题同是儒者共同的关怀。孟子主'性善'、荀子主'性恶'、扬氏'善恶混'和韩氏'性三品论'正代表四种截然不同的人性论。……元丰从祀能够做到兼容并蓄，恰好说明了当时犹处'学统四起'之际，儒术尚未定于一尊。"① 这确实点出了问题的关键。

其后不久，理学成为官方正统思想，对非正统或非嫡系的贬斥便开始变本加厉起来。两宋时期，孟子的道统地位被认可，孔孟并称，荀子就自然而然被排斥在外了。荀子的"性恶论"因与孟子的"性善论"构成最为直接的冲突，是最先被对准的攻击点。除了前文提到的学理上的批评外，南宋末年以后又出现许多整肃性的意见，即指责荀子是一个有瑕疵的入祀者。马端临、熊禾是较早的整肃者，认为："荀况以性为恶，以礼为伪，大本已失，更学何事?"② 明初宋濂《孔子庙堂议》、王祎《孔子庙庭从祀议》，皆是大张此说。胡居仁也说荀卿"只性恶一句，诸事坏了；是源头已错，末流无一是处。"③ 他们的意思是荀子没有资格待在孔庙，否则极易误人子弟。

荀子不受后儒待见，还有另外两个原因。一个是曾批评过子思、孟子。《荀子·非十二子》有云："略法先王而不知其统……子思唱之，孟轲和之，世俗之沟犹瞀儒，嚾嚾然不知其所非也。……是则子思、孟轲之罪也。"这种批评，在荀子本是一种学术评判，在后世却成为一种刻意的诋毁。清儒洪亮吉就认为："荀卿虽彼善于此，然言性恶，而以尧、舜为伪，且又訾毁及子思、孟子，其心术已概可见。夫心术者，学术之源也，心术不正，而欲其学术之正，不可得也。"④ 在洪氏的心目中，心术坏了，自然就入不了正统的轨途。

到明孝宗朝，有关是否清理"文庙从祀诸贤之有罪者"的讨论便正式搬上了桌面。朝廷先是号令礼部集议，官员们久议不决。因为不满朝廷"议者相持，惮于改作"的保守局面，程敏政遂上一疏，对入祀经师中的不"规

---

① 黄进兴：《优入圣域：权力、信仰与正当性》（修订版），中华书局，2010，第369页。
② （宋）熊禾：《勿轩集》卷二《三山郡泮五贤祠记》，《景印文渊阁四库全书》第1188册，第783页。
③ （明）胡居仁：《居业录》卷一《心性一》，《景印文渊阁四库全书》第714册，第8页。
④ （清）洪亮吉：《洪亮吉集》，中华书局，2001，第997页。

范"者进行了无情的揭露，其中就提到"（荀）况以性为恶，以礼为伪。以子思、孟子为乱天下，以子张、子夏、子游为贱儒"①，应当罢黜出孔庙。程氏的这一疏文虽然当时并未施行，但非常有影响，后来嘉靖朝张璁寻求更定祀典的依据时，将其全盘吸纳。几乎同时，张九功也上了《裨补名教疏》，称国学及郡县学从祀先儒有当罢黜者，首先便是荀子，其文为："若兰陵伯荀况，言或近于黄、老，术实杂于申、韩。身托黄歇，不羞悖乱之人；学传李斯，遂基坑焚之祸。以性为恶，以礼为伪，以尧舜为矫饰，以子思、孟轲为乱天下者。是以程子讥其甚偏驳，而朱子书为兰陵令，乃系之以楚，以深鄙之也。"② 可见，荀子的"罪状"正是一点点地积累起来的。

另一个原因就是前文已提及的荀子作为老师受其弟子李斯牵连。在宋代，将"焚书坑儒"之祸直接嫁接于荀子身上的说法应该很流行，朱熹还曾专门就这个说法作过解释，他说："如世人说坑焚之祸起于荀卿，荀卿著书立说，何尝教人焚书坑儒？只是观它无所顾藉，敢为异论，则其末流便有坑焚之理。"③ 朱子的这番解说将荀卿和弟子末流进行了区分，还算明白公允。但是大部分人还是喜欢将"焚书坑儒"的根源直接追溯到荀子这里。元代郝经就称："破坏道术自况始。其徒李斯见其师以恶为性，以真儒为非，顾天下典籍，凡尧、舜、禹、汤、文、武、周、孔之道，皆矫揉之伪，当世儒者不足以为治，而适足以乱天下，乃敢倡为焚书坑儒之举。故秦灭学之祸，皆荀卿之高才喜异，反中庸而无忌惮者启之也。"④

正是因为以上种种问题，所以荀子虽然入祀了孔庙两庑，却一直备受争议。后来，随着明儒对孔庙从祀经师出处细节的普遍苛求，最终在嘉靖年间，掀起了一场声势浩大的清洗运动，荀子也在此次清洗中遭到罢黜。自入祀到罢黜，总共在孔庙驻留了四百多年的时间。自此以后，荀子再未获得入祀机会。此前洪武年间，扬雄已因为臣事王莽而被罢祀。因此清人范家相叹道："古儒者之名盛于始而替于后者，在汉莫如扬雄，在周莫如荀子，实则

① （明）程敏政：《篁墩文集》卷一〇《奏考正祀典》，《景印文渊阁四库全书》第1252册，第170～171页。
② （明）倪岳：《青溪漫稿》卷十一《奏议·礼仪》，《景印文渊阁四库全书》第1251册，第106页。
③ （宋）黎靖德编《朱子语类》卷一百三十七《战国汉唐诸子》，中华书局，1986，第3256页。
④ （元）郝经：《续后汉书》卷八十三下《荀子》，《景印文渊阁四库全书》第386册，第271页。

荀非扬比也。"① 这是为荀子遭罢祀而感到惋惜。

荀子、孟子本为战国时期两大思想重镇，二人旗鼓相当，各有所长，且都致力于孔子学说的传播与发展。但是随着历史的演变，尤其是宋、明以降，孟子独传孔子之道统，成为配享中的佼佼者；荀子则因学说之异，不惟不能与孟子相提并论，甚至连在孔庙中拥有立锥之地都难以可能。这就难免不让人心生感慨。

嘉靖孔庙改制是孔庙发展史上极为不寻常的事件，这一次被黜出孔庭的有十几人，基本上是汉晋经师，显示了时代思潮的走向，"传道"之儒终于取得了对"传经"之儒的胜利。荀子被逐出孔庙。此后其影响，恰如明代归有光所言："迨宋儒颇加诋黜，今世遂不复知有荀氏矣。"② 但是随着明末浮虚无根之学的泛滥，对汉学与宋学进行调和的趋势便出现了。很多学者开始替荀子被罢祀鸣不平，凌廷堪称："若夫罢荀卿从祀，祧七十子而以孔孟并举，此盖出后儒之意，于古未之前闻也。"③ 王耕心则称："荀子之罢祀，创于张璁、桂萼之徒；不知张、桂何人，竟能黜荀子之祀典！而近世专僻之儒，犹不肯详绎本书，仍事排摈；此无他，至诚恻怛之绝学，非兼善通识之贤俊，决不能悉其渊源也。"④ 严可均称："孔子之道在六经，自七十子后，绍明圣学、振扬儒风者，无逾孟子、荀子。而孟子配食于孔子庙堂，荀子有《性恶》一篇，为宋儒所诟病，前明黜其从祀，此非万世之公议也。"⑤

进入清代以后，随着乾嘉考据学及诸子学的兴起，荀子及《荀子》重新回到人们的视野中。清儒主要做了四个方面的工作。一是对《荀子》文本进行校勘、整理、注释和研究。出现了谢墉、卢文弨的《荀子笺释》，王念孙的《读荀子杂志》，郝懿行的《荀子补注》，惠栋的《荀子微言》，俞樾的《荀子平议》，王先谦的《荀子集解》等大量作品，成绩斐然。二是对荀子的"礼"学进行挖掘。礼学名家凌廷堪作《荀卿颂》，其中就提到孟子仅得

---

① （清）范家相：《诗沈》卷二《总论下·荀子》，《景印文渊阁四库全书》第88册，第607页。
② （明）归有光：《震川集》卷一《荀子序录》，《景印文渊阁四库全书》第1289册，第14页。
③ （清）凌廷堪：《校礼堂文集》卷二十六《孟子时事考证序》，《续修四库全书》第1480册，第292页。
④ （清）王耕心：《贾子次诂绪记》，参见（汉）贾谊撰，阎振益等校注《新书校注》附录四《序跋》，中华书局，2000，第548~549页。
⑤ （清）严可均著，孙宝点校《严可均集》，浙江古籍出版社，2013，第103页。

礼之大端，而"荀卿氏之书也，所述者皆礼之逸文，所推者皆礼制精意"，"荀氏言仁，必推本于礼"。① 民国学者王德箴也说："荀卿之学，虽牢笼万态，而以隆礼为第一。"② 三是为荀子正名，对"性恶"论及"非十二子"等进行辩解。如章学诚对荀子的"性恶"就有独到的见解，认为"荀卿之意，盖言天质不可恃，而学问必藉于人为"③。钱大昕在《跋荀子》中，也称当时理学家表面上盛赞孟子的性善之说，而实际上是"暗用荀子化性之说"④。四是倡议荀子复祀孔庙。严可均在《荀子当从祀议》中就指出："荀子当从祀，实万世之公议也。"⑤ 姚谌作《拟上荀卿子从祀议》，认为荀子不仅应该复祀，还应该升级，从先儒升入先贤一级，"位次七十子下"，同时当"颁其书天下，与《孟子》并列学官"⑥。

清代荀学的复兴，也带动了人们对荀子及荀学地位的重新认识。一千年前韩愈将荀学定调为"大醇而小疵"，中经低谷，一度还被朱熹称为"荀卿则全是申韩"⑦，将其排斥在儒家之外。后来，四库馆臣重新予以定位："平心而论，卿之学源出孔门，在诸子之中最为近正，是其所长；主持太甚，词义或至于过当，是其所短。韩愈'大醇小疵'之说，要为定论，余皆好恶之词也。"⑧ 乾嘉以后，随着荀学的进一步繁荣，很多人就不再满足于这个评价了。郝懿行在《荀子补注》书末附有《与王伯申引之侍郎论荀卿书》，就认为荀子"其学醇乎醇"⑨，而不仅仅是"大醇小疵"了。章太炎作《后圣》则说："自仲尼而后，孰为后圣？曰：水精既绝，制作不绍，浸寻二百年，以踵相接者，惟荀卿足以称是。"⑩ "后圣"显然是针对孔庙"四配"（复圣颜子、宗圣曾子、述圣子思、亚圣孟子）提出的一个颇具挑战性的名号。足

① （清）凌廷堪：《校礼堂文集》卷十《荀卿颂》，《续修四库全书》第1480册，第170页。
② 王德箴：《先秦学术思想史》，美吉印刷社，1935，第103页。
③ （清）章学诚著，叶瑛校注《文史通义校注》（上册），中华书局，1985，第354页。
④ （清）钱大昕著，陈文和主编《嘉定钱大昕文集》（玖），江苏古籍出版社，1997，第454页。
⑤ （清）严可均著，孙宝点校《严可均集》，浙江古籍出版社，2013，第105页。
⑥ （清）姚谌：《拟上荀卿子从祀议》，参见沈粹芬等辑《清文汇》下册，北京出版社，1996，第8页。
⑦ （宋）黎靖德编《朱子语类》卷一百三十七《战国汉唐诸子》，第3255页。
⑧ 《四库全书总目》卷九十一《子部·儒家类》，《景印文渊阁四库全书》第3册，第4页。
⑨ （清）郝懿行：《荀子补注》，收入四库未收书辑刊编纂委员会编《四库未收书辑刊》第6辑第12册，北京出版社，1998，第37页。
⑩ 姜义华：《章太炎语萃》，华夏出版社，1993，第18页。

见荀子地位的空前提高。

清代以来，学人们不断地致力于为荀子争取儒学正统地位。这种努力，除了表现在推崇荀子的传经之功，如张佩纶称："宋儒自孟子一派衍出，汉儒自荀子一派衍出，何可偏废哉！"① 陶希圣称："尊崇孟子，无须贬抑荀子，应有以显示荀子传经的统系。"② 还表现在另外两个实质性的建议上：一个是如上文所提及的呼吁将荀子复祀孔庙，一个是主张将《荀子》升入经部。姚谌的《拟上荀卿子从祀议》不仅建议复祀荀子于孔庙，还建议"颁其书天下，与《孟子》并列学官"，正是朝着这两个方向所作出的努力。宋代《孟子》升格为经，孟子配享孔庙，这些都构成此后孟子儒学正统地位得以确立不移且深入人心的非常重要的底气来源。清儒们在为荀子争取正统地位的时候，就是在依据这些经验前行。梁涛教授提出一个"新四书"③ 的说法，主张将原来四书中的《大学》《中庸》重返《礼记》，再增《荀子》，进而组建《论语》《礼记》《孟子》《荀子》为"新四书"，这应该也是借鉴了以上经验。

复祀荀子入孔庙的建议，民国以后已经很少有人提了。其实何止于此，自民国 8 年（1919），颜元、李塨最后一批入祀孔庙以后，整个孔庙从祀活动就都停止了。由于特殊的时代背景，孔庙祭祀在我国大陆沉寂了几十年时间，直到 20 世纪末才开始慢慢恢复。而今祭孔活动又开始年年举办了。单就实质而言，它是属于纪念性的，孔庙祭祀制度并没有活态化。大局如此，提议荀子入祀自是"不合时宜"。台湾的黄进兴先生曾有此宏愿，力图呼吁荀子从祀孔庙，④ 但似乎也是力难从心。他在《荀子：孔庙从祀的缺席者?》

---

① （清）张佩纶著，张剑等主编《张佩纶日记》（上），凤凰出版社，2015，第 237 页。
② 张其昀：《中华五千年史》第五册《春秋史（后编）——孔学今义》，中国文化大学出版部，1979，第 213 页。
③ 梁涛：《"新四书"与"新道统"——当代儒学思想体系的重建》，《中华读书报》2014 年 4 月 2 日，第 15 版。
④ 2016 年 9 月，应北京大学人文社会科学研究院的邀请，台湾中研院院士、副院长、历史语言研究所所长黄进兴到访北京大学。这期间，接受了北京大学高等人文研究院陆胤的访谈。黄进兴先生在言及自己的孔庙研究时说："又如在清代的时候，荀子已经越来越重要，让荀子进入孔庙的呼声已经很高了，但最终还是没办法，没能进去。所以我自己写一篇《孔庙的缺席者：荀子从祀考》。"参见陆胤《访谈 | 史语所所长黄进兴：为什么说孔庙是儒教的圣域》，澎湃新闻，2016 年 11 月 15 日，http：//www.thepaper.cn/newsDetail_ for-ward_ 1559992。

中是如此写的："内、外环境如此，荀子的复祀愈加渺茫。职是之故，荀子至今犹是徘徊于孔庙门外的游魂。"① 读之，颇能体会其无可奈何之处。大陆地区"复祀荀子"的倡议，是于 2017 年 11 月 5 日在济南召开的"荀子思想与治国理政"学术研讨会上首次提出来的。这些建议反映了荀子学术形象在当代的重塑进程。

从祀制度是孔庙祭祀体系密不可分的一部分，也是孔庙中最具有历史感、最能反映时代思潮变迁的展示板。从祀人员的黜入升降，与每个时期的学风变迁、政治导向、学派论争密切相关，它构成一种复杂的联动关系。荀子作为先秦时期继孔子、孟子之后的又一重要思想家，他在孔庙中的进退波折，无疑是充满启示意义的。

（责任编辑：法帅）

---

① 黄进兴：《优入圣域：权力、信仰与正当性》（修订版），中华书局，2010，第 380 页。

二十一世纪的《荀子》思想研究：
现况、课题以及未来展望

佐藤将之[*]

[摘　要]　本文的目的在于厘清过去《荀子》研究多样且复杂的问题意识的脉络，借此展望推进"荀学"复兴的可能性和方向。《荀子》研究的困境并非来自研究者或资料的不足，而主要应该来自《荀子》思想研究所固有的四种问题：（一）学者在开始研究时，对《荀子》的思想特质的定位和历史意义已有很坚固的成见；（二）无法摆脱固定历史评价和固定文本解读之间的"循环论证"；（三）由《荀子》专题研究所导出的见解和中国哲学通史所提出的见解之间的鸿沟；（四）长期以来《荀子》研究隐含同样研究见解的重复出现的结构。本文在检讨如上四个问题的情形后将提出未来《荀子》研究所要发展的方向。本文也附上在开始《荀子》思想研究的时候首要阅读的十本研究专书，以便提高初学者进行《荀子》思想研究的效率。

[关键词]　荀子　荀子思想　《荀子》研究　荀学

一　《荀子》思想研究的重建

在现今中国哲学、思想或经典研究的领域中，愈来愈显著的情形是《荀子》研究的快速成长。当今《荀子》相关的学术著作，包括批注、当代语

---

*　[作者简介]　佐藤将之（Sato，Masayuki），日本川崎人，台湾大学哲学系教授，荷兰莱顿大学汉学博士。

言或外文翻译、博硕士论文以及相关论述之总量，已有超过五千笔之势，并且，其中大概三分之二是最近二十年才出版的。据笔者所悉，从 1990 年迄今以《荀子》为主题的国际学术研讨会也总共召开过八场：六场在中国大陆，一场在中国台湾，一场在美国。① 特别是目前中国大陆的学术界正在进行学术环境的大规模整备和提升，并且由于过去二十年来还没有冷却的"国学热"所引起的从事国学研究人员之增加等因素，也确实将会促进《荀子》研究扩张之趋势。这几年来中国大陆的多所大学，如河北工程大学、邯郸学院、山西师范大学、山东大学等，陆续成立或筹备以《荀子》为主要研究对象的研究中心。在此扩张趋势之下，就从事研究《荀子》的相关学者而言，要应对与《荀子》相关主题的论文撰作之指导、审阅，相关研究成果之整理和评估以及协助上述研究机关所推行的各项计划之作业量，也将一年比一年增加。因此，在中文学界的《荀子》研究，与 20 世纪在所谓"中国哲学"学术研究领域的形成并行发展，迄今已成长为数量庞大的学者和学生的"《荀子》研究产业"。耐人寻味的是，在山东省的临沂市（苍山县）、河北省的邯郸市以及山西省的临汾市（安泽县）的政府和工商界也将"荀子"观光资源化，并且举办有关纪念荀子的不少活动。在这些机构所发表的相关文宣和公告讯息中，我们容易看到这些城市欲将"荀子"的形象提升为"文化品牌"的企图。这就是名正言顺的"荀子产业"的振兴。② 不过，叙

---

① 笔者得悉的相关会议有：（1）山东孔子学会："首届全国荀子学术研讨会"（1990 年 10 月 5～9 日）；（2）University of Michigan："Workshop on Virtue, Nature, and Moral Agency in Xunzi"（2001 年 3 月 10 日）；（3）台湾云林科技大学"荀子研究的回顾与开创"国际学术研讨会（2006 年 2 月 18～19 日）；（4）山东大学："荀子思想的当代价值"国际学术研讨会（2007 年 8 月 6～8 日）；（5）邯郸学院："荀子思想地位与价值"国际学术研讨会（2012 年 10 月 12～15 日）；（6）孔子基金会、山东社会科学院："荀子思想当代价值"学术研讨会（2013 年 10 月 13～14 日）；（7）邯郸学院："荀子研究的回顾与新探索"国际学术研讨会（2014 年 6 月 9～10 日）；（8）中国人民大学："海峡两岸荀子研究的新开拓"学术研讨会（2015 年 4 月 26 日）；（9）复旦大学、邯郸学院："荀子思想国际学术研讨会"（2015 年 11 月 13～16 日）。其中笔者所参加过的是（2）（3）（4）（5）（7）以及（8）。其中（3）为笔者所筹备，而（5）（7）（8）则为笔者参与筹备的。林桂榛提供其中（1）（4）（5）以及（6）的较为详细的会议消息。请参阅林桂榛《荀子生平、墓地研究及荀子研究的回顾与展望》，收于"Confucius 2000"网站（http://www.confucius2000.com/admin/list.asp? id=5923）。

② 譬如，请参看临汾市政府官网中的"荀子文化园"的网址（http://www.linfen.gov.cn/Article_ Show.asp? ArticleID=377）。

述这些文化活动当然并非本文的宗旨，笔者要在下文讨论的是《荀子》研究的"产业化"所会附带的一些问题。

首先要提及的问题是：为何21世纪这般如火如荼发展中的《荀子》思想研究的"崛起"或"产业化"，还要如本节小题选用以"重建"这样词语来形容？又《荀子》思想研究的"重建"、成形及扩大，将会带来《荀子》思想研究本身的发展吗？笔者之所以将此成长使用"思想研究的重建"来称呼，是因为此与学者和东亚知识分子对荀子评价的"平反"息息相关（后详述），尤其在台港澳学界广泛存在着对"荀子"（特别是其"性恶论"）的负面评价。然而进入21世纪后此状况也渐渐改善：在台湾，长期以来主张荀子"潜在的性善论"或"弱性善论"的学者刘又铭（台湾政治大学文学院）[①] 近年来进一步提倡"新荀学"——以对《荀子》的思想内容和历史角色下公正的评价为基础，重新勾勒出中国思想史上孟子和荀子的思想角色。[②] 路德斌（山东省社会科学院）也呼吁，由于《荀子》的所谓"性恶"概念并不等于"人恶"，吾人不应该将荀子"人之性恶"的部分过度解释为"人的本性原是恶"这样的方向。[③] 按照青年学者曾玮杰（台湾师范大学）的观点，除了刘又铭和路德斌之外，王楷、东方朔以及笔者等均属"新荀学"潮流的学者。[④] 再者，与此趋势并驾齐驱，梁涛（中国人民大学国学院）、吴文璋（台湾成功大学中文系）等海峡两岸的学者均提倡"新四书"，也就是主张将《荀子》放入所谓"四书"之中。[⑤] 其实，《荀子》研究数量的剧增是相当能被理解的。学者至少不会怀疑，《荀子》提供了相当丰富的学术题材给文史哲等人文领域以及政治学、社会学等社会科学的研究领域。那么，到此我们将要再次询问如上的第二个问题：21世纪

[①] 刘又铭：《从"蕴谓"论荀子哲学潜在的性善观》，《"孔学与二十一世纪"国际学术研讨会论文集》，台湾政治大学文学院，2001，第54页。

[②] 刘又铭：《当代新荀学的基本理念》，庞朴主编《儒林》第4辑，山东大学出版社，2008，第4页；刘又铭：〈儒家哲学的重建——当代新荀学的进路〉，《邯郸学院学报》第22卷，2012年第1期，第25~30页；等。

[③] 路德斌：《荀子与儒家哲学》，齐鲁书社，2010。

[④] 曾玮杰：《打破性善的诱惑——重探荀子性恶论的意义与价值》，花木兰出版社，2013，第13~15页。

[⑤] 梁涛：《郭店楚简与思孟学派》，中国人民大学出版社，2008，第560页；吴文璋编著《新四书》，（台湾）智仁勇出版社，2011。

"《荀子》研究"的重构及扩大会带来《荀子》思想研究本身的发展吗？笔者却不得不回答：恐不必然。下面我们将思考目前《荀子》研究内在包含的一些问题。

二　在"《荀子》研究"快速成长下的困境

笔者想先从近年在《荀子》研究领域愈来愈明显的情况谈起。众所周知，近年网络检索功能大幅发达。当今学者和研究生刚开始研究《荀子》而搜集过去的研究著作暨论文时，依靠网络和各种电子数据库进行搜集相关数据是相当普遍的。不过问题是，光靠网络搜集数据，对初学者而言，《荀子》相关文献数据的数量已经相当庞大，在论文检索系统中输入"荀子"，就会出现数百笔以上相关著作的列表，而且这些信息常常与互相没有脉络的信息混合。

再加上，由于在网络中找到的数据之分量已经够多了，此分量容易令人失去另外自己还去书库寻找纸本数据的意愿。而且，有鉴于网络数据库中能直接检索到的数据群通常多为最近几十年的，而《荀子》研究的历史光从引进西方哲学方法以来算起也已经超过了一百三十年，有关《荀子》思想研究的重要观点的主要类型可能在几十年前甚至一百多年前的著作中早已被提出来（后详述）。因此，很多重要的相关数据（尤其是论文本身），研究者还是最好自己进图书馆书库翻一翻。也就是说，搜集重要研究著作的作业实远超过靠网络能够入手的范围。

虽然对一个学术领域而言，研究人员的增加和成果数量的成长本身应该是一件好事，近年的《荀子》研究的状况由于经过快速的成长，新加入《荀子》研究行列的学者和研究生，就会面临着茫茫大海一般的过去研究成果，恐怕不知从何着手找寻自己的研究真正需要的参考数据。

另外，令人觉得讽刺的情形是，目前资料的数量有点"太丰富"的状况反而是造成初学者对过去重要研究不熟的困境，而这样的情况在哲学领域对《荀子》的研究中愈来愈明显。也就是说，以西方哲学为学科背景的学者及学生，在不熟悉过去相关研究之情况下，并不会努力梳理过去相关研究的脉络，而干脆直接在《荀子》文本中进行与西方哲学主要概念或论述所谓

"反向格义"之作业。① 当然，笔者并不意图褒贬由某种哲学概念或理论来"重点突破式"理解《荀子》哲学某种特点的做法，因为比较哲学的途径为近代一百三十年的《荀子》思想研究历史脉络中的重要一支。此途径确实扩大了《荀子》思想研究的地平线（horizen）和维度（dimension），并且让《荀子》研究与其他哲学议题能够接轨。这也特别是美国学者促进《荀子》研究的主要方向。以在 20 世纪 90 年代美国学者金鹏程（Paul R. Goldin）博士的研究为例，他尝试以许多西方哲学家和社会学家的主张，加上十几种西方哲学的术语，来说明荀子哲学的特质。②

不过，从研究《荀子》本身思想内容的角度来看的话，比较哲学途径的问题是，它常有反复挑选文本中同样或类似的研究主题——如"性论""天论"等——的倾向。因此近年在此方面产出的专书和论文的大部分论述，就算推进了相关探讨的若干深化，但就在对整体荀子思想的阐明而言，相比于《荀子》研究数量的急剧增加，研究内容本身却似乎一直处于并无大幅进展的状态。换言之，从《荀子》思想本身某个主题的阐明来看，近年产出的大部分研究内容实并不超乎过去研究所导出的论点之反复；其实际内容也只是借用《荀子》中一些有名的概念或论述来阐述作者自己的哲学观点或主张。

三 《荀子》研究本身所内含的四个问题

以上说明要加入《荀子》研究行列的时候之困难，主要是如何面对其过去研究的庞大总量，尤其是如何梳理如此大量《荀子》研究二手文献的问题。③ 不过，在这里笔者想要先讨论在《荀子》（特别是其哲学思想研究领域）中会妨碍初学者开拓新方向的另一原因。其实，这就是过去《荀子》研究所内含之本身根深蒂固的潜在态度或成见所引起的。换言之，由于《荀

---

① 参阅刘笑敢《"反向格义"与中国哲学研究的困境——以老子之道的诠释为例》，《南京大学学报》（哲学·人文科学·社会科学版）2006 年第 2 期，第 76～90 页；刘笑敢《中国哲学，妾身未明——"反向格义"之讨论的响应》，《南京大学学报》（哲学·人文科学·社会科学版）2008 年第 2 期，第 74～88 页。

② Paul R. Goldin, *The Rituals of the Way: Philosophy of Xunzi*, La Salle, Ill.: Open Court, 1999.

③ 笔者在下文将提供对如何梳理过去二手文献的问题之若干心得。

子》思想的大部分初学者从开始研究时就卡在此框架中，而无法进行较为客观的思想研究。

按照笔者的观察，初学者开始研究《荀子》思想的某种议题时，通常会碰到过去《荀子》思想研究本身所内包的问题，有如下四种：（一）学者在开始研究时，对《荀子》思想特质的定位和历史意义已有很坚固的成见；（二）无法摆脱固定历史评价和固定文本解读之间的"循环论证"；（三）由《荀子》专题研究所导出的见解和中国哲学通史所提出的见解之间的鸿沟；（四）长期以来《荀子》研究隐含同样研究见解重复出现的结构。值得注意的是，这样列出的四种状况并非单独发生，而常常彼此结合成一种恶性循环，导致初学者开始研究时无法顺利与过去《荀子》专门研究的成果接轨，或是受此恶性循环妨碍而无法推论出新的观点。这种状况，俨然成为研究《荀子》的一种"慢性疾病"。

为了讨论的方便，笔者接下来将从"一般对荀子思想形象之问题"到"专门研究《荀子》思想时的特殊问题"的方向一步步厘清。

（一）《荀子》思想特质的定位和历史意义之成见

在东亚地区，只要受过高中程度以上的历史教育，大概会知道荀子这位思想家的名字。高中历史的知识中，荀子的思想特色由"性恶论"一词来描述，而与所谓"性善论"的孟子对比。还有些人在历史或中国思想的通史中听过或看过韩非和李斯两人为荀子的学生这样的说法（后详述）。由于荀、韩两人均从理论方面和实际方面对秦始皇的天下统一有所贡献，荀子"性恶论"透过韩非、李斯两人的实践导致了秦始皇的法治虐政。也因此，荀子被视为一位现实主义者，借用冯友兰的说法，也就是一位"realistic wing"的思想家。[①]

一般对荀子思想意义的评述，多由这一点导向批判荀子思想对此后历史影响的严重后果。这般批判，源于唐代韩愈对荀子思想的评语，经过北宋苏轼（1037～1101）的《荀卿论》以及宋理学家的相关言论，直到晚

---

① Feng Yu-lan（Feng Youlan）冯友兰：*A Short History of Chinese Philosophy*（N. Y.：Macmillan, 1948），p. 143. 相对的，孟子则被称呼为"idealistic wing"，同上书，第68页。

清谭嗣同（1865～1898）《仁学》的论述中愈来愈显著。[①] 讽刺的是，哲学和文献考据的方法论虽然已逐渐普遍，但过去半个世纪学者对荀子的言论中，此种情形仍然没有改变。在台湾和港澳的学界，所谓当代新儒家在崇拜孟子民本论的气氛中，荀子的思想被视为阿谀帝王极权，成为永久摘去此后中国思想发展之民主幼芽的祸首。有鉴于此，许多人以孟子宣扬民本而荀子提倡尊王；孟子排斥霸道而荀子王霸混杂；孟子赞扬"士"的自主性而荀子只提及顺从主上的"臣道"等二分法来理解孟、荀之间的思想关系。

以上形象是广泛的传统知识分子对荀子思想内容和历史定位的固有成见。下面所观察的则是近现代的比较历史学家对荀子思想在历史角色上之成见。研究中国古代史的历史学者长期所注重的议题，是秦汉两朝如何达成之后延续两千年的大一统国家与社会。在此探讨上，历史学者们对荀子"礼治"思想的评估态度，虽然没有看得像韩非子"法术"思想那么苛刻，也没有简单看作极权的理论基础，但其观点背后却仍存在着"荀子支持或对皇帝专制的建立有所贡献"的前提，使得荀子思想的自主性和理想性大打折扣。这种观点在中国大陆和日本历史学者的相关研究中都可以观察出来。

先看中国大陆学者的观点。大陆学者在共产革命以来由历史决定论看待荀子思想的主要功能和其历史意义。毋庸讳言，大陆学者之研究在马克思、恩格斯历史唯物论的模式之下，将荀子认定为某种阶级的利益代表者，而由此来评估或批判荀子思想的历史角色。然而若采取此途径，将荀子视为"战国时代新兴地主阶级"的话，便无法说明荀子为何主张"没落的古代奴隶制贵族"的社会规范——"礼"。

相形之下，日本20世纪六七十年代相当流行的"秦汉国家形成论"也将荀子思想的角色和意义看得相当被动。日本学者的途径倾向推论荀子受到战国整段历史迈向统一的趋势之影响，并且荀子思想在此趋势中相对应地提

---

① 列出历代批注家和传统知识分子对《荀子》的批判（以及辩护）的著作非常多，兹只举其中两本提供最完整之说明者。请参阅桂五十郎（湖村）《叙说》，收于桂五十郎译注《汉籍国字解全书·荀子（上卷）》，早稻田大学出版部，1913，第1～103页；马积高《荀学源流》，上海古籍出版社，2000。

供给大一统帝王一张社会制度蓝图。在此，荀子被描述为协助我们现在所知悉的历史结果（即统一天下）的思想家。

不过问题是，荀子当时在思想上是主动协助秦国来进行统一吗？换个提问方式，荀子是否认为当时秦国的扩张会自动导致由秦统一天下之必然趋势呢？至此，我们必须区分战国当时人面对当时与未来社会的展望（vision）和历史学家事后来回顾（retrospection）过去事件的历史意义。就荀子本人的展望这一点而言，荀子并未将他所观察到的正在进行的领土扩张的秦国看作能够因此达成统一大业。在此需要考虑的一点是，即便荀子受到当时历史趋势的影响，这也是所有战国末年的思想家所共同面对的问题，并不只发生在荀子身上。按照这个思路，我们应该要问的是：同样的前提下，荀子所受历史趋势的影响之程度，与其他思想家相比如何的问题。具体而言，荀子与韩非或《吕氏春秋》的作者们，孰受此历史趋势的影响较大？

接着，我们也要理解荀子本人到底对于不久后的将来由秦来达成中国统一的可能性有什么看法。其实很讽刺的是，对于未来统一的可能性这一点而言，荀子和韩非子两人均没有对秦国在短时间内能够统一中国抱持乐观的态度。至少荀子将秦国的军事力贬为"末世之兵"（《荀子·议兵》）。这意味着，无论军力实际上多强大，或其他国家的军队相对如何弱势，荀子坚信不合乎仁义原则的秦国军力不可能开创天下太平的新世界。

根据《史记·李斯列传》，司马迁言李斯跟着荀子"学帝王之术"，司马迁此记载似乎暗示着秦始皇之达成统一天下的主要原因之一就是李斯跟着荀子学到"帝王之术"。若是如此，就历史与思想之间的关系而言，比较正确的说法应该是，荀子"帝王之术"（虽然司马迁并没有清楚地说出其"术"的具体内容）的思想反而影响到实际的历史。而且，若我们考虑到荀子礼治理论还影响到汉朝礼制的建立，荀子思想的历史意义应该在战国时就奠定了未来汉朝四百多年的政治、社会制度的基础。①

---

① 关于《荀子》礼治思想和其"人"观对汉朝以后的东亚国家和社会制度的广泛深刻的影响，请参阅佐藤将之《荀子礼治思想的渊源与战国诸子之研究》，台湾大学出版中心，2013，第267~274页；佐藤将之《〈吕氏春秋〉和〈荀子〉对"人类国家"构想之探析：以其"人"观与"群"论为切入点》，《政治科学论丛》第69期，2016年9月，第149~182页。

（二） 无法摆脱固定历史评价和固定文本解读之间的 “循环论证”

接下来，我们把上面观察过的《荀子》思想的历史评价问题，在更为具体的例子中来进一步检验。就《荀子》思想的形象而言，在中国思想的相关文献当中，并没有像《荀子》如此长期 （一千年以上！）脱离不了仅仅一两种固定形象的思想家：即 “性恶论” 和与韩非的师生关系。而且，此两者的形象还构成互相论证的一环。

通常论者主张荀子 “性恶论” 与韩非子的人观互相类似这一点时，其论据往往是荀子和韩非子有师生关系这一点。同样的，论者提及韩非子是荀子的弟子时，其主张的背后含有 “因为荀子‘性恶论’与韩非子的人观互相类似” 的前提。如此，“荀子和韩非子有师生关系” 的见解和 “荀子‘性恶论’与韩非子的人观互相类似” 两个见解，构成互为支持的循环论证。

就一般的理解而言，将韩非的思想看作奠基于荀子思想这样的主张，听起来并不觉奇怪，然而，少数真正从事比较分析的学者几乎都会发现两位思想家的 “人性论” 之间具有显著的差异。问题是，虽然仍有少许例外，但学者基本上仍不敢主张 “荀子和韩非之间恐怕没有师生关系” 这一点，而停留在提出 “即使韩非为荀子的学生，但韩非与荀子的思想有极大差异” 观点的方式。当然，过去学者在态度上如此保留是有理由的。主要原因是，由于司马迁在《韩非列传》中的著名记载：“（韩非）与李斯俱事荀卿，斯自以为不如非。” 使得即便辨别出荀、韩具有显著哲学差异的学者，仍被迫承认两者的师承关系。司马迁记载历史的准确性，从未被传统知识分子质疑，连研究早期中国哲学思想的现代学者（除了少数例外）基本上也未曾挑战之。因此，这项记载始终是作为主张两者哲学思想相仿的学者的重要根据。一方面利于解释荀子和韩非之间的 “共同” 思想特色；另一方面，却也阻碍那些辨别出两者差异的学者进一步论证荀子和韩非属于不同哲学传统。荀子与韩非关系的讨论因而陷于循环论证：两位思想家的共通处可藉由韩非为荀子学生的 “史实” 来解释，司马迁记载的准确性也根据两个思想看起来相似的印象而被 “证实”。一旦这样的循环论证被用于荀、韩关系的讨论，就妨碍了学者进行更进一步客观且全面的比较分析，甚至由此导致推演出荀子应担负秦国虐政及灭亡之理论责任的主张。

因此，澄清荀、韩关系的首要之务即为切断以下两个主张之间"循环论证的联结"：（1）韩非为荀子的学生；（2）韩非思想溯源于荀子的人性论。若将此两个主张看作独立的主张来个别检验其论据，可以观察出以下两点。第一点：司马迁并未使用他描述李斯的方法来描述韩非。然而，这一点仍难以证明司马迁对于荀、韩关系的记述是史实或是纯然虚构。第二点：若检视韩非"性"字的全部用法及其人观的特质，并且与《荀子》及其他文本比较分析的话，两者的"性"概念和人观中看起来比较类似的部分，实际上在其他文献中几乎也都可以找得到。重要的是，虽然荀子和韩非大致同意人类普遍有"趋利避害"或是"做事基本上为了自己，不是为了他人"的倾向这一点，韩非思想中的这种特质，比起荀子的思想倾向，反而是与战国其他诸子文献中的立场更为一致。不但如此，就针对统治者是否要善用人的趋利避害以及"为己做事"的倾向之问题上，荀、韩两人却采取了彼此格格不入的态度。韩非所采用的观点是慎到和田骈等稷下学者（"凡人为己，不为他人做事"）的人观，以及善用此倾向的统治理论。反之，荀子则坚持"全人类一样且具备道德可塑性"为大前提的人观，而且从荀子的理路无法导出人主善用如此人之特性的想法。因此，韩非的人观应该直接整合慎到和田骈等稷下学者或"前期法家"的观点，也就是说，荀子的"性"论和韩非的人观之间，应该没有直接的思想影响关系。[①]

（三）荀子专题研究和中国哲学通史所提出的见解之间的鸿沟

如上所述，《荀子》思想的两种形象可以说是作为理解中国思想意义的一种千年传承下来的基因，但其内容的适切性迄今几乎都没有被仔细检验，却仍影响到对《荀子》思想的一般理解。讽刺的是，虽然过去世界各地的各种《荀子》思想专题研究不断地勾勒出与如上《荀子》传统思想形象不同的内容，遗憾的是这些专业的研究见解无法成为下一世代研究的出发点。主要原因在于，学者和研究生在刚开始研究《荀子》思想时，通常会先参考对中文界的中国思想哲学具有广阔影响力的著作，而比较遗憾的情况就是目前

[①] 对这一段主张的详细论证，请参阅佐藤将之《荀子礼治思想之渊源与战国诸子之研究》，第237～260页；佐藤将之《〈荀子〉的人"性"论是否为〈韩非子〉"人"观的基础?》，《陕西师范大学学报》（哲学社会科学版）2017年第4期，第104～117页。

大部分中文界的中国哲学通史的内容很少吸收过去《荀子》思想专题研究的相关成果。因此，只能依靠这些通史来作为理解《荀子》思想第一步的初学者，便无法脱离如上的困境。结果，在《荀子》思想研究中所获得的见解和其他支配学界的有关《荀子》思想意义的理解之间的距离一直无法缩短。

上述论及在大陆仍有影响力的冯友兰等过去的大陆学者对《荀子》思想的理解之一些问题。若我们观察其他华语地区的研究，由于海峡两岸长期以来的意识形态对立，其实冯友兰《荀子》见解对台湾和港澳地区的学者、学生的影响力比较有限。而且就整体而言，由大陆学者写的中国哲学通史，原来并没有将荀子思想的历史意义描述得较为被动，也没有太过负面。相形之下，台湾和港澳学界的学者则将《荀子》基于如上两种形象（即荀子为孟子的批判者以及韩非的老师）直接论断《荀子》思想的负面意义，甚至如此理解从 20 世纪 80 年代到 21 世纪初几乎成为此区域学界理解《荀子》思想内容和意义的"典范"。就在大陆之外中文地区学界对《荀子》思想的理解情况而言，扩大负面形象之影响最大者，莫过于劳思光的《中国哲学史》中相关的论述。此书在 1968 年香港出版第一版以来重版十次以上，迄今长达四十年以上在台湾和港澳地区很多大学的中国哲学相关课程中作为主要课本来使用。因此，在该地区对《荀子》的理解中，劳思光的影响力远远大于任何其他有关《荀子》相关专书的内容。①

据笔者所悉，劳思光专论《荀子》哲学的文章只有两篇：一篇是在 1954 年以"苞桑"的笔名在《民主潮》杂志（4 卷 12 期）上发表的《牟宗三〈荀学大略〉读后感》的书评，另一篇则是 1961 年在《大学生活》杂志（7 卷 13 期）上发表，后来收入于 1968 年出版的《中国哲学史》第一卷第六章的《荀子与儒学之歧途》。在《中国哲学史》中的章题亦是"荀子与儒学之歧途"。② 除此之外，劳思光在《中国哲学史》第一卷第七章"法家与秦之统一"之论述中花了三页列举荀子思想和韩非思想之间的三个共同点。③《牟宗三〈荀学大略〉读后感》的大部分内容，如其标题所示，大体属于整

---

① 从香港崇基书局出版。本论所参考的为 1984 年在台湾出版的新版。请参阅劳思光《新编中国哲学史》（第 1 卷），三民书局，1984。

② 劳思光：《新编中国哲学史》（第 1 卷），第 329～374 页。

③ 劳思光：《新编中国哲学史》（第 1 卷），第 354～356 页。

理《荀学大略》主要内容的笔记。其实,《中国哲学史》《荀子与儒学之歧途》的内容也很少提供对文本的考证,基本上只提出劳氏自己对《荀子》的看法。不过,只通过其整理性或论辩性的论述,劳思光竟然成为在台港澳地区发挥影响长达四十年的《荀子》形象研究学者。

首先,我们要注意,劳氏对《荀子》思想的理解基本上依靠牟宗三《荀子大略》的理解架构。① 劳思光在其对牟著的书评中,开宗明义地说:"倘若一个人不能把握荀子学说的整体理论脉络,则对于性恶说便很难有彻底了解"(着重号由笔者所加),而断论孟、荀性论对立的"真面目"的人很少。② 因此,对劳氏而言,牟著"不重细微处之琐屑讨论,而在作一整体性的阐释及评估"(着重号由笔者所加)③ 的作业,就合乎理解荀子性恶论的"真面目"中最为关键的诠释工夫。其实,劳氏对牟著的高度评价已在《中国哲学史》的序文中透露,劳氏言:"牟宗三先生阐述儒学精义而有解荀子与王阳明的专论……"(着重号由笔者所加)。

接着,劳氏对《荀子》文本和主要概念的阐述,与牟著《荀学大略》的阐述态度一样,几乎没有从荀子思想本身的脉络来理解;与此相反,劳氏论述的基本态度是,由劳氏对《荀子》某段论述在自己的理解或信念中,与劳氏所理解的孟子性善论之深刻认同对立起来。其实,如此的《荀子》理解就是回归到传统知识分子偏好的荀子观,而这与民国时期以来至今,许多《荀子》专家对其文本和思想本身的研究所获得的见解有很大的差异(后详述)。

劳思光认为,儒家思想的"理论体系"(劳氏言)成于孟子。孟子由性善、四端以及养气之说来建立重德之价值哲学的框架。而如劳书该章的题目所称,荀子则"未能顺孟子之路以扩大重德哲学而言,是为儒学之歧途"。其原因为"荀子倡性恶而言师法"。因此,他认为荀子"终堕入权威主义,遂生法家"。劳氏还加了一句话:"学者观此处之大脉络,则亦可知荀学之歧途,固无可置疑者。"④ 其实,劳氏所言本身也未超出此"大脉络"(或牟著

---

① 劳思光:《新编中国哲学史》(第1卷),第4页。
② 苞桑(劳思光):《牟宗三〈荀学大略〉读后感》,《民主潮》4卷12期,1954,第17页。
③ 苞桑(劳思光):《牟宗三〈荀学大略〉读后感》,第17页。
④ 劳思光:《新编中国哲学史》(第1卷),第329~330页。

所称的"大略"）之范围：他对荀子哲学的理解完全依靠所谓（也即以劳氏的理解诠释的）"性恶论"，以及对"荀子→韩非的思想系谱是历史上存在过的"两点信念的演绎而来。在此劳氏之所以称（荀子哲学的）"大脉络"，是因为这实为以"性恶论"来理解《荀子》思想意义的全部。由于劳氏正如同宋儒一般，将荀子哲学的"本质"评断为其所理解的"性恶论"，而同时完全忽略所谓"性恶论"可能只构成整体《荀子》思想体系的一部分。在此劳氏的理路很明显：孟子有道德内在的自觉，而这是我们所要赞扬的儒家哲学之精华；而与此相比，荀子之"性恶论"则只注意"人性"中的实然，意即劳氏所界定的"动物性"。因此，劳氏认为，从这样对于人的理解只好导出人需要外在规范，而由此堕落"权威主义"。在此前提之下，就劳氏而言，荀子和韩非的思想特色便可以互相拉近。劳氏道："韩子承荀卿性恶之说而更作推进；认为人之本性只知计较利害，无善恶的意识。"①

由是观之，从整体主张内容来看，劳思光对荀子哲学的特质以及与韩非思想关系的相关主张可以归纳为：（1）"因为韩非为荀子的弟子，韩非法术理论渊源于荀子的性恶论"；（2）"因为韩非的法术为秦帝国的统治理论基础，荀子的性恶论亦是秦国暴政的远因"两点的组合。如上两个主张可再分为如下四个基本观点：（a）"韩非为荀子的弟子"，（b）"韩非法术论渊源于荀子的性恶论"，（c）"韩非的法术为秦帝国的统治理论基础"，（d）"荀子的性恶论亦是秦国暴政的远因"。按照劳氏的理路，由如上（a）到（c）三点便可以导出（d）的结论，而此第四点（d）的"结论"应该就是劳氏把荀子与孔孟的论述切开而与"法家与秦之暴政"一项连起来的原因。

然而，如笔者对荀子和韩非思想的比较研究所示（上文也概述了要点），第一点（a）和第二点（b）彼此构成循环论证的一环，在严格的思想史分析的方法来看，（b）点韩非的法术理论是否渊源于荀子思想是难以论证的。其实同样地，从实证历史研究或实证思想史研究的途径，韩非的法术思想是否成为秦始皇与李斯的统治理论基础这一点本身亦难以证明，理由在于：显然韩非所提出的统治蓝图不等于虐政或暴政。劳氏在论述韩非政治哲学与秦

---

① 劳思光：《新编中国哲学史》（第1卷），第356页。

国的实际统治之间关系的时候，似乎将专制和虐政混在一起；而劳氏的论述
中提出的"荀子性恶论→韩非法术论→秦朝暴政"的理解模式正好与苏轼以
来的传统荀子观相吻合，只是劳氏之论由许多当代哲学术语来"修饰"成如
上传统理解模式而已。

关于这一点，或许有读者会认为，就算劳氏对荀子思想的理解以"性恶
论"为中心建构，但假若他的说明至少根据了当代的哲学分析，他的哲学途
径对荀子"性恶论"的理解应该仍有某种程度的妥当性。针对这一点，笔者
只能说，劳氏的荀论基本上脱不出由他自己对《荀子》"性"概念的片面理
解而建构的框架，他并没有按照荀子（或《荀子》的作者）在文本上主张
的脉络来阐述其"性"论的思想特质。①

我们先检视劳氏对荀子"性"概念和整体"人"观的理解相当武断的
这一点。众所周知，劳氏对荀子的性概念之理解是"绝非人之 essence"而
是"事实义"的"动物性"。劳氏根据如此理解接着主张："（荀子）不能说
明'性恶'之人何以能有'人为之善'……遂伏下荀子理论之致命因子。"②
其实，"性恶之人为何能为善？"的质问亦代表传统反荀知识分子历来所提出
过的论点，而并非只是劳氏特别的发明。不过就身为当代的哲学家的论述而
言，劳氏对荀子"性"概念的理解有两个问题。

第一，荀子并没有将"性"概念直接与"动物性"相结合，正如劳氏
所引用的，荀子只说："凡性者天之就也，不可学，不可事。"（《荀子·正
名》）这"性"概念系指"生命体被赋予的属性"，何必只以含有负面价值
意涵的"动物性"来称呼之？不但如此，若我们反观《孟子》中的"性"
概念，正如《告子上》中孟子对告子说"生之谓性也"一句其实并没有反
对。这意味着，就孟子而言，"性"概念并不只系"仁义礼智"或其"四
端"而已，还含有"生命的动力"之意。③ 如此，尤其在我们考虑到荀子并
没有说此"性"代表"动物性"的事实时，劳氏所提出的"孟子的性 =

---

① 关于针对劳氏"性"="essesnce"这样的观点的批判，请参看萧振声《论人性向善论——
一个分析哲学的观点》，《"中央大学"人文学报》2007 年第 51 期，第 93 ~ 94 页。
② 劳思光：《新编中国哲学史》（第 1 卷），第 333 页。
③ 《孟子·告子上》：告子曰："生之谓性。"孟子曰："生之谓性也，犹白之谓白与？"曰：
"然。"

人的本质" vs. "荀子的性＝动物性"的模式就有太过强调彼此对立面之嫌。不过，如劳氏所称，孟子确实强调"性"概念中的"人之所以为人"之部分——"道德意涵"——这一点大概是可以接受的。因此，真正的问题为如下第二点：即便荀子对"性"概念只看一种"动物性"，这是否等于说荀子认为"动物性就是人类的本质"呢？劳氏的论述明显包含往此方向引导的意图。劳氏即主张荀子的"人之性既恶，则人只有动物性"（着重号由笔者加）。在此劳氏把荀子的"性＝动物性"的观察忽然跳到"人＝动物性"的结论。在此劳氏完全忽略就荀子而言"性"只不过人类所含有的属性之一而已（对荀子而言也有人之"心"、人之"伪"、人之"虑"、人之"能"等）这一点。荀子从未由"性"字来代表（劳氏所意味的）人类的本质。也就是说，荀子从来没有主张"人"并不具有道德性，遑论荀子主张人就是"只有动物性"的生物。相反，荀子对这一点在《王制》中即称：

> 水火有气而无生，草木有生而无知，禽兽有知而无义，人有气、有生、有知，亦且有义，故最为天下贵也。

在这一段中荀子清楚地以"义"的有否来区分人类和动物的特质。荀子在《非相》中也称：

> 今夫狌狌形状亦二足而无毛也，然而君子啜其羹，食其胾。故人之所以为人者，非特以其二足而无毛也，以其有辨也。夫禽兽有父子，而无父子之亲，有牝牡而无男女之别。故人道莫不有辨。

对荀子而言，只有人类才具备的"辨"，系指做出人伦道德上的判断能力。由是观之，对荀子而言，即使"人"的"性"部分无法靠自身改善，但这绝对不等于整体意义上说"人"并不具备"化性"的能力。在这里所要发挥的能力就是"义"和"辨"，而这两种特质是如上荀子所称不外乎人类固有的。荀子强调"性伪之分"——生物的倾向和"伪"这种人类特有的伦理工夫——的意义也就在这里。也就是说，荀子主张，"人"需要藉由发挥"人"的"性"中所含的其他属性——"义""辨""虑""能""伪"等——的功能来达成"化性"。

除此之外，劳思光对《荀子》"性恶论"的解释还有荀子所说的"恶"是否涉及人的"本质恶"问题，而这一点在过去一百三十年来的近现代《荀子》思想研究中已不断地被重述。荀子所说的"性恶"其实并不是"性"本身的"本质恶"或"本源恶"，只是指放纵"性"所会产生的"乱"之"结果恶"。劳氏则完全无视此过去荀子研究不断提出过的重要论点，而保持荀子"性论"的"恶"为"本质恶"，回到"人之性即恶，何以能成为圣人？"（按：前一句的劳氏之读法为：若人的本质是"恶"的话……）的宋儒以来之传统反荀观点。

除此之外，劳氏对荀子思想中的其他概念和主张之理解也有不少问题，如荀子所说"制天命"的部分，解释为"制天"①；用模糊的"权威主义"这样的术语来评断荀子政治思想的基本性格等。针对这一观点，正如吴文璋曾提出的批评："荀子并非以'外在权威秩序'代'内在道德秩序'，而是以'知性的道德主体'作为每一个人内心中价值根源，并成就客观的礼义法度。"②

毕竟，劳氏的荀子论基本上无视从民国时期以来丰富的孟荀性论比较分析的成果，而只是在牟宗三《荀学大略》的压倒性影响之下所写出来的。很讽刺的是，与劳氏的主张相反，从20世纪20年代以来，如冯振③、姜忠奎④、罗根泽⑤、陈大齐⑥等学者不断地提出孟荀的"性论"并不像表面上所看见的那么彼此对立的观点，至少他们的论述并非如劳思光所主张的"重细微处之琐屑讨论"的论述。

由是观之，劳思光虽然根据当代哲学方法和文化精神的关怀对《荀子》哲学的"意义"提供了貌似客观的阐述，但他的论述实际上只不过代表由一些哲学术语来修饰如上传统之知识分子的根深蒂固的《荀子》观的

---

① 这一点恐怕受到劳氏自己严厉批判其内容的胡适《中国哲学史大纲·上卷》中的荀子相关论述之影响。

② 请参阅吴文璋《荀子哲学与权威主义》，《儒学论文集——追求民主科学的儒家》，复文图书出版社，2006，第17页。

③ 冯振：《荀子性恶篇平议》［原出版于1923年，今收于《无求备斋荀子集成（第38卷）》］。

④ 姜忠奎：《荀子性善辨》［原出版于1920年，今收于《无求备斋荀子集成（第38卷）》］。

⑤ 罗根泽：《孟荀论性新释》（原出版于1930年，今收于《诸子考察》，人民出版社，1958），第377～384页。

⑥ 陈大齐：《孟子性善说与荀子性恶说的不相抵触》，《孔孟学报》1967年第13期。

叙述。① 仅根据自身心性论哲学价值的信念，将整体《荀子》思想体系简化成他所理解的缺乏"内在道德自觉"的"人性（＝人的本质）本恶"哲学，并且将之与孟子的"性善论"（对劳氏而言这无疑是儒家哲学的精髓）互相对立起来。由于荀子学说站在劳氏所想的"精义"的对立面，其说便形同于"糟粕"。劳氏的观点长期以来能够很巧妙地说服初学者，并不是因为论说内容的学术严谨性，而主要是由于其完全符合传统荀子观的思维模式。劳思光虽然言及荀子哲学的"整体系统"，但在他的论述中始终都无法看见他由《荀子》的文本内容和论述脉络来建构荀子哲学固有的系统之用意。何况，劳氏的论述从出版以来已经超过了四十年（牟氏的论述当然更早），迄今为止，有不少学者已经展开对劳氏（以及牟氏）的荀论之批判工作，此对劳氏论述的批判从劳氏的影响开始扩大的 80 年代以降逐步成形至今。如龙宇纯②、蔡锦昌③、周天令④、吴文璋、萧振声、陈哲儒⑤等属于不同时代的学者，都不断指出劳氏荀论的问题并提出反驳，这些批评已充分呈现劳思光对《荀子》思想意义之理解方式的缺陷。

（四）重复出现同样研究成果的结构

下面我们也检视《荀子》研究本身长期以来无法克服的问题，就是类似或同样研究成果重复出现的状况。譬如，在"性恶论"的相关论述中，"孟荀对'性'概念的定义不太一样"、"孟荀性论实际上并不冲突"、"性恶论的'恶'为'结果恶'"、"荀子性恶论实为'性朴'论"等观点在相隔十

---

① 其实，学者也发现劳氏的论述含有此种倾向。譬如，蔡锦昌将劳思光的《荀子》论与牟宗三组合在一起称为"道学派"，并且与陈大齐、龙宇纯等的"文学派"相对比。请参阅蔡锦昌《"不若"说变成"基于"说——检讨台湾的荀子研究》，宣读于"荀子研究的回顾与开创国际学术研讨会"（台湾云林科技大学汉学资料整理研究所主办，2006 年 2 月 18 日）。另外，曾玮杰也感觉到这一点，指出："（劳思光批荀的内容）实有宋明儒以强烈语言评述荀子的影子。"请参阅曾玮杰《打破性善的诱惑——重探荀子性恶论的意义与价值》，花木兰出版社，2013，第 7 页。
② 龙宇纯：《荀子论集》，学生书局，1987，第 79～85 页。
③ 蔡锦昌：《拿捏分寸的思考：荀子与古代哲学新论》，唐山出版社，1989，第 121～189 页。
④ 周天令：《"荀子是儒学的歧出"之商榷》，《孔孟学刊》1993 年第 10 期，第 31～38 页。
⑤ 陈哲儒：《对劳思光先生与牟宗三先生荀子诠释的考察与反省》，《衍学集》2012 年第 5 期，第 36～50 页。

几年乃至几十年就会再次出现。如上所列的四种见解中的前三种，在十九世纪日本明治时期的《荀子》相关论述中早已被提及。当然，如此类似甚至同样的研究见解反复出现的情形，部分应该源于不同语言之间相关成果交流不足。但除了这样外在环境的因素之外，似乎还存在着《荀子》研究本身固有的结构性原因。根据笔者的观察，其可能的原因有三种。（1）对《荀子》原先特有的固定负面形象；（2）其研究历史本身的长期性；（3）整条研究脉络的一种"断绝"以及个别研究者的孤立化。

首先，东亚知识分子长期以来对《荀子》的负面形象塑造了论述和评价《荀子》思想的一种固定形式。如上所述，由于《荀子》的思想从宋代以来长期遭到理学家的歧视，18 世纪以来专门研究《荀子》的学者通常有"为荀子思想平反"的心态。在《荀子》思想内容开始受到重视的过程当中，从《四库全书总目提要》的撰写者纪昀（1724～1805）[①] 以来的清朝考证家也好，日本德川时期荻生徂徕（1666～1728）[②] 以来所谓"古学派"或"折中派"的《荀子》考证传统也好，大部分从事《荀子》批注的学者之脑海里已有"因为荀子思想遭到歧视，一定要为此平反"的强烈使命感。

值得注意的是，"荀学"学者所具有的这种"使命感"，到了19世纪末从西方文明引进"哲学"的过程中依然没有改变。换而言之，19世纪末20世纪初的《荀子》研究，由于获得"哲学"这样全新的诠释研究工具，"要厘清《荀子》思想的真面目"的使命感和期待因而比以前还要更加强大了。因此，"荀子长期以来遭到歧视与误解"这一句话无论是在明治时期的日本知识分子或是晚清到民国时期的中国知识分子，是在论述《荀子》的开头时的惯用词。虽然最近半世纪日本学界的《荀子》研究中，除了特别介绍传统知识分子对《荀子》观的相关著作之外，如此的论述态度已经大大减少。然

---

① 其《四库全书总目提要·子部儒家类》中评《荀子》说："平心而论，卿之学源出孔门，在诸子之中最为近正，是其所长。"在清廷钦定著作中获得如此"平反"似乎推动了其后清代考证家"盛行"《荀子》批注的主要原因之一。

② 荻生徂徕的《读荀子》成为日本"荀学"的滥觞（此书名似乎也仿效韩愈的《读荀子》）。其书原来是徂徕自己的笔记而已，而在徂徕死后的1763年由徂徕门人宇佐美灊水（1710～1776）校订出版。关于徂徕对《荀子》思想的理解之特色，请参阅田尻尚文《荻生徂徕と荀子》，《中国研究集刊》第57集，2013年12月，第82～99页。

而相形之下，经过新儒家模式对《荀子》负面评价影响的台湾和港澳学者的《荀子》研究著作，"荀子长期以来遭到歧视与误解"的观点直到 2000 年后的论述中都还能偶尔看到。不过此种情况由于与中文学界《荀子》研究的一种"断绝"情形也有关系，在后面将再提及。

总之，"因为荀子遭受歧视，我要为此平反"的心态一方面让学者不断探讨其"性恶论"的动机，另一方面，"被歧视的内容"反而成为其探讨的对象，而在此却往往忽略过去研究的相关成果应该当作其研究出发点的做法。

其次，类似研究成果反复出现的原因之二，似乎也与研究《荀子》文本和思想的历史悠久有关。撇开传统时期批注的阶段，在日本到了明治时代之后，由东京大学哲学科的第一届毕业生井上哲次郎（1856～1944）在 1882 年于东京大学开设"东洋哲学史"这一门课。而在此，《荀子》一书的内容也成为了"哲学研究"的主要对象之一。[1] 在此课程中，井上哲次郎明确阐述在"哲学史"上《荀子》思想之内容和意义。[2] 接着，井上哲次郎的学弟，亦是其学生的井上圆了（1858～1919），在 1884 年撰作东京大学毕业论文的主题也是《荀子》。[3] 此论文的名称竟与荻生徂徕的《读荀子》同名。不过其内容并非由一般"读书心得"或"文句批注"的范畴来界定，而是由西方哲学（和社会科学）的角度来论较《荀子》思想的长短处和历史意义的专论。可见，井上圆了抱持着由当时刚学习到的最新的"哲学途径"来试图推翻传统《荀子》研究的典范之雄心来撰作此文。如此，从井上圆了的《读荀子》算起，针对《荀子》内容的哲学研究从其开始，迄今也已经过了长达一百三十年以上。

事实上，从 1880 年到 1900 年，即在明治时代最后三分之一的十几年时段，有 20 位以上的学者——其中多数为东京大学出身的青年学者——撰写

---

[1] 井上哲次郎指出："荀子的所谓'礼'的意义非常阔大，且系秩序之意。此内涵与西方的'moral order'的意思相接近。"（井上哲次郎讲述，井上圆了笔记《东洋哲学史·第 1 卷》（第十六讲），1883 年 5 月 24 日。

[2] 井上哲次郎的讲义并没有流传，幸好当年井上圆了仔细写下上课内容的笔记，保存于东洋大学井上圆了研究中心。从此笔记可以理解。

[3] 此文收入《学艺志林》第 85 卷，1884，第 182～204 页；今收入《井上圆了选集》，第 25 卷，（东京）东洋大学出版社，2004，第 727～744 页。

了有关《荀子》的期刊或专书论文①，而到了蟹江义丸（1872～1904）②和纲岛荣一郎（1873～1907）③的论考，以"哲学方法"来阐述《荀子》思想的研究水平达到了其顶峰。接着，在20世纪前半叶，所谓"支那学派"和"文献思想史学"崛起，到了40年代日本的《荀子》研究又达到了另一个顶点。其中石黑俊逸在30～40年代所发表的研究可谓最具代表性的成果。④然而很遗憾地，据笔者所悉，在日本最近五十年的《荀子》研究全部的论文和专书之中，没有一本著作或论文引用过如上从19世纪到20世纪前半叶《荀子》研究上贡献几乎最大的五位学者（井上哲次郎、井上圆了、蟹江、纲岛以及石黑）在解释《荀子》思想时所提出的任何相关观点。很讽刺地说，日本《荀子》研究，以二次大战结束前后为转折点，其后到现在的研究几乎没有参考其之前六七十年（即明治时期到昭和初期）的研究累积，重新提出过去学者已经提出的类似观点。其实，近三四十年中文学界的《荀子》研究不太重视过去相关成果的情形，也与日本的情况类似⑤，但其原因似乎是不一样的。

那么，我们就继续探讨"重复的研究见解不断出现"的第三个原因：整条研究脉络的一种"断绝"以及个别研究者的孤立化。其实，当我们一说起《荀子》研究的"断绝"，在日本、大陆以及台港澳的各个学界中所发生过的"《荀子》研究的断绝"情形都不一样。由于日本的情况比较复杂，无法由一两段文字阐述，这里只举大陆和台湾的情形。事实上，在大

---

① 请参阅佐藤将之《汉学与哲学之邂逅：明治时期日本学者之〈荀子〉研究》，云林科技大学《汉学研究集刊》2006年第3期，第153～182页。

② 蟹江有两篇有关《荀子》的论考。第1篇是在1897年（蟹江还在东京大学部在学时）由《太阳》杂志出版的《荀子の学を论ず》（第3卷第8、9、10号）。第二篇则是他在去世前一年的1903年由《东洋哲学》（第10编第8号）出版的《荀子学说の心理学的基础について》一文。

③ 纲岛对《荀子》的论考在他的《春秋伦理思想史》的第六章"荀子"中。该论后来收于纲岛荣一郎《梁川全集》（第1卷），1921，第423～450页。但该篇的撰写时期应在1907年前后。

④ 据笔者所悉，石黑针对《荀子》出版了一本专书和五篇论文。请参阅石黑俊逸《荀子》，日本评论社，1943。论文只举其中最代表性的如下一篇。石黑俊逸：《荀子性恶说の构造》，《汉学会杂志》第6卷第1号，1938。

⑤ 林桂榛强烈指出目前大陆学界的此种心态，请参阅林桂榛《荀子生平、墓地研究及荀子研究的回顾与展望》，收于"Confucius 2000"网站，2015年2月18日（http：//www.confucius 2000.com/admin/list.asp？id＝5923）。

陆《荀子》研究的"断绝"主要是从共产革命至"文化大革命"的大社会变动和混乱所造成，因此并非只在《荀子》研究的脉络上发生这种的情形。①

　　相形之下，在台港澳学界《荀子》研究环境中所发生的"断绝"则值得注意。如上所述，在台湾和港澳地区，1960 年至 2000 年前后中国哲学研究的各个层面上，发挥最大影响者就是所谓的当代新儒家路线。而就对《荀子》思想的理解而言，如上所述牟宗三《荀学大略》和劳思光《中国哲学史》的影响则较为巨大。尤其在 1980 年以后，属于台湾学界的年轻学子在开始《荀子》的研究时先要看的也都是他们（也加上唐君毅、韦政通、徐复观等）的著作。在此过程当中，台湾从此以后世代的《荀子》研究基本上都以牟氏、劳氏的观点为主导的《荀子》的理解框架为其出发点。相对的，在其前由《荀子》专家所研究的（当然不用说大陆的研究）著作则愈来愈被疏离。不但如此，其实在 1990 年到 2000 年初，在台湾学界存在着不少研究《荀子》的学者，反而他们都处于相互之间完全没有学术交流而互相孤立的窘境。从 20 世纪 80～90 年代开始，发表《荀子》相关研究的学者们，如王庆光、蔡锦昌、吴文璋、刘又铭、李哲贤及何淑静等主要从 1990 年到 2000 年初出版的著作之间，竟几乎没有彼此参照的关系。也就是说，当时占据他们脑海的《荀子》研究的主要观点没有例外地都来自如上所列的牟、劳、唐、徐等当代新儒家学者。因此，当时专门研究《荀子》的学者其思考或多或少被"虽我独行，往矣！"的孤独感所支配。因此，由于在他们的心目中，当代新儒家以前的《荀子》思想研究，甚至属他们时代研究《荀子》思想的专家也都似不存在，因而将自己对"反荀潮流"的平反角色直接连接至如上纪昀以来的清代考证学传统。②

　　由是观之，在 90 年代以后台湾学者和研究生的相关研究中，原本就不熟悉 20 世纪前半叶民国时期的研究或日本学者的相关研究所提出的观点。

---

① 譬如，刘又铭指出："大陆的儒学发展在 1949 年以后中断了 30 多年。"请参阅刘又铭《儒家哲学的重建》，第 26 页。
② 相对于思想研究领域，中文系出身的学者们则比较保持多样性：（1）受到很深的当代新儒家影响者＝李涤生、张亨；（2）保持平衡立场者＝鲍国顺；（3）采取反对当代新儒家解释者＝龙宇纯。

而他们的研究从一开始就不小心会提出与早期民国时期或日本学者类似或重复观点，也应该是无可厚非的。

四　笔者在过去二十年对"荀学复兴"的尝试

接着说明笔者自己为了改善如上所述的问题在过去二十年从事推动的努力——由"《荀子》研究的脉络化"研究活动来将《荀子》思想研究环境提升。

如上所述，《荀子》相关研究著作数量快速增加的情形，在 2000～2005 年的时段较为明显地呈现，而当时就不难预料到未来会引起"对过去研究的消化不良"的问题。针对此问题，笔者从 2004 年前后开始推动世界各地过去对《荀子》研究主要成果的整理与评述，藉此期盼世界各地从事《荀子》研究的学者以及研究生，尤其是在不同语言的《荀子》研究之间，把不同研究脉络上的研究成果引进自己的研究脉络。这就是笔者所指的《荀子》研究的"脉络化"尝试。笔者透过一系列的学术活动如举办研讨会、翻译以及出版相关成果的努力，以期达成此目标。

为此，正如《战国策》云"先从隈始"，笔者自己先发表了两篇有关日本《荀子》研究的评述。第一篇为由笔者所负责筹划编辑的《台湾政治大学哲学学报·国际荀子研究专号》出版的《日本近一百年荀子研究之回顾与前景》一篇（第 11 集，2004 年 12 月，第 39～84 页）。此篇评述了日本自 1930 年来约八十年《荀子》研究的特点。该文由于幸运地得到荀子研究同人的正面回应，再收入黄俊杰主编《东亚儒学研究的回顾与展望》一书中，[①] 也由当时京都大学博士候选人郑宰相先生译成韩文出版。[②] 第二篇则为《汉学与哲学之邂逅：明治时期日本学者之〈荀子〉研究》，由台湾云林科技大学《汉学研究集刊》出版（第 3 期，2006 年 12 月，第 153～182

---

① 佐藤将之：《二十世纪日本学界荀子研究之回顾》，黄俊杰主编《东亚儒学研究的回顾与展望》，台湾大学出版中心，2005，第 75～123 页。

② 此文在《〈今日东洋思想〉》期刊，第 15 号（2006 年 10 月）以及第 16 号（2007 年 6 月）出版。郑先生也在 2010 年由《荀子思想の研究》题目获得了京都大学文学博士。此文的提要和审查文在该校数据库网页中可以阅览：http://repository.kulib.kyoto-u.ac.jp/dspace/handle/2433/120775。

页）。此篇阐述了日本明治大正时期（约 1880～1930），当"哲学"领域正在被引进、发展时，《荀子》研究呈现出的轨迹。

笔者自己在梳理日文《荀子》研究作业的同时，也接着推动如上所述的"不同语言间的《荀子》研究交流"的合作活动，并邀请学者们撰写个别关于中国大陆和台港澳以及韩国、德国学界之《荀子》研究情况。由此合作产出的成果是蔡锦昌《"不若"说变成"基于"说——对台湾地区荀子研究之检讨》、廖名春《近二十五年大陆荀子研究评述》、郑宰相《现代韩国荀子研究之评述》。① 以上三篇文章均在笔者与台湾云林科技大学汉学数据整理研究所（现在改名为"汉学应用研究所"）该所所长，亦是研究《荀子》思想的前辈李哲贤教授共同筹备的"荀子研究的回顾与开创"国际学术研讨会（2006 年 2 月 18～19 日）上宣读。廖文和郑文后来也收入该研究所出版的《汉学研究集刊：荀子研究专号》（第 3 期，2006 年）。关于近年英美学界相当活跃的《荀子》研究新动向，除了如上所述《台湾政治大学哲学学报·国际荀子研究专号》中收录了王灵康的《英语世界荀子研究概况》一文，也有李哲贤的《荀子名学研究在美国》② 以及《荀子人性论研究在美国》（台湾《政学大学中文学报》第 8 期，2007 年）两篇文章。至于在德国的《荀子》研究情况，蔡锦昌发表《细柔的"一"与粗硬的"一"——评德国汉学界的两种荀子研究》一文。③

除此之外，虽然不属于笔者推动的研究活动之脉络，江心力也出版了《20 世纪前期的荀学研究》（中国社会科学出版社，2005）一书。台湾的周德良也扼要地整理出郭沫若、钱穆、牟宗三等 11 位中国学者对《荀子》"性论"的主要观点。④ 美国学者 Kurtis Hagen 也曾用日文撰作《荀子における"理""類"そして"名"について：荀子に関する英語

① 廖名春也提供了有关大陆和台湾学者对《荀子》思想到 80 年代以前主要研究的评述。参见廖名春《荀子新探》，文津出版社，1994，第 1～12 页。
② 此文目前在网络上公布（http：//140.125.168.74/china/teachers/newleeweb/writing/荀子名学研究在美国.doc）。
③ 此文收入《汉学研究》第 25 卷，2007 年第 2 期，第 347～364 页。
④ 周德良：《荀子思想理论与实践》，学生书局，2011，第 1～16 页。只是周德良似乎并不在意个别学者的见解之间的前后关系，因此光靠其整理，读者还是难以捕捉中文界研究《荀子》"性论"的脉络和彼此的影响关系本身。

文獻の檢討》（在荀子思想中的“理”“类”以及“名”：由英语文献的评论）一文。①

虽然在这里所列的评述论文中，唯有 Kurtis Hagen 的论文稍微涉及美国和日本研究之比较，其他评述论文基本上只整理单一语言圈内的《荀子》研究②，但至少可以说，由过去近十年学者们的努力，对《荀子》研究相关成果评述的情况，与其他中国思想相关的任何题目相比，其成果在分量和质量上都已称得上相当丰富。因此透过这样的尝试，新进《荀子》研究领域的学者和研究生只要参考这些评述论文，便可以理解主要中、英、日、韩、德五种语言所进行的《荀子》研究的主要脉络。

不用说，在不同时代和不同语言的研究之间的一种综合性梳理是在 21世纪为了提升《荀子》研究水平的首项课题。不过，除此之外，针对刚开始进行《荀子》相关研究的学者和研究生，提供“在庞大的相关文献当中，哪一些文献需要先阅读，并且界定参考文献的范围”的一种指南，亦是当今从事《荀子》研究者的另一件重要的工作项目。藉此能够一方面帮助提高初学者进行研究时的作业效率，另一方面也有效避免同样“成果”的重复出现。为达到这样的目标，需要的作业可分成如下三种。（1）整备可以搜集的范围内全部过去《荀子》相关研究文献的目录。（2）进行不同语言之《荀子》研究的成果之间的交流。具体而言，整理且评述中文以外的《荀子》研究的主要脉络，能够让中文以外语言的学者之间了解彼此的研究成果。（3）可以的话，以尽量跨越语言局限之方式，按照《荀子》相关的不同主题来梳理过去主要研究的评述。

关于（1）的相关文献的目录，传统的主要《荀子》文本和批注，在严灵峰（1903～1999）的《无求备斋荀子集成》中影印的他搜集的文本和到 20 世纪初的相关主要研究著作的全文。20 世纪中日学者《荀子》研究的目录，有原诚士于 1997 年于日本广岛大学《东洋古典学研究》（第 4 集，1997，第 1～

---

① Kurtis Hagen（カーティス・ヘイゲン）：《荀子における“理”“類”そして“名”について：荀子に関する英語文献の検討》（日本大学文理学部人文科学研究所《研究紀要》第 69 号，2006 年 6 月，第 9～27 页。
② 中英日文学界在 20 世纪后半叶大约五十年研究《荀子》思想的综合评估，请参阅佐藤将之《荀学与荀子思想研究：评析·前景·构想》（万卷楼图书公司，2015）第三章的相关论述。

25 页）上发表的《荀子研究文献目录》。该篇收录了 1022 篇有关《荀子》文本、批注、口语翻译、研究著作以及研究论文的资料。其中也包含 222 篇以日文出版的论文。近年林桂榛也提供了与《荀子》相关过去的研究著作暨论文的电子目录。① 除此之外，廖名春、王灵康、郑宰相以及笔者也个别提供中国大陆、欧美、韩国以及日本大概到 2005 年的相关研究出版著作的目录。② 何况，90 年代以后的相关研究著作绝大多数经过一般的学术网络数据库也能搜集到。关于（2）的情形，如上所述，针对各国语言进行的过去《荀子》研究的评述论文的数量也相当可观。只要能阅读中文，就能够理解中文、英文、日文、韩文以及德文过去的《荀子》研究脉络。相比而言，笔者在这几年向相关学者呼吁的课题则是，按照各个主题来重新评论过去的成果。譬如，要研究"性恶论"的研究者，无妨先撰作与此相关的过去主要研究的比较详细的评述论文。不过，针对初学者究竟要参阅何种著作比较能够有效地达成如上目标这一点，笔者在本文"补说"中做了提供"初学者先要阅读的十本专书"的书单之尝试。

五 21 世纪《荀子》研究的三个方向

以上所述是为了提供研究《荀子》的工具性信息。最后，笔者也试谈自己所构想的《荀子》思想研究的三个主题。这些题目均是在笔者过去研究《荀子》思想的过程中为了自己未来的研究而设想过的。只是笔者也期待这些观点有助于读者理解当今《荀子》思想研究的现况和未来方向。

第一个主题，或许这里应该用"课题"一词会比较正确，是要重建我们对《荀子》"人"观的理解。笔者相信，克服以"性恶论"为中心的《荀子》观来评断《荀子》思想之整体性格的习惯仍然是当今荀学的首要任务。其实，过去研究《荀子》思想的学者（在台湾的话，譬如龙宇纯、鲍国顺

---

① 请参阅林桂榛编《荀子研究书目初编》（http：//linguizhen. blog. sohu. com/241249483. html）；以及林桂榛编《近 60 年荀子性恶论/人性论研究论文目录》（http：//www. confucius2000. com/admin/list. asp？id = 5557）。

② 王灵康整理的英文《荀子》研究相关著作的目录收入台湾《政治大学哲学学报》2004 年第 11 期，第 1~38 页；其他三种目录则都收入台湾云林科技大学《汉学研究集刊》2006 年第 3 期。

等）提出过与此类似的观点，但被较其数量大好几十倍的"将性恶论看作为荀子思想的核心"相关论述所埋没。唯在最近十多年来学者重新提出"弱性性善论"（刘又铭）或"性朴论"（周炽成）[①] 等论述，试图反驳以"性恶论"来理解《荀子》思想的观点。不过，这样的尝试反而表明：学者们无论采取何种看法，迄今还是难以完全离开以"性论"来说明《荀子》思想之核心的研究模式。

有鉴于此，当今非常需要梳理过去历代主要学者探讨《荀子》"性恶论"主要论点的脉络之作业。如此对于学说的"系谱研究"将会表明：过去许多论者对此问题的理解，哪怕表面上借着当代哲学的概念或思潮，大部分并没有离开"宋明理学"的理解模式。另一方面也能厘清过去一百年的《荀子》研究之不少著作中其实反对过如此观点的事实。倘若没有做这样的作业，无论初学者何时开始研究《荀子》思想都将会陷入"先吸收宋理学模式的理解→发现荀子性论其实并非性本恶"的研究《荀子》思想之"方程式"。

与此相关，为了理解《荀子》的"性论"或其"人观"，也需要进一步探讨的主题是其"变化"观。换言之，对《荀子》而言，一切现象和生物都会经过"变化"，而"善"的东西可能变坏；"恶"的东西则可能变好。过去论述《荀子》"性恶论"的学者几乎没有注意由"变化"观构成整体《荀子》"人"观的基础这个事实。换言之，《荀子》在其"变化"观的基础上提出他的"性"概念，而这无疑大异于魏晋时代到宋理学中非常固定不变之"性"概念。到此，我们也应该重新关注荀子自己使用"化性"一词的思想意义：这并不是基于固定不变的"性"观而反复拿"既然性恶，为何能化？"的提问来质疑《荀子》的"化性"论。其实，《荀子》这样的世界观与《易传》和《庄子》的世界观（即"变化"观）具有共同的思想因素。

---

① 到此，为中文学界整理儿玉六郎提倡的"荀子性朴说"相关论著的展开情形。该论以如下三部著作来展开：（1）儿玉六郎：《荀子·性伪の分に关する考察から》，《日本中国学会报》第 26 辑，1974，第 26~42 页；（2）儿玉六郎：《荀况の人间本性论——性朴说——に关する新研究》，广岛大学博士学位论文，1987；（3）儿玉六郎：《荀子の思想：自然·主宰の两天动观と性朴说》，风间书房，1993。

接着，第二个需要进一步探讨的主题是《荀子》"礼"和"礼治"思想在比较广泛的中国古代"礼"思想发展脉络中的角色和意义。因为过去无数的学者和研究生撰写过《荀子》中有关"礼"的各种问题，读者听起应该会觉得笔者如此的想法并不具有什么新意。然而若仔细看过去的相关研究就会发现，由于大部分的论述比较缺乏对《荀子》"礼治"思想中"礼"的理论层次较其他文献的理论层次相比高得多这个事实的体会，因此，就算他们进行《荀子》"礼"和其他文献中的"礼"的比较，也往往无法掌握《荀子》"礼"思想的理论性含义，也因此无法看到在中国古代"礼"思想的发展脉络中《荀子》"礼治"思想的独特意义。如上所述，荀子思想的特质长期以来有"人性本恶论"的烙印，过去学者将《荀子》的"礼治"思想与西汉文献，如《新语》《贾谊新书》以及《韩诗外传》中的相关论述进行比较研究，一直没有引起大家的兴趣。同样的态度，在《荀子》"礼治"和《礼记》各篇中的"礼"相关言论之间的比较研究中也可观察到。若我们总是一直无法克服这一点，在《荀子》和其他文献中的"礼"思想相比较时，就会掉落于"因为《礼记》中的某一篇的思想倾向于'性善'"→"其'礼'概念也异于《荀子》的'礼'概念"之推理方向的传统荀学思维习惯陷阱中。

第三个方向是将《荀子》思想与战国楚简文献如"郭店楚简"和"上海博物馆藏楚简"中的各种思想之间作比较研究。由于特别富有思想成分之文献"郭店楚简"诸篇的出土，并且其下葬年代可以推测为公元前300年前后的事实，在古代中国思想的研究上，几乎可以说是我们第一次获得了可以把其思想的绝对年代设定为战国早中期——与《孟子》同时或稍早——的思想文献。这意味着，这些文献的撰写年代是在荀子本人的思想活动时期（应该在公元前300~前230年前后），因而很有可能荀子自己也读过的。在此前提下，我们未来能够有机会阐明"孟子→荀子"发展模式以外比较广泛的儒学思想史的可能。尤其是谈回到如前的《荀子》"礼治"思想之形成这一题目上，"郭店楚简"和"上博楚简"的相关内容（譬如其"礼"论、"君子"论等）均会提供非常有帮助的材料。

然而，笔者在这里还有一点要提出。这一点就是，其实我们对"郭店楚简"和"上博楚简"的文献性格，不需要按照司马迁的"六家"分类的理解方式来分成"儒"和"道"两家的作品文献之"合集"来看待。也就是说，我们需要保持不要将"郭店楚简"和"上博楚简"诸文献的思想内容以"此部文献属儒家，那部文献则属道家"的方式预先界定其思想性格。笔者怀疑"郭店楚简"也好，"上博楚简"也好，对其墓主们而言，这些文献的思想性格应该无法以"儒－道"二分法来清楚界定。当然，这并不意味着荀子阅读属于"郭店楚简"和"上博楚简"文献的时候他自己没有按照学派归类。毕竟荀子的分类意识和学派意识均相当显著。因此，在这里笔者所提出的观点是，现本《老子》或《道德经》（马王堆的话则是《德道经》①）中的很多章节已经脍炙于战国早中期的知识分子之口中。在《荀子》中的"道家"思想成分也有可能吸收过原来属于中国思想的广泛传统，甚至是当时的儒家也早已享有的内容。

由于战国楚简的文献中有许多还没有公开，而且未来势必会继续发掘到其他新的文献，因而根据战国楚简的资料来勾勒出战国早中期的思想环境可能还需要二三十年。藉此《荀子》研究也将能开拓出更多新的研究题目，这至少对现在的年轻学子而言，算是个好消息。有可能，我们在未来甚至有机会获得竹简或帛书上所写的《荀子》文本。不过，哪怕没有，在 21 世纪的《荀子》研究还是可以开创出许多新研究方向。

六 补说：研究《荀子》从何种书籍开始阅读？

笔者从 1995 年春天决定以《荀子》为博士研究题目以来，从事《荀子》思想研究到今年（2018）就进入了第二十三年，而近现代《荀子》思想、哲学研究的历史迄今也已一百三十年之久，其研究成果之数量也相当庞大。如上所述，对初学者而言，光是要读完这些评述论文本身或许已经成为不小的负担，何况，要掌握《荀子》研究各个主题的主要研究脉络的话，对从事《荀子》思想研究者而言，也已经并不容易了。于是为了让初学者顺利且有效地进行研究，笔者撰写了《荀学与荀子思想研究：评析·前景·构

---

① 其实，《荀子·解蔽》中有"德道"的用例，即云："德道之人，乱国之君非之上，乱家之人非之下，岂不哀哉！"只是诸家将"德"解为"得"。

想》（台北：万卷楼图书公司，2015）一书。本书并非概述《荀子》思想的内容，而是站在要开始《荀子》研究的视角试图阐述讨论《荀子》相关的问题的方法和主要论点，以期将《荀子》研究的一幅鸟瞰图提供给读者。

接着，关于《荀子》本文，笔者建议参阅王先谦（集解）、久保爱（增）、猪饲彦博（补）：《荀子集解》，《汉文大系》第15卷（东京：冨山房，1913）。此汉文大系版《荀子集解》以王先谦的《集解》为底本，并且与代表日本德川考据学的"白眉"《荀子增注》合为一本。此电子档案在日本国会图书馆电子典藏（digital collection，National Diet Library，Japan）中公开其全文，并可以免费下载（http：//dl. ndl. go. jp/info：ndljp/pid/941449）。

最后，关于当代研究著作挑选，特别对初学者会有帮助的专著，由于其数量庞大，只列举其中极为少数著作，令人觉得相当困难。今按照笔者个人的标准，试着选出初学者可以先精读的十本《荀子》（思想）研究专著。其排序按照实际著作时间。

（1）德效骞（Homer H. Dubs）：*Hsüntze：The Moulder of Ancient Confucianism*，伦敦：Probsthain & CO.，1927。

（2）陈大齐：《荀子学说》，中华出版事业社，1954。

（3）韦政通：《荀子与古代哲学》，台湾商务印书馆，1966。

（4）内山俊彦：《荀子——古代思想家の肖像》，讲谈社，1999（1976年初版）。

（5）儿玉六郎：《荀子の思想：自然・主宰の两天动观と性朴说》，风间书房，1993。

（6）龙宇纯：《荀子论集》，学生书局，1987。

（7）柯雄文（Antonio S. Cua）著《君子为礼：儒家美德伦理学与处理冲突的艺术》，李彦仪译，台湾大学出版中心，2016（英文原版2005年）。

（8）廖名春：《荀子新探》，中国人民大学出版社，2014（1994年初版）。

（9）路德斌：《荀子与儒家哲学》，齐鲁书社，2010。

（10）佐藤将之：《参于天地之治：荀子礼治政治思想的起源与构造》，台湾大学出版中心，2016（英文原版2003年）。

在如上所列的著作中，初学者先可以阅读（8）和（9），然后是（2）和（3）。此四本属于比较通论性的著作。在此理解上继续读（6）（7）以及

（10）。此三本著作均有以"礼"来当作《荀子》思想的核心的共同特色。（7）和（10）均原为英文著作。若读者可以直接阅读英文，那么可以再读（1）；能读日文则（4）和（5）。

总而言之，近年来许多学者和研究生所关注的比较哲学——德性伦理学、建构理论、后现代理论、美学，或与某个哲学家的比较等的方式，将《荀子》思想、哲学的研究放在更广阔且多样的学术领域的主题。笔者很期待其未来发展。只是任何发展必须基于对过去研究的掌握和尊敬才得以实现。但愿本文有助于开始研究《荀子》的学者和研究生对当今《荀子》研究的情况、问题以及未来展望得到比较整体性的理解。

（责任编辑：法帅）

荀子与兰陵文化专题

荀子与兰陵文化之兴衰

颜炳罡[*]

一

刘勰在《文心雕龙·时序》中指出："春秋以后，角战英雄，六经泥蟠，百家飙骇。方是时也，韩魏力政，燕赵任权；五蠹六虱，严于秦令；唯齐、楚两国，颇有文学。齐开庄衢之第，楚广兰台之宫，孟轲宾馆，荀卿宰邑，故稷下扇其清风，兰陵郁其茂俗。"刘勰认为，战国时代，中国有两个文化高地：一个是齐国稷下，一个是楚国兰陵。两文化高地有两大领军人物：孟轲宾馆于齐；荀卿宰邑于楚。当然，荀子在战国开期的稷下，三为祭酒，最为老师，似乎可以忽略不计，其真正的文化意义是打造了兰陵这一文化高地。

兰陵文化之形成得力于荀子。无荀子，就没有兰陵文化在汉初至魏晋南北朝的繁荣，甚至可说没有"兰陵文化"这一概念。

> 孙卿，赵人，名况。方齐宣王咸王之时，聚天下贤士于稷下，尊宠之，若邹衍、田骈、淳于髡之属甚众，号曰列大夫，皆世所称，咸作书刺世。是时孙卿有秀才，年五十，始来游学，诸子之事，皆以为非先王之法也。孙卿善为《诗》《礼》《易》《春秋》，至齐襄王时，孙卿最为老师，齐向修列大夫之缺，而孙卿三为祭酒焉。齐人或谗孙卿，乃适楚，楚相春申君以为兰陵令。人或谓春申君曰："汤以七十里，文王以

---

* ［作者简介］颜炳罡，山东大学儒学高等研究院教授。

百里，孙卿贤者也，今与之百里地，楚其危乎?"春申君谢之。孙卿去之赵，后客或谓春申君曰："伊尹去夏入殷，殷王而夏亡，管仲去鲁入齐，鲁弱而齐强。故贤者所在，君尊国安。今孙卿天下贤人，所去之国，其不安乎?"春申君使人聘孙卿。孙卿遗春申君书。刺楚国，因为歌赋以遗春申君，春申君恨，复固谢孙卿，孙卿乃行，复为兰陵令。春申君死而孙卿废，因家兰陵。李斯尝为弟子，已而相秦，及韩非号韩子，又浮丘伯，皆受业为名儒。（刘向《孙卿书录》）

孙卿即荀卿。颜师古《汉书》注，刘向以避汉宣帝之讳，改荀卿为孙卿。清人顾炎武不认同这个说法，认为孙、荀音近而转。两说并存，各有其理。刘向《孙卿书录》对荀子生平的介绍在充分吸收司马迁《史记·孟子荀卿列传》对荀子记述的基础上，比之更加丰满、具体。刘向的介绍更加突出了荀子与兰陵之间的关系。这段文献给我们提供了如下信息。

1. 荀子有秀才，对当时流行诸子之说皆不满意，认为皆非先王之道，善为《书》《礼》《易》《春秋》，在当时是最著名、资格最老的学者，三为稷下祭酒。

2. 荀子应楚相春申君之邀任兰陵令，其过程极其曲折、复杂。荀子第一次来兰陵可能是主动的，"齐人或谗孙卿，乃适楚"。在齐国荀子受到排斥，于是另寻出路，来到了与齐接壤的楚国。楚相春申君十分清楚荀子在齐处境，就将靠近齐国的兰陵交给他治理。这时的兰陵面积很大，方圆有百余里，楚人对荀子治兰陵很不放心，认为会给楚国构成威胁，春申君免去荀子县令。荀子回到自己的家乡赵国。对于荀子离开楚国，楚国人更加不安，认为像荀子这样世之大贤离开楚国会对楚国带来严重的伤害。楚相春申君力邀荀子再回兰陵，荀子再次出任兰陵令。据考荀子于楚考烈王八年出任兰陵令，而李园于楚考烈王二十五年杀春申君，春申君死而荀子废居兰陵。荀子任兰陵令首尾相接共十八年。兰陵成为荀子实践自己政治理想与抱负的试验田，在他治理下，兰陵地区呈现出安定、祥和的局面。

3. 荀子思想本身具有以儒家为主，兼融并包、会通百家的特点。他出生于赵国，深受三晋文化的影响，年五十（一说年十五之误）来到齐国。他到齐国时，齐国盛极一时，可以与秦并称东西二国，尤为可贵的是齐国是个文化开放、兼融并包的泱泱大国。稷下学宫是诸子百家争鸣的重要场所，是战国时代先进文化的代表。儒家、墨家、道家、法家、兵家、阴阳家、名家、纵横家等百家学说在这里交会、融合，通过这种融合甚至产生齐法家、齐道家等具有兼融性的新学派。荀子在齐国生活过多年，他的思想就是在齐国这个文化氛围中孕育成的。就兼融并包、会通百家而言，荀子的思想与兰陵文化高度一致，而荀子的到来更加强化了兰陵文化的这一特点。

4. 荀子十分重视文化建设，在他治理下，兰陵成为全国的文化中心，成为一块文化高地。正是由于他来到兰陵，甚至定居兰陵，著述、讲学于兰陵，一大批青年才俊慕名而来，有些人后来成为左右中国历史命运的人物。刘向《孙卿别录》谓："李斯尝为弟子，已而相秦，及韩非号韩子，又浮丘伯，皆受业为名儒。"胡元仪《荀卿别传》说："韩非、李斯、陈嚣、毛亨、浮丘伯、张苍而已。当时其盛也。"韩非、李斯、陈嚣、毛亨、浮丘伯、张苍等，都是当世之杰，他们不远千里，前来兰陵求教，兰陵呈现出前所未有的文化繁荣。

毫无疑问，荀子的思想高度就是战国后期中国思想的高度，荀子的文化宽度就是战国后期中国文化的宽度。荀子既是春秋战国时代最后一位大儒，也是百家争鸣的总结性人物，是战国晚期中国思想界最伟大的学者、思想家、中国文化的传人。他的思想以儒为主，兼综名、墨、道、法，尤善《书》《礼》《易》《春秋》，融合诸子而超越诸子，会通百家而超越百家，直追孔子，这也正是荀子赋予兰陵文化的特点。

荀子铸就兰陵文化的第一个辉煌，对兰陵文化的形成做出了巨大的贡献。我们说兰陵文化成形于荀子，无荀子任职兰陵，就没有相对独立意义上的兰陵文化。

二

荀子是战国时代的最后一位大儒，一位百科全书式的思想家，作为百家争鸣的集大成者，他是在批判总结先秦诸子的基础上，力图超越百家，归宗仲尼、子弓之学，重回"道术"，从而为兰陵文化在两汉魏晋的繁荣奠定了基础。

刘向《孙卿书录》说：

> 孙卿卒不用于世，老于兰陵，疾浊世之政，亡国乱君相属，不遂大道，而营乎巫祝，信机祥，鄙儒小拘如庄周等，又滑稽乱俗，于是推儒墨道德之行事兴坏，序列著数万言而卒，葬兰陵。而赵亦有公孙龙，为坚白异同之辨，处子之言。魏有李悝，尽地力之教。楚有尸子、长庐子、芊子，皆著书，然非先王之法也，皆不循孔氏之术，唯孟轲、孙卿为能尊仲尼，兰陵多善为学，盖以孙卿也。长老至今称之曰："兰陵人喜字为卿。"盖以法孙卿也。

刘向，约生于西汉昭帝元凤四年（公元前 77 年），卒于汉哀帝建平元年（公元前 6 年），原名更生，字子政，楚元王刘交四世孙，出生于沛郡丰县。刘向的出生地与兰陵相去不远。刘向是西汉著名的经学家、目录学家、文学家，是西汉时期中国最著名的学者之一，有中国目录学之祖的雅称。他一生博览群书，贯通诸子百家，对荀子其人其书怀有深厚的感情。由于出生地与兰陵相去不远，因而他对兰陵文化不仅不陌生，应当还相当熟悉，对荀子及兰陵文化其在青年时期就加以留意考察。从其作《孙卿书录》的语气看，他到过兰陵，"长老至今称之曰：'兰陵人喜字为卿。'盖以法孙卿也"。这里的"长老"肯定是兰陵的长老，而不是长安的长老。刘向生活的时代已到西汉末期，而荀子的流风余韵仍存。兰陵人十分崇敬荀子，喜用"卿"为字，以表示对荀子的纪念与敬重。

荀子与刘向相距 200 多年。刘向明确指出：荀子"推儒墨道德之行事兴坏，序列著数万言而卒"，他的思想是对儒、墨、道、法、名等家思想的批判性总结，对庄周、公孙龙、李悝、尸子等，"非先王之法""皆不循孔子之术"极为不满，"唯孟轲、孙卿为能尊仲尼"，像孟子一样，起而捍卫先王之法、仲尼之道。由于荀子著书兰陵，讲学兰陵，影响兰陵，"兰陵多善为学，盖以孙卿也"。"多善为学"是兰陵的文化传统，也是西汉时代兰陵地区不同于中国其他地区的重要特点，刘向将这一文化特点的形成原因归于荀子，是有道理的，也是可信的。

清人汪中在《荀卿子通论》中，就荀子对汉代经学的贡献做出大概的描述：

荀卿之学，出于孔氏，而尤有功于诸经。《经典叙录毛诗》：徐整云：子夏授高行子，高行子授薛仓子，薛仓子授帛妙子，帛妙子授河间人大毛公，毛公为诗故训传于家，以授赵人小毛公。一云：子夏传曾申，申传魏人李克，克传鲁人孟仲子，孟仲子传根牟子，根牟子传赵人孙卿子，孙卿子传鲁人大毛公。由是言之，《毛诗》，荀卿子之传也。《汉书·楚元王交传》：少时尝与鲁穆生、白生、申公同受诗于浮丘伯。伯者，孙卿门人也。《盐铁论》云：包丘子与李斯俱事荀卿。刘向叙云：浮丘伯受业为名儒。《汉书·儒林传》：申公，鲁人也，少与楚元王交俱事齐人浮丘伯，受诗。又云：申公卒以诗、春秋授，而瑕丘江公尽能传之。由是言之，鲁诗，荀卿子之传也。韩诗之存者，外传而已，其引荀卿子以说诗者四十有四。由是言之，韩诗，荀卿子之别子也。《经典叙录》云：左丘明作传以授曾申，申传卫人吴起，起传其子期，期传楚人铎椒，椒传赵人虞卿，卿传同郡荀卿，名况，况传武威张苍，苍传洛阳贾谊。由是言之，左氏春秋，荀卿之传也。《儒林传》云：瑕丘江公受穀梁春秋及诗于鲁申公，传子，至孙为博士。由是言之，穀梁春秋，荀卿子之传也。荀卿所学，本长于礼。《儒林传》云：东海兰陵孟卿善为《礼》《春秋》，授后苍、疏广。刘向叙云：兰陵多善为学，盖以荀卿也。长老至今称之曰：兰陵人喜字为卿，盖以法荀卿。又二戴礼并传自孟卿，《大戴礼·曾子立事》篇载《修身》《大略》二篇文，《小戴》《乐记》《三年问》《乡饮酒义》篇载《礼论》《乐论》篇文。由是言之，曲台之礼，荀卿之支与余裔也。盖自七十子之徒既殁，汉诸儒未兴，中更战国、暴秦之乱，六艺之传赖以不绝者，荀卿也。周公作之，孔子述之，荀卿子传之，其揆一也。……刘向又称荀卿善为《易》，其义亦见《非相》《大略》二篇。盖荀卿于诸经无不通，而古籍阙亡，其授受不可尽知矣。

汪中这段话在学术界被反复引证。他对荀学在中国文化史中的地位作了精彩的概述。荀子之学，出自孔子，而荀子对经学的传承贡献极大。荀子在中国文化史上具有承上启下之作用。它是百家之学的总批判、总检讨式人物，虽然他本身是先秦诸子之一子，但他却是汇总百家而截断百家的人物；

同时，他又开启了两汉经学。"《毛诗》，荀卿子之传也"；"鲁诗，荀卿子之传也"；"韩诗，荀卿子之别子也"；"左氏春秋，荀卿之传也"；"谷梁春秋，荀卿子之传也"；"曲台之礼，荀卿之支与余裔也"；"荀卿善为《易》"；"荀卿于诸经无不通"；"六艺之传赖以不绝者，荀卿也"。六艺就是六经，六经是中国上古文化的总汇，是前诸子时期中国文化的结晶，代表和体现了中国文化的主流与大流。荀子传六经就是传中国文化、华夏道统。

<h1 style="text-align:center">三</h1>

稍微注意两汉到魏晋文化研究的人都会发现，此一时期兰陵文化进入了鼎盛时期。"兰陵人多善为学"，由此而形成兰陵"经师群"。如王臧、缪生、褚大、孟卿、孟喜、后仓、疏广、疏受、萧望之、匡衡、毋将隆、毋将永、段嘉、王良、缪袭、缪悦、缪播、王朗、王肃等，这些经学大师或设帐授徒，毕生致力于中国经籍的传承，或通经致显，以经术论政事，他们在诗学、书学、礼学、春秋学、易学等传承与研究中都有自己独特的贡献，都是一代名儒。

"兰陵多善为学"，形成了庞大经师群，造就了兰陵文化的辉煌，这种局面的形成与荀子有着直接关联，也是荀子治兰陵十八年给兰陵留下的最宝贵的文化遗产。西汉初期的经学家或者是荀子的直传学生，或者是他的再传弟子。就《鲁诗》言，"自荀卿传浮丘伯，浮丘伯传申公，是为《诗》家正派，两汉儒者世守之。"① 兰陵王臧受《诗》于申公，是为荀子三传弟子，而兰陵缪生则是申公另一位高足，曾出任长沙内史。传《鲁诗》者大多是荀卿的后人。

兰陵人多善为学，通过《汉书·儒林传》寥寥数语，我们可知大概。"孟喜字长卿，东海兰陵人也。父号孟卿，善为《礼》《春秋》，授后苍、疏广。世所传《后氏礼》《疏氏春秋》，皆出孟卿。孟卿以《礼经》多、《春秋》烦杂，及使喜从田王孙受《易》。"道尽汉代兰陵文化之盛。孟喜是汉代非常著名的易学家，而其父亲孟卿则是以研究《春秋》《礼》而闻名的经

---

① （清）唐晏：《两汉三国学案》，中华书局，1986，第258页。

学大师。孟卿授后苍与疏广。孟卿、孟喜、后苍、疏广都是兰陵人。东汉时，以经学闻名者，兰陵有王良，魏晋时，有与兰陵为邻、近在咫尺的郯人王朗、王肃。王朗少习儒经，"高才博雅"，为"一时之俊伟"，后被封为兰陵侯。其子王肃少承家学，曾从著名经学大师宋忠学习，读扬雄《太玄》。他采会异同，融今、古文经各家学说以解读儒学经典，创立有别于郑玄"郑学"的"王学"，对当时及后世产生了重要的影响。

进入南北朝时期，由于八王之乱，元嘉南渡，北方士族纷纷南迁，兰陵一带萧氏、鲍氏、何氏、颜氏、徐氏等大量南迁，为江南文化的发展做出巨大贡献。兰陵萧氏在南朝四个朝代中，是其中两个朝代建立者，在宋、齐、梁、陈四个朝代的一百六十余年历史中，兰陵萧氏在齐、梁执政近八十年。萧氏一族不仅出现了一大批在南朝政治舞台上呼风唤雨的人物，同时借助于优越的政治地位，出现一大批文人，甚至可以说，齐梁统治者本身就是一文人集团。兰陵萧氏在南朝出现了两位开国帝王，产生近三十位宰相，以及一大批文人学士。齐、梁两朝文化政策相对宽松，这与兰陵萧氏诗书传家的传统是分不开的。这种政策的实施又为南朝文化氛围的形成产生了重大影响，造就了南朝的文化繁荣。萧子良、萧绎、萧子显、萧衍、萧统、萧纲等，都对中国经学、文学的发展做出了贡献。如南齐萧子良结纳文人学士，形成以他为中心的文人集团。永明五年（487），萧子良升为司徒，居建康鸡笼山西邸，延揽天下名士，其中范云、萧琛、任昉、王融、萧衍、谢朓、沈约、陆倕等八人最为知名，时称"八友"。这些人在他组织下，抄写《五经》和百家著述，以《皇览》为范例，编成《四部要略》千卷。梁武帝萧衍，"少时习周孔，弱冠穷六经"，自幼接受了儒家正统教育，即位之后，"虽万机多务，犹卷不辍手，燃烛侧光，常至午夜"。好学、乐学是兰陵萧氏的传家宝，为他们在学术研究、文学创作上打下了坚实的基础。梁武帝作为一代帝王，又是当时最为博学的学者之一，他曾撰有《周易讲疏》《春秋答问》《孔子正言》等书。天监十一年（公元512年），制成吉、凶、军、宾、嘉五礼，共一千余卷，八千零十九条，颁布施行。在史学方面，他主持编撰了六百卷的《通史》，并"躬制赞序"。萧衍第七子梁元帝萧绎十分重视讲学，勤于著述，推崇儒学，尤好老庄，史称萧绎"聪悟俊朗，天才英发。年五岁，高祖问：'汝读何书？'对曰：'能诵《曲礼》。'高祖曰：'汝试言之。'即诵上篇，左右莫不惊叹。……既长好学，博综群书，下笔成章，出言为论，才辩敏速，冠绝一时。"（《梁书·元帝本记》）曾撰有《孝德传》三十卷，《忠臣传》三十卷，《丹阳尹传》十卷，《注汉书》一百一十五卷，《周易讲疏》十卷，《内典博要》一百卷，《连山》三十卷，《洞林》三卷，《玉韬》十卷，《补阙子》十卷，《老子讲疏》四卷，《全德志》《怀旧志》《荆南志》《江州记》《贡职图》《古今同姓名录》一卷，《筮经》十二卷，《式赞》三卷，文集五十卷。

兰陵萧氏非常重视文学研究与创作。南齐萧颐当国之时，出现了清新典丽的新体诗"永明体"，梁简文帝时，又出现了所谓"宫体诗"，中国的"近体诗"即滥觞于兰陵萧氏当政时期。更值得一提的是《昭明太子文选》。昭明太子是对梁武帝长子萧统的称谓，《昭明太子文选》是我国古代第一部文学作品选集，选编了先秦至梁以前的各种文体代表作品。萧统爱好文学，他召集文人学士，广集古今书籍三万卷，以"事出于沉思，义归乎翰藻"为入选标准，编成《文选》三十卷，后人称《昭明太子文选》，旧时读书人有"《文选》烂，秀才半"的说法，足见《文选》对后世的影响之大。

在南渡士人中，兰陵一带的何氏（今山东苍山长城乡）、徐氏（今山东苍山二庙乡）、颜氏（今山东苍山芦祚村）、鲍氏（今山东苍山南桥乡）等在南北朝文化发展中具有重要地位。何氏一族的何承天、何子朗、何思敬、何远、何逊等在南朝文化中都有自己重要的贡献，其中以何承天与何逊最为突出。何承天是南朝最伟大的科学家之一，他在天文学、律学、无神论等方面都有杰出的贡献。何承天曾上表指出：沿用的旧历法疏漏不当，要求修正历法，由他主持修订的历法称《元嘉历》。《元嘉历》是当时最精密的历法，代表了南北朝时期我国在历法方面的最高成就，对后世产生了重要影响。何承天在数学、音律等方面也取得了一些成就。他在祖冲之精算出圆周率的约率和密率之前已经掌握了约率的数值。他还兼通音律，发明了接近十二平均律的"新律"，开后世"十二平均律"之先河。他站在正统儒家的立场上，利用当时自然科学知识，批判佛教轮回观念、因果报应理论和神秘主义的神不灭论，对范缜的无神论思想的形成产生了重要影响。何承天的事迹主要见于《南史》《宋书》等。何逊是何承天的曾孙，南朝齐梁时著名诗人、文学家。何逊八岁能诗，二十岁举秀才，受到当时名流范云、沈约赞赏。但何逊出身贫寒，仕途一直不顺，曾长期隐而不仕。曾吟下"露滋寒塘草，月映清淮流""江岸雨欲来，浪白风初起""曲终相顾起，日暮松柏声"等佳句。沈约甚至有"每读卿诗，一日三复，犹不能已"（《梁书·何逊传》）之说。颜之推评其诗"何逊诗实为清巧，多形似之言；扬都论者，恨其每病苦辛，饶贫寒气，不及刘孝绰之雍容也。……江南语曰：'梁有三何，子朗最多。'三何者，逊及思澄、子朗也。子朗信饶清巧，思澄游庐山，每有佳篇，亦为冠绝"（《颜氏家训·文章》）。三何即何逊、何思澄、何子朗，而一族三人同时显露于当时的文坛，为时人所称道，可谓古今奇观。

鲍照、鲍令晖兄妹在诗坛久享盛名，而颜延之与谢灵运并称"颜谢"，延之为当时诗坛领袖。颜延之、谢灵运、鲍照并称"元嘉三大家"。三大家中，颜延之与鲍照去兰陵不远，都属于兰陵文化范围。徐陵、徐悱及刘令娴夫妇等在南朝诗坛也负盛名。北齐黄门侍郎颜之推是南北朝时期最博学、最有见识的学者，其《颜氏家训》一书为中国家训之鼻祖。兰陵人的后代在南北朝时期所创造的辉煌文化代表了当时中国文学、经学、天文学、数学等最高成就，将兰陵文化推向了鼎盛。隋唐两代，兰陵文化还延续着南北朝时的辉煌，但无论是作为"一叶九相"的兰陵萧氏，还是流芳千古的琅琊颜氏，与兰陵这一特定的区域似乎渐行渐远。故乡兰陵饱经患难，久无大儒定居、讲学著述其间，已不见"多善为学"的文化气象了。兰陵文化隋唐以下影响力呈现出递减的趋向。兰陵文化经五代之乱，历宋、元两代，进入了衰退期，已由文化中心逐步边缘化了。历宋元时期，兰陵文化虽然有所发展，但亦无法与南北朝时相提并论。在中国文化版图中兰陵的地位明显下降，走向式微。

"君子之泽，五世而斩"，圣贤之学，百世犹传。一个地方的文化水平，固然与这个地方的政治、经济等相关，如今天的北京、上海然，但更与这个地方能否有影响百代的大儒相联。荀子治兰陵，讲学、著书于兰陵，造就兰陵"多善为学"的局面，其流风余韵，影响百代。对一个地方的发展，引入"资本"可以带来经济繁荣，引入"智本"可以带来文化繁荣，既有资本，又有智本，可以"富而好礼"，既富且雅，传之百代。

（责任编辑：法帅）

海外荀子研究

"波士顿儒家"南乐山论荀子[*]

李　琳[**]

[摘　要] 在当代美国儒学研究领域，荀子正逐步成为学术界研究的重点。尤其在 20 世纪 90 年代的"波士顿儒家"，其中波士顿大学的南乐山（Robert Neville）、白诗朗（John Berthrong）为代表的河南派，重视荀子的研究，特别是荀子的礼学。本文主要以南乐山为主线，分析其对于荀子的多维度研究状况。南乐山作为一个长期浸润在西方哲学与神学话语体系中的学者，其解读荀子礼学思想的视角是很独特的。他基于自身多年对皮尔士符号学的理论研究基础，试图将儒学特别是荀子的礼学与当代符号学理论结合，再辅以实用主义丰富的传统，对礼学进行普遍化的符号学阐释。他认为唯其如此，儒学才能在这些角度的阐发中贡献出它最原始的思想，即礼仪对于人类形成的必要性。此外，南乐山对荀子礼学的研究，还有其现实考量，就是要显示现今的儒家思想，尤其是荀子的"礼"学思想，如何能够移植到西方社会中来解决诸多社会难题。

[关键词] 波士顿儒家　南乐山　荀子　礼学

一　荀子研究在美国

在当代美国儒学研究领域，荀子正逐步成为学术界研究的重点，这首先

---

　*　[基金项目] 本文受到教育部人文社科项目"《论语》与《阿含经》比较研究"（14YJC720013），山东省社科规划项目"儒家思想与生态审美研究"（12DIXJ01）、山东大学自主创新基金青年团队项目（IFYT1210）共同资助。

**　[作者简介] 李琳，山东大学儒学高等研究院副教授。

得益于《荀子》英译本的不断涌现和美国学者关于荀子译介的逐渐成熟。早期西方世界中《荀子》译本大都只是个别篇章的节译、选译，如英国理雅各（James Legge）在 1893 年出版的《中国经典》（*Chinese Classics*）一书中，将荀子《性恶》篇收于《孟子》译文后的附录中，① 这是西方世界对荀子最早的译介，又如荷兰汉学家戴闻达（Jan J. L. Duyvendak）在 1924 年翻译了荀子《正名》② 篇等，这在为西方学界开启了研究荀子大门的同时，又一定程度上限制了西方学者对《荀子》文本的整体把握和研究。之后，随着海外汉学阵地从欧洲转移到了美国，美国的荀子研究开始兴起。美国学者德效骞（Homer Dubs）开启了美国汉学界荀子翻译及研究的先河，对《荀子》一书进行了更为全面的翻译和介绍，于 1927 年出版了《荀子：古代儒学之塑造者》（*Hsuntze：The Moulder of Ancient Confucianism*）一书，又于 1928 年出版了《荀子之著作》（*The Works of Hsuntze*），此书以王先谦《荀子集解》为底本，选取了 19 篇加以翻译和介绍，由此成为美国汉学界研究荀子并撰写论著的第一人，对此后西方汉学界的荀子研究产生了深远影响。此外，美国儒学研究中，全面整体译介荀子的当推约翰·诺布洛克（John Knoblock），他于 1994 年出版了《荀子：全文翻译与研究》（*Xunzi：A Translation and Study of the Complete Works*）一书③。他致力于将《荀子》一书的翻译从节译转向全面翻译和介绍，这为英文世界的学者们进一步全面了解和研究荀子提供了文本支持。

诚然，当代美国荀子研究迅猛发展的幕后动因，除了译本的发展与完善之外，与西方特定的社会文化、思想资源的涌动与助推也不无关系。其一是西方学界在接触到荀子最具代表性的观点"性恶说"之时，常常会与霍布斯（Thomas Hobbes）之"人类的自然状态"（The natural condition of mankind）思想相关联，进而加以比较性阐释。"人类的自然状态"是霍布斯建构其社会契约理论的基础，而社会契约论又是西方民主政治的基础，因此，学界在

① James Legge, "That the Nature is Evil," *Chinese Classics：with a Translation, Critical and Exegetical Notes, Prolegomena, and Copious Indexes*, Vol. 2, Ch. 2, Appendix 1, Oxford：Clarendon Press, 1893, pp. 79 – 88.
② Jan J. L. Duyvendak, "Hsün – tzu on the Rectification of Names," *Toung Pao* 23 (1924), pp. 221 – 254.
③ John Knoblock, *Xunzi：A Translation and Study of the Complete Works*, Vols. 1 – 3, Stanford University Press, 1988 – 1994.

将荀子与霍布斯加以比对之时，引发了西方学界有关荀子思想是否更加适合现代民主社会的争论和探讨，进而掀起了中西比较视野中的多维研究，如Aaron Stalnaker 关于荀子与奥古斯丁人性问题的比较，Eric Hutton 关于荀子道德理性与亚里士多德的比较，Schwitzgebel 关于荀子与霍布斯、卢梭在自然与道德教育上的比较等。

其二是受到当代北美"社群主义"（communitarianism）思潮的影响。分析哲学家赫伯特·芬格莱特（Herbert Fingarette）在《孔子——即凡而圣》（*Confucius：The Secular as Sacred*）一书中指出，我们应该主要从"礼"的角度去理解孔子，这和我们国内注重"以仁释礼"并将"仁"作为理解孔子思想的根基这个角度是完全不同的。尽管此书中没有提及荀子，但由于芬格莱特十分推崇"礼"在儒家思想中的核心位置，认为"仁"是在"礼"的行为实践中来形塑自我，这很容易与美国当代社群主义的思想产生暗合之处，可以作为美国社群主义思潮兴起的一个源头，并由此开启了美国学者关注荀子、推崇礼仪的研究倾向。然而，关于社群主义对于北美儒学思想研究究竟有多大的影响力，学者也有不同的看法。如日本荀子研究的领军人物佐藤将之在《荀学与荀子研究：评析、前景、构想》一书中指出，社群主义的代表人物麦金尔泰（Alasdair MacIntyre）的"德性伦理学"在更大程度上影响了英语学界的儒学研究，尤其是有关荀子的比较伦理学。[①] 尽管如此，我们应该承认，德性伦理学与社群主义在强调共同体的伦理生活、反对个体主义以及义务伦理学等方面有着共性和交集，是可以进行交流对话的。

总体来看，正是在这些思潮的推动下，当代学界涌现出研究荀子的大批西方学者。如美国西部的倪德卫（David S. Nivison），写过《儒家之道：中国哲学之探讨》一书，他的学生万白安（Bryan van Norden）也写过多篇文章论述荀子思想，他们都在荀子思想中发现了可为当代社会与西方哲学所借鉴的内容和资源。大约在 20 世纪 90 年代，美国东部地区出现了"波士顿儒家"，他们都就职于波士顿高校，认同儒家思想并以西方的儒者自居，强调自己的多重宗教信仰身份。他们分成两派，以查尔斯河为界，分为以杜维明

① 〔日〕佐藤将之：《荀学与荀子思想研究：评析、前景、构想》，（台北）万卷楼图书（股）公司，2015，第 209～215 页。

先生为代表的河北派，推崇孟子；以波士顿大学的南乐山（Robert Neville）、白诗朗（John Berthrong）为代表的河南派，重视荀子的研究，特别是荀子的礼学。本文主要以南乐山为主线，分析其对于荀子的多维度研究状况。

二 南乐山关于荀子礼仪的符号化解读

波士顿儒学的代表人物南乐山在其著作《波士顿儒学：后现代社会的可移植传统》（*Boston Confucianism：Portable Tradition in the Late Modern World*，2000）中指出，儒学的传播和发展不应该受到地域的限制，而应该扩展到全球化哲学话语体系之中。波士顿儒家的目标之一，是将儒家传统带入与世界其他文明的对话中，让儒家思想成为全球化哲学与解决当代社会问题的重要资源。他打了个比方，说柏拉图主义者不一定必须是希腊人或者西方人，一个儒家也不应该仅仅是中国人或东亚人。然而，如何让儒家思想不再是列文森所标注的"博物馆的陈列物"而成为一种活的传统，如何让儒家思想通过当下的改造而为全球哲学话语体系与宗教文化形成做出贡献，取决于儒家思想与美国甚至是西方生活契合的程度。因此，"无论是孔孟荀，还是以周敦颐、朱熹、王阳明为代表的宋明理学，这些传统儒学的文化表达对于儒学传统的当代生命来说都是不够的"①。因此，南乐山做出了一系列的思考和阐释，认为儒学需要在四个相关领域拓展它的话语范围，即形而上学的当代话语、与科学相关的哲学宇宙论的当代话语、关于人性和经验的当代话语、以及社会理论的当代话语。而其中为之努力的一个重要方向，就是通过对荀子的研究来"呼唤礼的复兴"，并致力于将"礼"移植到西方世界中去解决西方社会中的问题。

南乐山多次在专著中论述荀子的礼学思想，肯定礼仪的作用与价值。他认为，对礼仪的重视，是儒学对当代哲学最重要、最直接的贡献，荀子关于礼的学说是从经验主义的认识论出发，反映了儒家对于人的天性、人的社会性、人的宗教性的深刻把握，包含了礼仪礼典、行为规范、社会秩序、道德

---

① 〔美〕南乐山：《当代儒学思想的扩展形态》，崔雅琴译，俞立中主编《智慧的圣坛》，华东师范大学出版社，2008，第21页。

修养这四个方面，这将有助于我们在关于人类本性与人类经验的话语中获得思想更新与发展。① 南乐山指出，要想发挥礼仪在当代社会中的作用，当今学界首先要做的是加强对荀子的研究，尽快改变荀子思想在历史上长期从属于孟子的状态。

不过，南乐山作为一个长期浸润在西方哲学与神学话语体系中的学者，其解读荀子礼学思想的视角是很独特的。他基于自身多年对皮尔士符号学的理论研究基础，试图将儒学特别是荀子的礼学与当代符号学理论结合，再辅以实用主义丰富的传统，对礼学进行普遍化的符号学阐释，他认为唯其如此，儒学才能在这些角度的阐发中贡献出它最原始的思想，即礼仪对于人类形成的必要性。

作为现代语言学的先驱，皮尔士的学术成就体现在实用主义哲学与系统符号学的契合上，与索绪尔仅仅将对符号问题的研究局限于语言符号不同，皮尔士将符号问题扩展到更多层面并建立起全面意义上的符号学体系。此外，他们之间最重要的差异，是皮尔士在索绪尔理论的能指和所指这二元基础之上，又增加了一项解释功能，也就是说，皮尔士将符号学问题扩展成符号（object）、对象（representamen）、解释项（interpretant）三个方面。解释项是解释者（人）对符号加以认知、解释、感知、反应的过程和结果，它是广义的，既可以是一种思想观念，具体表现为逻辑上的概念、命题、论证，也可以是一种情绪，具体表现为同情、畏惧、厌恶等，还可以是一种行动，具体表现为积极的反应或消极的抵抗等。② 因此，在皮尔士看来，解释项可以对应于解释者的思维、心理、意识等层面，符号与解释项在人际互动中会通过学习不断加以自我修正，因此更具有实践理性的特性和优势。

南乐山发现了皮尔斯理论中符号的"修正性""习惯"的特征与荀子思想中的"礼"之间有可以互通的可能。他的《在上帝面具的背后》（*Behind the Mask of God*）一书，就是从实用主义符号学的角度出发，指出儒家的"礼"（rituals）和"礼行为"（ritual action）不是简单的风俗习惯，也不是宗教礼拜式的一种训示、说教，而是一种具有深刻文化内涵和社会效益的符

---

① Robert Cummings Neville, *Normative Cultures*, Albany: SUNY Press, 1995, Chapter 5 – 8.
② 卢德平:《皮尔士的符号学理论：原点与延伸》，发布于符号学论坛（http://www.semiot-ics.net.cn/fhxts_ show.asp? id = 817），2009 年 8 月 25 日。

号系统（sign system），对社会结构、政治、法律、艺术等诸方面具有深刻的
影响。这里的符号系统既包括语言、文字系统，也包括绘画、音乐、舞蹈等
表象符号系统，以及如礼器、祭服等实物系统。礼乐作为承载文化的符号，
所有的层面要素及其共组形态都在历史发展过程中符号化，使礼乐的外在形
态成为多层次的符号形态，产生特定的"能指"意义。① 也就是说，从符号
学维度来看，荀子思想中的礼，既可以体现为个体行为符号，也可以是社会
文明符号的表征。社会个体之所以能够遵守礼仪，是基于个体对自身所处的
特定历史文化语境中的社会规则、等级制度、尊卑秩序这一系列代码的认
同。而社会群体如果能够共同维护礼仪，则意味着整个社会的文明建构模
式。礼仪作为人类自觉的社会化、符号化的互动行为，可以在礼仪的实施过
程中将其所代表的符号内涵与价值观念表达出来，进而实现个体间的良性互
动与社群间的和谐共处。因此，通过对礼仁关系的重新定位，南乐山进一步
凸显了"礼"的社会功用，并进一步明晰了波士顿学派中河南派和河北派的
理论分殊。与河南派关注孟子性善论不同，河北派的研究重点则是荀子性恶
论，由于河北派成员的基督教神学背景，使他们更容易从基督教的原罪和救
赎理论出发来理解荀子的性恶论与化性成伪理论，即如何通过后天的礼教和
修养来实现人性中恶的因素的转变。

我们知道，传统儒学研究中的基本观点是"以仁释礼"，将"仁"作为
根本，"礼"作为"仁"的外在形式与体现。而作为河南派的代表和领军人
物，南乐山打破了传统儒学对于仁礼关系的认知惯性，凸显"礼"的作用。
从微观个体层面上看，"礼"对人类的自然朴素行为有修正作用和重塑功能，
是对"仁"这种自我修养的私人领域的外在延伸与公共扩展。就个体而言，
一方面，礼仪可以使人区别于禽兽，"人之所以为人者，非特以二足而无毛
也，以其有辨也"（《荀子·非相》）。另一方面，礼仪还有助于帮助个体有
效地约束天性，积极地引导欲望，增进道德的完善，如荀子所说的"性者，
本始材朴也；伪者，文理隆盛也。无性则伪之无所加，无伪则性不能自美"
（《荀子·礼论》），礼仪是个体脱离其自然状态并实现"人之为人"的关

---

① 张颖：《儒教的"救世神学"：论波儒对"礼"符号的"理"性解读》，卢国龙主编《儒教
研究》，社会科学文献出版社，2009，第157～175页。

键要素，"人之所以为人者，非自美。性伪合，然后成圣人之名，一天下之功于是就也"（《荀子·礼论》）。礼仪可以被用来完满人的基本天性，使人潜在的良好潜质得到发挥。借助于礼仪的规范与修炼，人才能发挥天性中的善，避免人天性的扭曲。从宏观层面上看，礼还有其文化构筑与社会构建的能力，个体通过与社会、他人、自然的互动来提升自己与群体，在个体行为与社群共享中达到平衡，进而完成社会文化的构建，这是南乐山等河北派对于儒家仁礼关系的重新理解和阐释。南乐山与白诗朗都认为，荀子的"礼"具有批判综合的效用，可以使不同的社会阶层共处而不发生冲突。如荀子说"制礼仪以分之"，足以"养人之欲，给人以求"，而且可以区别贵贱长幼秩序，如"礼别异""礼也者，理之不可易者也""穷本极变"，等等。就整个文化的建构来说，荀子正确地认识到，人并不是生来就文明的，因此文化的外在形式就很重要。礼仪作为一种习惯的确立，就是确立文化的外在形式，承担着为文化主体所承认的价值规范。因此，无论是对个体的发展，还是对社会文化的构建来说，有了外在形式"礼"的保障，内在的天性"道"才会实现。① 南乐山指出，当社会从低级、自然、基本的符号系统发展成为高度复杂的符号系统，这个系统就具有了孔子与荀子的"礼"所蕴含的因素：对自然行为的修正作用。比如，用"礼"来规范"性"，使之具有爱情与关怀的特点；用"礼"来修正人际交往，使人与人之间的关系更为友善；用"礼"来修正繁殖行为，使之具有孝悌。儒家的礼仪思想如果能在实用主义符号学的帮助下得以扩展和普遍化，使之能够包括整个有机的社会行为，就将有助于儒学投身于全球哲学话语体系中。在这个过程中，高级修正低级，低级支持高级，使得高级成为可能。②

诚然，南乐山将荀子的礼仪思想与皮尔士的符号学理论相互阐发，试图建构一个可以扩展到全球哲学话语体系的礼学符号结构系统，在为荀子研究打开全新研究视角的同时，也面对诸多难题。其一是如何将"礼"这样一个特定文化的象征性符号系统移植到其他的文化语境中去，并以非象征性的手

---

① Robert Cummings Neville, *Boston Confucianism: Portable Tradition in Late – Modern World*, New York: SUNY Press, 2000, p. 36.

② Robert Cummings Neville, *Boston Confucianism: Portable Tradition in Late – Modern World*, New York: SUNY Press, 2000, pp. 12 – 14.

法重新展现给另一种文化；其二是一旦象征性符号超越文字本身的体系，那么如何对具体意义进行分析和诠释。① 也就是说，符号的逻辑意义与儒家之礼的符号意义之间，需要汇入特殊的文化语境、解释者的研究立场以及解读过程中诸多意义复合体相互作用形成的新符号意义的转换与重新阐释。对此，南乐山尝试用符号学理论中的"意向性"（intentionality）解法和"意延性"（extensionality）解法来应对，② 然而在实际理论的阐释和运用上，却只是蜻蜓点水，没有详尽展开，也没有系统的理论来解决上述的理论困境。尽管如此，南乐山运用符号学理论对荀子礼学思想进行解读的努力是值得肯定的。

三　南乐山论荀子礼仪的社会功用

南乐山之所以特别关注荀子的礼思想，还有其社会现实的考量。正如波士顿儒家的另一代表人物白诗朗所指出的那样，南乐山坚信儒家传统是可移植的，能够从东亚的知识家乡进入到晚期现代西方的哲学论述中，南乐山研究儒家的部分原因就是要显示现今的儒家如何移植，儒家渐增的传统又如何增进全球的哲学。③ 尤其是荀子的"礼"学思想，可以移植到西方社会中来解决诸多社会难题。

首先，将荀子的礼仪思想移植到西方社会，将有助于解决美国的多元化社会问题。南乐山认识到荀子的"礼"通过现代转换和内涵扩展，可以帮助应对现代西方社会尤其是多元化所带来的问题（多民族、多宗教、多价值体系）。不同的文化之间需要沟通对话，而同一文化内部也不是铁板一块，依然需要对文化多元问题有"原则性承诺"。尤其是在美国这样一个文化大熔炉里，不同种族、不同宗教、不同价值观之间如何实现各美其美、美美与共，需要建立相应的文明规范，从而避免多元化与个人主义结合所导致的各种异化、离心化以及暴力化，这是波士顿儒家所一直思考并致力于去解决的

---

① 张颖：《儒教的"救世神学"：论波儒对"礼"符号的"理"性解读》，卢国龙主编《儒教研究》，第 159 页。

② Harley J. Chapman & Nancy K. Frankenberry, eds., *Interpreting Neville*, Albany: SUNY Press, 1999, p. 302.

③ 〔美〕白诗朗：《波士顿儒家：全球儒学的第三次浪潮》，卢国龙主编《儒教研究》，第 320~321 页。

问题。因此，他们意识到自身不仅有阐发礼学现代意义并将其扩展到其他文化语境的责任，也有适当修正儒家传统的义务。南乐山通过对荀子礼学的研究，发现儒家在这方面传统丰厚，"对当代哲学的讨论而言，儒学确实有一些东西是有趣的和有益的"①，可以为解决此类问题提供智力支持。南乐山指出，儒家的礼从内容上包含三层含义：其一，文化是由"礼""构造"出来的；其二，"礼"代表文明的规范；其三，"礼"创造着人类社会中的和谐。② 如果能够针对西方社会发明一套人人遵守的礼仪，那么通过实施礼仪，美国社会将会创造出同时具有多元化与包容性的文化，这也是南乐山"呼唤礼的复兴"的重要原因和推动力。"礼的复兴"可以从三个层面着手，一是个人如何与"共同体"互动，并在其中发挥领导或"准领导"的作用，这是儒家传统中的"君臣关系"转变为现代语境中以"公民性"为基础的互动关系。二是在类似美国这样的"晚期现代社会"，面对多元文化，人与人之间的友谊如何形成。三是在类似美国这样的社会，家庭如何来组织。③

　　换言之，南乐山试图探寻儒家传统中的"礼"与个体的"社会性格"之间是否存在互动生成的关系，通过对礼仪的确立与践行，是否可以改变个体的思想意识，修正个体的习惯行为，进而保障个体实现美好天性的可能，凝聚多元化的美国社会，达到社会的和谐。由于荀子的"化性成伪"思想突出强调了人性中恶的一面，并提倡通过礼教来将其转化为向善的可能，正是荀子对于人性另一面的揭示吸引了南乐山等西方儒者对于礼之复兴的思考，即在向善的客观条件缺乏或者社会形态日趋恶化的情况下，如何面对和调整社会中所可能出现的道德问题。不过作为一个自由主义神学家，南乐山所认为的人之美好的天性即是人的"精神性"，是上帝放在人身上的神性。这一点，与传统儒家认为的人的美好天性来自"天"或者"道"是截然不同的。

---

① Robert Cummings Neville, *Boston Confucianism*: *Portable Tradition in the Late – Modern World*, New York: SUNY Press, 2000, p. 1.

② Robert Cummings Neville, *Boston Confucianism*: *Portable Tradition in the Late – Modern World*, New York: SUNY Press, . 2000, p. 8.

③ Robert Cummings Neville, *Boston Confucianism*: *Portable Tradition in the Late – Modern World*, New York: SUNY Press, 2000, p. 15.

在《礼与仁的意识和潜意识》（"The Conscious and Unconscious Placing of Ritual and Humanity"）一文中，南乐山同样受到皮尔士实用主义的经验理论的启发，即通过意识的"独性与通性"之间所涵摄的内在关联来发展个体的"社会性格"，进而消弭西方社会中个体与社群的紧张关系。南乐山在此基础上，详细论述了意识和无意识与个体习惯性行为的关系，并将其灵活运用在荀子的礼中，声称儒家的礼可以帮助现代西方人培养健康的社会性格，个体完美性格的构建需要在人与人的关系构建中逐步实现，从而完成他所说的"富于创造力的社会构建"（a creative social construct）。[1] 当然，在这个构建过程中，要避免习惯性行为与社会规范的模棱两可性。譬如，一个人信守善待老人的原则，但与此同时他又有种族歧视的特点，那么他在对待被他歧视的那一种族的老人问题上，就会产生行为上的自相矛盾，而社会规范也会存在同样的模棱两可性。南乐山认为，一种成熟的礼文化应尽可能避免上述的模棱两可性。[2]

其次，将荀子的礼仪思想移植到西方社会，将有助于反思西方的诸多现代社会理论。一种是以霍布斯为代表的社会理论，即主张权力是社会关系的关键，权力甚至成为西方政治学与社会学的中心概念。而在南乐山看来，儒家对权力关系的理解是不同的，他们将"礼"作为理解社会关系的关键，"儒家社会理论将会以仁为标准理解权力关系，他主张从长远来看，最强有力的权力体现在礼仪之中"。

第二种是社会契约论。它的基本概念是自然状态优先于文明社会，自然状态的人性在本质上是自私的，换言之，社会契约论的底线是，只要不妨碍他人做同样的为文明社会法律所确定的事情，人们就可以自由地做自己想做的事情。但儒家则认为，每个人都应该对社会中应该做的每件事负有责任，除非社会礼仪把责任赋予某些特定的人，荀子指出，只有婴儿和不知礼仪的人才在本质上是自私的。社会契约论的负面影响在于，以为在人所创造的礼仪中，自私的行为是可以容忍的，甚至可以成为当然之则。但这是不

---

① Robert Cummings Neville, *Boston Confucianism: Portable Tradition in the Late - Modern World*, New York: SUNY Press, 2000, p. 80.

② Robert Cummings Neville, The Conscious and Unconscious Placing of Ritual and Humanity, *Journal of Ecumenical Studies*, Vol. 40, Issue: 1 - 2, 2003, pp. 49 - 60.

仁道的。① 在这一点上，儒学可以对建立在社会契约论基础上的资本主义理论提出深刻的批评，并且仍有发展的空间，应该针对社会契约论提出一种以"仁"和"礼"为主题的反动理论。

南乐山指出，儒学之所以应该提出与社会契约论相反动的理论，原因在于它信奉"仁"道。特别是个体被有问题的社会系统伤害时，儒家的"仁"道就要发挥作用。所有的社会科学都应该去理解为什么社会系统会发生故障，或者为什么不能够导向"仁"道的生活，然而，儒家对社会科学的运用是为了寻求"仁"道的可能性。儒家拒斥墨子的兼爱说，提倡"爱有差等"，也意味着爱有差等的观念预设了——虽然没有承认——一个健全运作的礼仪社会系统，它明确界定人们对于家庭、村族、国家及野蛮人的责任。如果这个系统运转不灵，那么不关心野蛮人将是不仁道的。在孔子的时代，社会系统分崩离析。他对这种状况的回应是通过礼仪教化重建家庭责任、友谊、地方政府，以及一种强调臣子在国家中的适当责任的文化，改善社会的礼仪结构。因此，儒家的社会理论主要应该考察，在制度化的社会里礼仪结构如何使仁道的生活成为可能；如果不可能，那又是为什么。所有的社会科学都要服务于这一点。②

四 结语

南乐山对荀子思想加以现代诠释的意义是多重的。首先，他通过神学、哲学、符号学、实用主义等多维角度解读、诠释甚至是重构传统儒家思想，可以让当代儒家学者从其他镜像更全面、立体地观照儒学在现代应该以怎样的姿态与方式凸显其自身价值，同时也从他者的角度对儒家传统话语系统与研究范式提出了挑战。在南乐山看来，波士顿儒家不仅有阐释儒学的责任，也有修正儒学的义务，如何在接受多元宗教性的基础上，将自我意识发展为历史性自我意识，走向大众化，实现礼的复兴，发挥儒学在后现代社会中的作用，这将取决于儒家学者对传统儒家思想的重构所能做出的努力有多大。

---

① 〔美〕南乐山：《当代儒学思想的扩展形态》，《思想与文化》2005 年第 1 期。
② 〔美〕南乐山：《当代儒学思想的扩展形态》，《思想与文化》2005 年第 1 期。

然而，在当今儒学研究中，大多还是局限于传统的儒学话语系统来分析阐释，在回应儒学将如何参与现代哲学话语体系的对话并回应现代化的挑战这个问题上，还比较薄弱。南乐山通过儒学思想与当代哲学、宗教学的深层互动来对荀子"礼"思想加以全新阐释，可以说在这方面做出了巨大努力，使儒家思想真正成为"活的思想"。杜维明曾经评论南乐山：当南乐山作为波士顿儒家讨论"礼"时，他对于儒家话语的性质提出了挑战性问题，同时也对儒家传统成为美国知识传统整体的一部分进行了展望。

其次，南乐山将西方的知识传统与中国的传统儒学加以结合，不仅可以扩大东西方话语系统之间的对话交流与互动生成，也有助于进一步消解西方中心主义的误区。尤其是在中国哲学研究中，学者们往往将关注点放置在西方哲学方法、理论之于中国哲学的价值与意义上，而对于中国传统哲学思想之于西方哲学、之于西方社会所能提供的智慧，对于传统儒家思想如何成为世界哲学的一份子并参与到全球哲学对话中去这个问题则力有不逮。南乐山对于荀子思想的多重解读，可以从侧面反映出在当代哲学研究领域，西方哲学家们也开始引中入西，无论是孟荀程朱陆王，还是退溪、栗谷，东方传统思想的魅力与资源潜质正在逐渐凸显，可以成为西方世界所用的珍贵资源，藉由此，西方学者可以借他者之镜像来反省和重构自身，也可以跳出西方中心这唯一视角来思考一些人类经验普遍面对的问题，增加内部的多元性以及跨文化的容受性。这是一个深度交流的过程，也是一个共生共荣的过程，这将有助于全球哲学生态的平衡与稳定。

（责任编辑：陈晨捷）

图书在版编目（CIP）数据

荀子研究 . 第一辑 / 颜炳罡主编 . -- 北京：社会
科学文献出版社，2018.12
ISBN 978 - 7 - 5201 - 4057 - 7

Ⅰ.①荀…　Ⅱ.①颜…　Ⅲ.①荀况（前 313 - 前 238）
- 哲学思想 - 研究　Ⅳ.①B222.65

中国版本图书馆 CIP 数据核字（2018）第 279815 号

荀子研究（第一辑）

主　　编／颜炳罡

出 版 人／谢寿光
项目统筹／赵怀英
责任编辑／赵怀英　王玉敏

出　　版／社会科学文献出版社 · 联合出版中心（010）59366446
　　　　　　地址：北京市北三环中路甲 29 号院华龙大厦　邮编：100029
　　　　　　网址：www. ssap. com. cn
发　　行／市场营销中心（010）59367081　59367083
印　　装／三河市龙林印务有限公司

规　　格／开　本：787mm × 1092mm　1/16
　　　　　　印　张：14.5　字　数：226 千字
版　　次／2018 年 12 月第 1 版　2018 年 12 月第 1 次印刷
书　　号／ISBN 978 - 7 - 5201 - 4057 - 7
定　　价／89.00 元

本书如有印装质量问题，请与读者服务中心（010 - 59367028）联系